# ENTRE NOSOTROS

# ENTRE NOSOTROS

## MARIO LOPEZ

con Steve Santagati

UN LIBRO DE CELEBRA

Celebra
Published by the Penguin Group
Penguin Group (USA) LLC, 375 Hudson Street,
New York, New York 10014

USA | Canada | UK | Ireland | Australia | New Zealand | India | South Africa | China
penguin.com
A Penguin Random House Company

First published by Celebra,
a division of Penguin Group (USA) LLC

First Printing, October 2014

THE LIBRARY OF CONGRESS HAS CATALOGED THE ENGLISH-LANGUAGE EDITION OF THIS TITLE
AS FOLLOWS:
Lopez, Mario, 1973–
   Just between us/Mario Lopez.
      p.   cm.
   ISBN 978-0-451-47023-2
   1. Lopez, Mario, 1973–   2. Television actors and actresses—United States.   I. Title.
PN2287.L635A3 2014
791.4502'8092—dc23                    2014016176
[B]

Printed in the United States of America
10  9  8  7  6  5  4  3  2  1

Set in Bulmer
Designed by Spring Hoteling

A mis hijos Gia Francesca y Dominic…
Ahora ustedes saben de dónde vino su viejo.

"Cuando yo era niño, hablaba, pensaba y razonaba como un niño. Pero cuando llegué a ser hombre, dejé las cosas de niño".

—Corintios 13:11

# ÍNDICE

# Índice

# ENTRE NOSOTROS

# USTED ESTÁ AQUÍ

De vez en cuando, el universo tiene una extraña manera de alcanzarme, de tocarme en el hombro y de traerme de vuelta a la Tierra. A veces, me entrega el mensaje para recordarme algo que he olvidado, o tal vez solo para llamar mi atención en medio de mi agenda siempre llena de acción. Otras veces, siento el golpecito más como una gran sacudida que me conduce a un descubrimiento o decisión importante, como la constatación que me asalta al despuntar una mañana mientras me estoy preparando para correr por uno de mis senderos favoritos en Griffith Park.

Me encanta este parque por su enorme cantidad de naturaleza virgen en medio de la ciudad. Como si esto fuera poco, está prácticamente en mi patio trasero y tiene muchas rutas de senderismo para una buena sesión de ejercicio.

En el momento en que llego al parque y empiezo a estirarme, son apenas unos minutos después de las seis de la mañana. El sol apenas ha comenzado a aparecer poco después de la madrugada. Con cara de sueño, es indudable que podría haber dormido esa media hora de más. Sí, es cierto; tan comprometido como estoy con un régimen de ejercicio diario, no me gusta mucho lo de la alarma a las cinco y treinta de la mañana. Por otra parte, sucede que este es el único momento que tengo para hacer un poco de ejercicio antes de que las exigencias del día entren en acción. Y hay algo que me gusta acerca de la soledad de estas primeras horas. El silencio es tal que mis pensamientos parecen como otra persona parada junto a mí, hablándome y ofreciéndome sabios consejos.

Bueno, al menos eso es lo que siento en estos momentos, mientras termino de estirarme y me dirijo a un gran mapa del parque con el fin de buscar indicaciones para ir al sendero que pienso recorrer. Parado allí, veo el mapa hasta que mis ojos se posan en la marca que muestra dónde estoy, señalando el lugar con llamativas flechas rojas y las palabras "Usted Está Aquí".

Esas tres palabras, destinadas a expresar lo obvio, se me antojan como una especie de felicitación. ¿No sería útil, pienso, si pudiéramos empezar cada día con un mapa y un letrero que nos diga: "Usted Está Aquí"?

Y entonces siento el golpecito proverbial en mi hombro.

Mi primera reacción es preguntarme a mí mismo si, tal como dice el mapa, yo estoy *aquí*. ¿Dónde es exactamente eso? Más específicamente: ¿cómo llegué aquí? En realidad, estas preguntas no son fáciles de responder. Pero ya que estoy a punto de llegar al hito que supone el cumpleaños número cuarenta —un hito grande— me doy cuenta de que es un motivo para la reflexión. Aunque pueda sonar estereotipado, es uno de esos ritos de paso que de repente me enfrenta cara a cara con el pasado y con una vida vivida, en su mayor parte, con el acelerador a fondo.

Es difícil ignorar el mensaje de "Usted Está Aquí": es el momento de frenar, de mirar hacia atrás y de hacer un balance de mi vida hasta ahora. Todo eso: las elecciones, los triunfos y las derrotas, las decisiones inteligentes y los errores, y todo lo demás. Aunque esto puede ser desalentador, mientras comienzo a subir el sendero que conduce a la cima, acepto que sólo recordando de dónde vengo podré ver con mayor claridad dónde estoy, quién soy y adónde voy.

Un par de millas después, cuando llego a la cima, el sol ha salido a través de la niebla marina y no puedo dejar de sonreír mientras contemplo la aglomeración urbana de Los Ángeles extenderse debajo de mí. Y fue entonces cuando concebí por primera vez la idea de compartir mi historia, sin ocultar nada.

Cuando le echo un vistazo por encima del hombro al largo camino que he recorrido —serpenteando desde mi infancia en la comunidad latina de Chula Vista, justo a las afueras de San Diego, hasta llegar al mapa de "Usted Está Aquí" en un parque no muy lejos del letrero de Hollywood—, sonrío, me río en voz alta, y a veces me dan ganas de llorar.

He estado en el mundo del espectáculo desde que tengo diez años. He trabajado en casi todos los ámbitos de la industria del entretenimiento: de niño en numerosos comerciales y series de televisión, como un actor adolescente que alcanzó la mayoría de edad en cientos de episodios de *Saved by the Bell* (*Salvados por la campana*), como estrella invitada y protagonista en una serie de proyectos realizados para la televisión y el cine, como un intérprete polifacético en Broadway, como concursante y juez invitado en *Dancing with the Stars*, y, por supuesto, como el presentador de *Extra*, así como en una variedad de otros roles como presentador, en todos los cuales he pasado cientos y cientos de horas entrevistando a incontables celebridades y luminarias de Hollywood. En los últimos años, he agregado otros trabajos a mi lista: presentador de mi propio programa de radio sindicado nacionalmente, y productor en varios proyectos. Como empresario, les puedo asegurar que muchas de las lecciones aprendidas a lo largo del camino han sido luego de un gran esfuerzo. Y como marido amoroso y padre dedicado, —mis papeles más importantes—, también puedo decir que la principal de esas lecciones es el hecho de reconocer lo que realmente importa en la vida.

Hay algunas razones por las que elegí asumir el reto de poner en palabras no sólo lo que ha sucedido en mi vida, sino lo que he sentido en esos momentos, y sobre todo, lo que he aprendido en el proceso. En la parte superior de mi lista, estaba el hecho de darle sentido a mi *Vida Loca*, como lo ha sido a veces. Escribir te da el espacio para sentarte, beber algo, y abrirte a los recuerdos. Se trata de volver sobre tus pasos para obtener una comprensión más profunda del viaje, tal vez por primera vez en la vida.

Otra razón por la que estoy escribiendo es para reconocer a las personas y mentores increíbles que me han acompañado en cada momento importante de mi vida. Espero retribuir el favor compartiendo con ustedes el mismo tipo de ánimo y de convicción que recibí de ellos. Sean cuales sean las aspiraciones que tengan ustedes, espero que mis experiencias puedan resultarles útiles para su propio viaje.

Tal como lo demuestran las siguientes páginas, he cometido varios errores. Nadie es perfecto y yo soy un buen ejemplo de ello. Pero en mi interior, siempre he vivido según los valores que mis padres me inculcaron y en última instancia, a pesar de los errores y de todo, me siento orgulloso de lo que soy y de lo que he hecho. Una vez que encontré mi camino y las metas que me inspiraron a seguirlas con pasión y propósito, he trabajado duro y lo he dado todo de mí. Y ahora, amigos, estoy viviendo mi sueño, prueba de mi trabajo duro y de mi suerte tan maravillosa.

Sin lugar a dudas, he tenido altibajos. Pero la vida no consiste realmente en llegar a un punto marcado como "Usted Está Aquí", sino en todas las decisiones que tomaste para llegar allí y en las consecuencias que tienen esas decisiones. Es por eso que he decidido develar ciertas historias que incluyen temas íntimos, algunas de las cuales tienen que ver con errores estúpidos y a veces lamentables que todavía me persiguen hasta el día de hoy. No puedes hacer dos veces la misma cosa, así que tuve que aprender a levantarme y seguir adelante, sin olvidar nunca la lección.

Al principio, no estaba preparado para lo difícil que es desnudar tu alma en una hoja en blanco. La sensación de estar expuesto y de ser vulnerable me agarró con la guardia baja. Lo mismo sucedió con la necesidad de escribir sin tener que contar caracteres en Twitter o de dudar en hacer ese último clic en el botón enviar. Pronto me di cuenta de que esto iba a requerir confianza y seguridad de mi parte para plasmarme de una manera tan franca. Entonces, después de vencer mi propia resistencia, llegó la acometida de mis agentes, gerentes y publicistas. El zumbido en mi oído luego de los consejos bien intencionados era claro: "No, Mario, no puedes *decir* eso. Piensa en tu imagen". "No, Mario, no puedes *hacer* eso, podría arruinar tu carrera".

Acostumbro escuchar, pero esta vez no pude hacerlo. Estas son las historias que tengo para contar. No decidí cambiar algunos detalles para proteger a los inocentes, porque en Hollywood, nadie es inocente. Y, además, como he aprendido con los años, la verdad es poderosa. Esa es una lección que yo calificaría como importante bajo el epígrafe de "Las cosas que sé ahora y que quisiera haber sabido antes". Por muy tentador que sea decirles a las personas lo que quieren oír, ahora sé que la verdad es la mejor respuesta a cada hacer tanto uso de tu memoria.

Al compartir algunas de estas lecciones —llámenlas obviedades o "Mario-ismos"— espero mostrar que la experiencia que viene con la edad es buena maestra. Y lo que he tenido que aprender muchas veces es la verdad de que la vida no es justa. Eso no quiere decir que la vida sea mala o que no sea divertida. Esto significa que si pasas tu tiempo en busca de la "justicia", te perderás de muchas cosas. Todo lo que puedes hacer es aprender de los errores, dar lo mejor de ti en todos tus esfuerzos y tratar de tomar decisiones que te permitan sentirte orgulloso de ti mismo.

Un aspecto importante en esa lista para mí en este momento, si tuviera que hacerlo todo de nuevo, es que habría llevado un diario más completo; algunos de los nombres y detalles que me gustaría recordar han desaparecido con el tiempo. Estoy seguro de que al escribir este libro, he olvidado mencionar a individuos significativos, y las historias que los acompañan.

Además de compartir mi propio viaje, también he elegido levantar las "cuerdas de terciopelo" para que puedan echar un vistazo íntimo a la farándula. En el mundo del dinero y de los privilegios, se supone que las vidas de Hollywood son la cima del *glamour*. Pero esa no es toda la historia. Nadie es famoso para siempre, por lo que sólo tienes que aprovechar al máximo cada momento y cada oportunidad, sin importar la cantidad de dinero que tengas hoy, o sin importar cuántas personas te reconozcan mientras caminas por la calle.

Mi vida no es en absoluto tan glamorosa como se podría suponer. En mi casa, donde mi increíble y linda esposa Courtney y yo estamos criando a nuestros dos hermosos niños —Gia, nuestra hija de tres años, y Dominic, nuestro pequeño hijo— el tiempo que pasamos juntos es como el de la mayoría de la gente. Los domingos, asistimos por lo general a la iglesia, pero tratamos de no apresurarnos en la mañana. Eso significa que ese día no hay reloj despertador. Más bien, seguramente como muchos de ustedes, me levanto tarde, me echo agua fría en la cara y me dirijo a la cocina. Con las tiras cómicas a todo volumen, soy recibido por mi perro Julio, que trata de tener sexo con mi pierna mientras tropiezo con los juguetes dispersos de los niños y encuentro a mi esposa en un pantalón de pijama y una de mis viejas camisetas. Ella me da una taza de café y luego, con una sonrisa dulce, me recuerda todo lo que sigo olvidando hacer. Esa es mi realidad.

Y eso plantea una razón más para escribir este libro: para que con el tiempo, dentro de muchos años, mis hijos se enteren del viaje que he realizado y cómo fui moldeado por los sueños de mis padres y abuelos. Al pensar en esa posibilidad, me preocupo por todas las lecciones que aún tengo por enseñarles. Afortunadamente, tendremos tiempo para hacer eso. Además, ellos querrán tomar sus propias decisiones y aprender sus propias lecciones. Sin embargo, hay una que espero que descubran a partir de de mis concesiones. Simplemente: yo habría depositado más confianza en Dios para mi futuro en aquel entonces, ahora y en el futuro; sé que Él me cuida la espalda.

En última instancia, he escrito este libro para *todos* nosotros. Para mis fans —porque realmente agradezco su apoyo leal durante todos estos años— para todos los que han tenido un papel importante en mi historia, y, de nuevo, para *mí*, porque rara vez me detengo lo suficiente para mirar por el espejo retrovisor de mi vida. Hasta ahora, mi atención se ha centrado en una sola dirección: hacia adelante.

Piensen en esto como en una conversación que tenía que haber sucedido desde hace mucho tiempo, solo entre nosotros. Gracias por acompañarme en este viaje. A pesar de todas mis dudas, me siento muy contento de sacarme todo esto de encima. Mi confesionario ya está abierto. Tal como el mapa del parque estaba allí para señalar, sin el pasado, sin todo el dolor y la gloria, yo no habría llegado hasta aquí, justo donde estoy ahora, teniendo la bendición de estar hablando con ustedes.

Por lo tanto, aquí está: mi historia sin filtros, desenchufada, y sin censura. *Vámonos.*

# CAPÍTULO 1

# DIRECTAMENTE DE CHULA

Mientras un ave vuela desde el norte de México, pasa por encima de la ciudad fronteriza de Tijuana y llega a los Estados Unidos, su primera parada antes de llegar a San Diego, el enclave urbano de Chula Vista, California. Nacido y criado en Chula, comencé mi vida allí mismo, en una modesta casa en una esquina —en la Calle Paisley y la Avenida Monserate— y crecí en ese mismo barrio lleno de viviendas familiares de una sola planta, que parecían sacadas de Monopolio. El paisaje era una constante. Casas rodeadas de césped, arbustos amenazantes, y cercas desafiantes. Las calles agrietadas y llenas de baches debido al implacable sol del sur de California. Vallas de tela metálica, perros callejeros, y autos estacionados en el jardín delantero.

Chula Vista era mi hogar, el mundo que me crió, y una parte de mi ADN. Me encantaba por completo y todavía me encanta.

Estábamos a un poco más de tres millas de la frontera con México, justo al otro lado de Tijuana. La gente llama a mi ciudad natal "Chula Juana" porque es prácticamente México. Nosotros no cruzábamos la frontera; la frontera nos cruzaba a nosotros. Por eso, vivir en Chula Vista —una comunidad predominantemente hispana— era muy parecido a vivir en México. Incluso los letreros estaban escritos en español. Había puestos de tacos, mariscos y bodegas en cada cuadra. Coches circulando por el centro de Chula con música de mariachi y las últimas canciones de amor cantadas por estrellas mexicanas de pop a todo volumen en la radio. Y todo el mundo hablaba español. Mi abuela llevaba cincuenta años aquí —en este país— y todavía no habla inglés. Así de mexicano era Chula.

El nombre de "Chula Vista" se traduce literalmente como "vista hermosa", y en argot mexicano se convierte en "Mama chula" o "Papi chulo", lo cual quiere decir "mama sexy" o "papi sexy". Así que supongo que se podría decir que crecí en la "Ciudad Sexy". Si eso fuera parte de mi herencia, nunca lo habrían imaginado cuando era un bebé. De hecho, como recordaba a menudo mi mamá durante las reuniones familiares (por si alguien no lo sabía o lo había olvidado), "¡Mario era el bebé más gordo que jamás hayan visto en su vida!".

¿Qué tan gordo era yo? Tan gordo, decía mamá, que, "Yo solía tener que separarle la piel para limpiarlo entre los gorditos rollizos".

Otros miembros de la familia no tardaban en hacer comentarios, en reír y menear sus cabezas, como si todavía no pudieran creer lo gordo que era yo. Lo siguiente que supe era que alguien sacaba mis fotos de bebé para demostrarlo.

Y esta es la verdad: yo me veía realmente como uno de esos perros sharpei. O como un Buda mexicano. La razón, explicaba mamá, es que fui amamantado hasta después de mi primer año de vida y, sin embargo, me comía todo lo que estuviera a la vista.

Afortunadamente, al final superé mi etapa de rechoncho. Más afortunado aún fue el hecho de que yo hubiera vivido para contar la historia de lo que pasó antes, justo después de mi nacimiento, cuando según todas las leyes de la medicina moderna, se esperaba que yo muriera.

Mi madre cuenta esta historia mejor que yo. Cada vez que salía el tema en una gran reunión y ella empezaba a recordar el pasado, se podía oír caer un alfiler. Es evidente que se trataba de un recuerdo traumático para los familiares que padecieron esa situación al lado de mis padres. En el momento de mi nacimiento, mi mamá, Elvia Trasviña Lopez, y mi papá, Mario Alberto Lopez, llevaban dos años y medio de casados. Mi mamá, mi papá y sus familias eran de la misma ciudad en México —Culiacán, la capital de Sinaloa—, a pesar de que no conocieron hasta que ambos vivieron aquí. Tenían también alrededor de diecinueve años cuando llegaron, por separado, como es natural, y legalmente, o al menos creo que así fue, como solíamos bromear en Chula Vista. En cualquier caso, ya eran ciudadanos estadounidenses jurados cuando se conocieron en San Diego.

Hasta ese momento, mi papá había vivido a lo largo y ancho de California antes de establecerse en la zona, y mamá había venido directamente a San Diego con su familia. Sin lugar a dudas, un montón de hombres jóvenes debieron perseguir a Elvia en aquellos días. Una mujer hermosa con una energía contagiosa y en torno a quien la gente gravitaba a lo largo de su vida, ella trabajó una vez como modelo en pasarelas y desfiles de moda locales. En lugar de ser una chica femenina, sin embargo, mi mamá siempre se sintió igual de cómoda en jeans y una camiseta. Con los pies en la tierra, carismática, brillante y activa, tenía también un corazón de oro y se hacía cargo cuando la familia o los amigos en el barrio necesitaban su ayuda, como si fuera un ángel. No me extraña que llamara la atención de mi papá.

Mientras esto pasaba, mi tío Víctor, el hermano de mi mamá, conocía a mi papá antes de que mis padres se encontraran. Ahora, cuando se trata de machismo, mi padre escribió ese libro. Es un hombre inconfundible, y tan de la vieja guardia como pocos. Preocupado siempre por mantenerse en forma, siempre ha sido conocido por su físico: ancho de hombros, con grandes brazos, un pecho grande, y manos grandes y fuertes, pero también tan compacto como un pitbull. Además, no suele contar nada de lo que dice ni a quién: que, en su juventud, no seguía las reglas del juego y se metió en un par de peleas en bares. Bueno, así fue como conoció a mi tío. Parece que se enfrascaron en una pelea por una chica en la que ambos estaban interesados. Pero debido a que papá sabía cómo extender su mano después de que los puños habían volado en todas las direcciones, tío Víctor pensó que este tipo era un caballero y se hicieron amigos.

Cuando mi papá conoció a la hermosa Elvia, le dijo que casualmente conocía a su hermano. Supongo que fue una buena manera de romper el hielo. Papá era un mujeriego total, tanto así que cuando conoció a mamá, se presentó como Richard Lopez. ¿Por qué utilizó un alias? Porque, de esa manera, nunca lo atraparían saliendo con otra chica. Cambiar de nombres era su estrategia para que no lo descubrieran. Cuando se dio cuenta de que mamá podría ser la mujer para él, confesó y le dijo que su verdadero nombre era Mario. Ella seguía sin entender el propósito del alias, pero cuando lo entendió más tarde, dijo simplemente: "Está bien, siempre serás Richard para mí". A partir de ese momento, todo el mundo lo llamó Richard.

Elvia y Richard salieron durante un par de años y se casaron antes de tener familia. Cuando por fin nací el 10 de octubre de 1973, me dieron el nombre de Mario Lopez, que debería haber hecho de mí un junior, pero por alguna razón, mi mamá y mi papá optaron por no darme el segundo nombre de Alberto. Eso me convirtió en la única persona de ascendencia mexicana que conozco que no tiene un segundo nombre. Sin embargo, hice una entrada prometedora en el mundo, con un peso de ocho libras y media, y fui bienvenido a la vida por todos los abuelos, tías, tíos y primos que estaban presentes para celebrar la feliz ocasión de mi llegada. Pero entonces, para sorpresa de todos, y casi de la noche a la mañana, me reduje a menos de la mitad del peso que tuve al nacer.

El problema, como descubrieron más tarde, era que mi estómago no podía tolerar la leche. Vomitaba, tenía diarrea y me deshidrataba. Tan pronto mostraba signos de deshidratación, mis padres me llevaban rápidamente al hospital, y los médicos me suministraban Pedialyte por vía intravenosa para hidratarme rápidamente. Hicieron esto una y otra vez, por un período de casi tres meses, pero sin resolver el problema. No mucho después, los médicos tuvieron que sentar a mis padres angustiados y decirles que no podían hacer nada más para evitar que yo me consumiera.

Cada vez que mi mamá le contaba a esta historia a un grupo de personas, comenzaba a llorar de nuevo, recordando que un médico les había aconsejado: "Debería prepararse para lo peor". Los médicos pensaban que yo me iba a morir. No era una cuestión de *si* lo hacía o no, sino de *cuándo*.

Un sacerdote fue llamado para bendecirme y decir una oración; mis últimos ritos. Mis padres estaban fuera de sí, como era de esperar. Pero mi papá, terco como una mula, se negó a aceptar el destino que los médicos le habían transmitido. Con absoluta convicción, dijo, "¡No! Mi hijo NO se va a morir".

Mario Alberto Lopez —también conocido como Richard— tenía razones para creer que los médicos podrían estar equivocados. En su juventud, antes de que yo naciera, mi papá había desvirtuado un grave pronóstico de los expertos médicos. En esa época, trabajaba en un taller mecánico donde levantaba cargas pesadas de más de cien libras, durante todo el día, llevándolas a una fresadora. Después de un tiempo, y a pesar de sus fuerzas las exigencias físicas del trabajo empezaron a causar estragos en su cuerpo. ¿Qué tipo de estragos? Cosas realmente aterradoras, como me dijo una vez: "Mi columna vertebral estaba completamente chueca y sentía un dolor constante". Escasamente podía caminar, y tampoco lograba dormir sin importar los medicamentos que le dieran. Los médicos le recomendaron una serie de exámenes costosos y de procedimientos invasivos. Pero en vez de aceptar que esas eran sus únicas opciones, papá aceptó, como último recurso, ir con su papá, mi abuelo Tata Lopez, a ver una bruja. Ella vivía en un lugar alejado del camino, cerca de Rosarito, México. Luego de ver a mi papá y de oír sus dolencias, comenzó a trabajar de inmediato.

Si alguna vez alguien le preguntaba a mi padre qué había hecho ella exactamente, él se limitaba a decir: "Ah, ella hizo esas cosas de santería y de magia negra de las que oyes hablar". Esto parecía incluir el hecho de cortar la cabeza de un pollo y de rociarle la sangre. Y algo más. Sea cual fuera el enfoque, ella se demoró todo el día en eso y papá salió de allá como una momia, completamente envuelto en vendajes. Durante el proceso de curación tuvo que bañarse con algas marinas. Y tan descabellado como suena esto, funcionó. Ella logró enderezar todos sus huesos. La bruja curó a mi papá.

Esta fue la justificación de mi papá para haber tomado la decisión drástica que tomó cuando mi estado de salud empeoró y los médicos consideraron que mi caso era terminal. Él y mamá habían pasado por tantas cosas, llevándome constantemente de ida y vuelta al hospital cada vez que me deshidrataba. Desesperado, mi papá entró y me raptó del hospital —un último esfuerzo para salvar mi vida— y me llevó a que la misma bruja que lo había salvado a él me examinara. Al cabo de una hora más o menos, cruzó la frontera y en una habitación llena de humo e iluminada con velas, la bruja me preparó un brebaje misterioso. ¿Ojos de murciélago, alas de escarabajo, pelos de dragón? Tal vez. Lo que sea que fuera la poción mágica, la mezcló con Pedialyte y suero de leche. La fermentó, le añadió leche de cabra, y le dijo a mi papá: "Dale eso". El brebaje tenía leche evaporada Carnation; un cuarto de botella, y casi todo el resto era agua.

Funcionó. No más vómitos ni diarrea. Digerir la leche ya no era un problema. Yo estaba curado.

El mismo hospital que no me podía salvar la vida y que estaba dispuesto casi a darme por muerto también les cobró a mis padres por esos mismos tratamientos fallidos. Las cuentas formaron una enorme pila de un pie de altura. El hospital les cobró algo así como setenta mil dólares, una suma astronómica para los estándares de 1973. Los cargos del hospital eran por la atención, y no por curarme, pues no lo hicieron. La bruja cobró seiscientos dólares.

Pocas semanas después de beber la poción, no solo empecé a subir de peso y a recobrar mis fuerzas, sino que mi apetito se disparó por las nubes. Recuperando el tiempo perdido, yo era al parecer tan insaciable que pronto me convertí en ese bebé mexicano y gordo como un Buda con quien todos en la familia le encantaba bromear. Según los reportes, cada vez me hice más gordo hasta que finalmente empecé a caminar. Y una vez que pasé a ser bípedo, como decía mi mamá: "¡Mijo, todas las apuestas fueron canceladas!".

Por supuesto, ella y mi papá se emocionaron con mi recuperación completa, y con mi rápida transición a la condición de grandote. Pero eso trajo consigo una nueva serie de preocupaciones. Como una noche, cuando yo estaba empezando a moverme alrededor de la casa, y a tambalearme de aquí para allá. Mamá y papá, ambos sentados en el sofá, empezaron a llamar a mi nombre al mismo tiempo, cada uno abriendo brazos, como para ver a quién de ellos iría primero. Después de tambalearme en una dirección, giré en el último minuto y me tambaleé hacia la otra. Incapaz de decidirme, seguí haciendo esto por un tiempo, yendo y viniendo hasta que finalmente caí de bruces, *paf*, justo en la esquina de la mesita de centro.

Mamá empezó a gemir, y se puso histérica al ver sangre brotando de lo que resultó ser mi nariz rota, y luego casi se desmayó, haciendo que mi papá nos llevara rápidamente al hospital, para que me tomaran puntos de sutura, y para cerciorarse de que ella iba a estar bien. Y luego, me quedó una pronunciada cicatriz estilo

Frankenstein en la nariz y entre los ojos que todavía podrán ver si me miran de cerca. Teniendo en cuenta la gran cantidad de sustos en los años que siguieron, la cicatriz no es gran cosa. Además, me da carácter, o por lo menos eso es lo que dirían las chicas.

La nariz rota escasamente me detuvo. Cuando llegué a preescolar —en la época en que nuestra familia creció hasta un total de cuatro, gracias a la llegada de mi hermanita Marissa, tres años menor que yo— fui transformado básicamente en una versión joven de Speedy Gonzales. Luego de tener una energía ilimitada y muy poco miedo, es posible que no haya reconocido conscientemente la suerte que tenía de estar vivo. Pero a partir de una fecha tan lejana como puedo recordar, he tenido un gran aprecio por todas las experiencias que la vida tenía para ofrecer y no he querido perderme de nada.

Quería ser parte de lo que fuera que estuviera sucediendo en casa, con nuestra familia inmediata o con nuestra familia más amplia, en la escuela o en el vecindario. A veces me pregunto si la bruja no puso en un pequeño ingrediente adicional que me convirtió en una especie de cabecilla o instigador. O tal vez esto era solo el entrenamiento temprano para mis futuras habilidades como presentador.

¿Quién sabe? Lo que sí sé es que me pudo haber contagiado con el bicho de la actuación cuando apenas tenía tres años, a causa de la exposición a la música de mariachis que a mi papá le encantaba, pues empecé a cantar canciones en español y a ganar concursos locales. Fue también a los tres años que empecé a leer, algo que se me dio con facilidad y que estoy seguro de que mi madre fomentó —y, al parecer, estimuló mi extraña habilidad de memorizar lo que leía o escuchaba—, aunque no supiera el significado. Para asombro de la mayoría de los adultos, yo podía ofrecer interpretaciones perfectas de estridentes baladas mariachis de figuras de la talla de Vicente Fernández, un ícono mexicano. Mi papá no podía resistirse a llevarme con él a bares de mariachis en Chula, donde yo lo entretenía a él, a sus amigos, y a quienquiera que estuviera allá. Él me subía a la barra y yo cantaba alegremente apasionadas canciones de amor como "Sangre Caliente", "La Ley del Monte", y "La Media Vuelta". Hice esto por muchos años.

Mis primeras incursiones en la música mariachi no fueron de ninguna manera una indicación para nadie en la familia de que el entretenimiento podría ser mi vocación en la vida. En lo más mínimo. La verdad es que yo era un niño hiperactivo que no me podía estar quieto —lo que hoy probablemente sería visto como tener algún tipo de problemas de déficit de atención— y por eso, para que evitar que me metiera en serios problemas, mamá, en su infinita sabiduría, tuvo que elaborar un plan de acción estratégico. ¿Cuál fue su primer paso? Inscribirme en clases de baile a los tres años. Tardé mucho tiempo en descubrir que había una razón detrás de todo esto.

En aquella época —estoy hablando de Chula Vista en la década de 1970, cuando yo tenía seis o siete años—, asumí que todos a mi alrededor también eran mexicanos. Yo pensaba que todo el mundo hablaba español, comía tacos, le gustaban los Chihuahuas (a falta de un estereotipo mejor), y tenía un apellido que terminaba con *z*: Gonzalez, Fernandez... Lopez. Y así sucesivamente. Esto era apenas natural. Cuando eres un niño, el mundo por fuera de tu ventana *es* el mundo. Así que, por supuesto, llegué a la conclusión de que todo el mundo era igual que yo. Pero muy pronto, me enteré de que eso no era cierto en absoluto.

Sí, gran parte de la población de Chula era mexicana, pero también era el hogar de una mezcla de otros hispanos y de familias inmigrantes, para no hablar de unos pocos blancos: la "sal" espolvoreada encima del crisol colorido y multicultural en el que nosotros los latinos éramos mayoría. La diversidad tenía que ver con la cercana base naval de San Diego, que atraía todo tipo de personas y nacionalidades a la zona. Chula Vista tenía una gran comunidad filipina, una comunidad negra, e incluso una comunidad samoana. Finalmente, una vez que empecé a conocer a gente de diferentes orígenes, tuve una visión del mundo mucho más amplia. Las diferencias eran geniales en mi opinión. No solo llegué a ser extremadamente aceptador de los que no eran como yo, sino que realmente disfrutaba de saber cómo esas diferencias los conformaban a ellos; su raza, cultura, comida, música, estilo de vida, o lo que fuera. Esa actitud incluyente es parte del mundo que dio forma a mi sensibilidad, y es un aspecto de lo que hace que San Diego sea tan hermoso.

La atmósfera de inclusión es probablemente lo que también lo que me permitió a mí, un chico de una ciudad fronteriza, crecer sintiendo que mi infancia era verdaderamente estadounidense, en el sentido en que me sentía conectado con mis conciudadanos, que este era mi país y que todos formábamos parte de él. Esos valores patrióticos y tradicionales eran frecuentes en Chula Vista, y fueron importantes en mi educación. Una vez que mi escolarización comenzó, extrañamente, fue casi como crecer en los años cincuenta: fiestas de chicos, bailes de la escuela, sitios de reunión, concentraciones de fútbol, bailes de graduación, y una participación familiar constante. Algo así como un *Happy Days* con temas latinos.

Por otra parte, los barrios de Chula como el mío eran duros, especialmente en los años setenta y ochenta. Como ciudad fronteriza, teníamos elementos criminales relacionados con el tráfico de drogas y pandillas duras que se sumaban a todos nuestros peligros. Éramos, después de todo, el barrio pobre que podría ser aún más duro que barrios obreros semejantes de Boston o Chicago. Al igual que quienes crecen en zonas urbanas, nosotros tampoco éramos libres de vagar por los bosques y construir fortalezas, de hacer hondas, arcos y flechas, o de aprender a cazar y pescar. En cambio, en Chula Vista jugábamos fútbol en las calles, nos batíamos en duelo unos con otros con concursos de lanzamiento de barro y rocas, y, más o menos, vivíamos en nuestras bicicletas.

La buena noticia de esta mezcla de influencias era que Chula ofrecía una educación en sí misma, una forma de apreciar mi herencia, de disfrutar de una infancia normal en una comunidad de clase media y trabajadora con los valores típicamente estadounidenses, y desarrollar las habilidades callejeras que exige vivir en un vecindario duro. Por supuesto, la base para todas estas lecciones resultó luego de crecer entre el colorido elenco de personajes que eran los miembros de mi familia extendida tanto en los Lopez como en los Trasviña.

Siempre que había alguna excusa para una reunión, circulaba el rumor y lo siguiente que sabíamos era que todos los familiares terminaban ya fuera en nuestra casa en la Calle Paisley o, la mayor parte del tiempo, en la casa de Nana Trasviña, mi abuela materna. Nana, matriarca de nuestra familia, probablemente tuvo la influencia más fuerte en mí durante mi infancia, aparte de la de mis padres. Estaba llena de amor, amaba a todos incondicionalmente, y como católica devota, practicaba su fe con el ejemplo, e iba a la iglesia todos los días a las seis de la mañana. Nana tenía siempre un delantal, porque con todos nosotros reunidos con tanta frecuencia en su casa, ella siempre estaba cocinando. De hecho, nunca la vi en otro lugar que no fuera en la cocina. Y nunca vi que no tuviera un estado de ánimo maravilloso.

La solución de Nana para una casa llena de niños traviesos fue insistir en que jugáramos afuera. Su creencia de que el aire fresco y el ejercicio eran importantes fue lo que más tarde inspiró mi libro infantil, *¡Tacos de lodo!*. Esta historia capta la esencia de mi primera infancia, cuando los niños tenían que usar su imaginación, mucho antes de las computadoras y los iPads. Todos los niños del barrio trabajábamos en equipo y hacíamos tacos de lodo, con hojas, gusanos y lodo. Carne de res, taco y queso. Instalábamos nuestra pequeña cocina afuera y preparábamos platillos llenos de tacos de barro para compartir con la familia.

En retrospectiva, me sorprende que cuando se trataba de nuestras reuniones, todos cabíamos en la casa de Nana o en la nuestra. Además de nuestra familia de cuatro personas —mamá, papá, Marissa, y yo— estaban los cinco hermanos y cinco hermanas de mamá, junto con sus hijos, y los cuatro hermanos y cuatro hermanas de papá, así como sus hijos. Mamá era la hija mayor. Y papá era el mayor, y punto. Siempre se veía más viejo que el fuego y la mugre.

Todos mis primos vivían en la calle de enfrente, a la vuelta de la esquina, o a poca distancia. Louie y Gabe vivían en la calle de enfrente, Alex, Victor y Ralphie vivían a la vuelta de la esquina, y toda la familia de mi mamá —toda— vivía a menos de un par de millas el uno del otro. El dicho de que "Mi casa es su casa" realmente se aplicaba, sin importar en donde nos reuniéramos, como dice la frase, "Mientras más, mejor". Me encantaban esas épocas, tanto así que a pesar de que ya no vivo en Chula Vista, mi casa de Los Ángeles sigue siendo la zona cero para unas reuniones más que concurridas.

Tener un grupo de primos muy unidos ayudó a compensar mi falta de hermanos. Uno de mis favoritos absolutos era mi primo Louie. Por el lado de los Lopez, era el hijo del hermano menor de mi padre, el mayor de tres hijos, y un chico apuesto y padrísimo en todo sentido. De sonrisa fácil, tenía el don de iluminar una habitación cuando entraba en ella, no de forma ruidosa, sino como el resplandor de una vela tibia. Para desconocimiento de la familia, él sabía que era gay desde muy temprano en su adolescencia, pero esto solo se supo mucho después, durante un período turbulento para él después de haberse marchado precipitadamente de Chula

Vista. Después de este hecho, me sentí molesto de que él sintiera que debía ocultar la realidad de quién era y a quién amaba a nuestra familia, que lo habría aceptado sin importar lo demás. Su historia, como se sucedió más tarde, nos afectaría a todos nosotros, al igual que el caso de mi primo y ahijado Chico.

Hubo momentos mientras me acercaba a la adolescencia, cuando, naturalmente, buscaba el consejo de mis primos mayores para que me ayudaran a darme ideas sobre cosas como las chicas y otros asuntos mundanos, a veces bajo mi propio riesgo. Mientras tanto, mis primos más jóvenes eran como hermanos menores a quienes yo trataba de dar un buen ejemplo, aunque no siempre con éxito. Irónicamente, a pesar de que Marissa es tres años menor que yo, me lleva unos cien años en términos de madurez. Marissa no perdía el tiempo. Directa y concentrada, tiene fama en la familia por ser esa persona que te dice las cosas como son. ¿Era dura? Sin duda era mucho más valiente y más atrevida con mamá y papá que yo.

Tan diferentes como podríamos ser a veces ella y yo, a los dos nos encantaban nuestras reuniones familiares y nos gustaba escuchar historias que inevitablemente salían a la luz después de algunas cervezas.

"Ah, y ¿qué tal cuando tú…?", empezaba a decir alguien, contando una historia que todo el mundo había oído una y otra vez, y lo siguiente que sabíamos era que el entretenimiento comenzaba. La música nos calmaba y nosotros los niños nos acercábamos, escuchando con los ojos abiertos mientras la otra persona decía: "No, ese no era yo. Debes de estar pensando en otra persona. Lo que realmente sucedió fue esto".

Luego contaban cómo eran las cosas cuando nuestros padres y tíos estaban creciendo en Sinaloa, lo que hoy se conoce como la capital mexicana de la droga. A pesar de su lado oscuro, Sinaloa cuenta con algunos de los más bellos paisajes y playas que he visto nunca, y también es conocido en todo México por su linda gente. Según la fama que oímos que tenía, parecía que la vida allí era como estar en medio del Salvaje Oeste mexicano, ya sea que hayas tenido o no algún contacto con el cártel de Sinaloa, famoso por tener en sus filas a los narcos más poderosos y peligrosos, sean hombres o mujeres.

Aunque nunca me enteré de los detalles, nuestra familia en Culiacán podría haber contado con algunos miembros que estaban en la parte superior de la cadena alimentaria del cártel. Sin embargo, cuando yo preguntaba, me daban una de esas respuestas como: "Si te decimos, tendremos que matarte".

—¿Qué tan malas podrían ser las pandillas de la droga? —le pregunté a mi papá una vez.

—Son cosa seria —fue todo lo que dijo. Al parecer, los cárteles mexicanos no eran como el típico cabecilla que "vende en la esquina" o los "hombres hechos", como en *Los Soprano*. Eran muy serios. Tanto como Pablo Escobar.

Eso me dio un poco de perspectiva, pero nunca supe la historia completa acerca de si papá terminó involucrado brevemente en ese aspecto familiar de aquel negocio o no. Me imagino que él no podría haber estado *demasiado involucrado*, porque aún sigue vivo. Nadie más en nuestro grupo de familiares estaba involucrado seguramente. Si alguien estaba conectado, sin embargo, papá era probablemente el único que tenía los cojones o la locura para hacer ese tipo de cosas.

Esas no eran las historias que se discutían en las reuniones familiares, pero nunca se sabía lo que podría decir alguien. También había bromas constantes y actualizaciones sobre los últimos chismes y noticias —Trasviña significa "a través de la vid"— comida y bebida y, ni que decir, siempre música, a veces en vivo, y baile.

Ah, y apuestas. Apostábamos en cada juego de cartas que podíamos. Como competidor aguerrido que soy desde que puedo recordar, me gustaba mucho un juego llamado *acey-deucey*, y todavía me gusta. Es muy sencillo. Te tiran dos cartas delante e ti, con la cara arriba. Entonces apuestas a que la próxima carta tiene un valor que está entre las otras dos. Digamos que apuestas un dólar. Si la tercera carta está entre las dos primeras cartas, ganas el dólar. Si no, lo pierdes. Si tiene el mismo valor de tus dos primeras cartas, pagas el doble. Así que el pozo podía ser enorme.

Básicamente, *acey-deucey* es un juego de suerte. Todo está en las cartas. Puedes decidir no apostar si no te sientes con suerte. Pero de lo contrario, todo tu destino depende de la casualidad. Para furia de todos, yo solía tener suerte con las cartas y en otros aspectos.

Pero en la familia de la que vengo, dejar cualquier cosa a la suerte en la vida no servía de nada. No con mamá y su plan maestro para mantenerme *alejado* de los problemas. El problema no era sólo que yo era un manojo constante de energía que podía meterse en problemas más rápido que el niño promedio. Un factor que complicó las cosas en 1980, cuando cumplí siete años, fue el aumento de la actividad de las pandillas en Chula Vista, y parecía muy probable que muchos niños quedaran atrapados en esa vida y todas las cosas que venían con eso. Algunos de mis primos y otros parientes se enredaron y nunca pudieron salir.

Mi mamá era un genio. Toda su filosofía era: si puedo mantener a Mario tan ocupado como sea posible, no tendrá tiempo para meterse en problemas. Y funcionó, sobre todo porque yo no quería decepcionarla, sabiendo lo mucho que ella me amaba y me adoraba. Al igual que todos en su familia, ella siempre fue cariñosa. Todos los días me decía que me amaba y me besaba, y yo soy exactamente igual.

El plan de mamá fue la clave no solo para mantenerme alejado de problemas, sino, ante todo, para convertirme en lo que soy hoy en día.

• • •

El pecado capital de todos los pecados en nuestra casa era la pereza. Mis padres tenían cada uno su propia versión turboalimentada de una ética laboral que se fundió en una sola. Y en última instancia, debo de haber heredado el gen del trabajo duro de mis padres. Claramente, no tuve otra opción. No había un momento en que yo pudiera ser simplemente perezoso.

Para su gran crédito, Elvia y Richard Lopez predicaron con el ejemplo. Mamá, además de trabajar de tiempo completo como operadora en una compañía telefónica, estaba siempre dispuesta encargarse de las preocupaciones de toda la familia, para no hablar de la crianza de dos niños. Papá estaba reparando autos viejos en el garaje o trabajando en el jardín o en cualquier otro proyecto varonil que pudiera emprender para ser productivo.

—Mario, ¿qué estás haciendo? —me preguntaba cada vez que me veía relajado y viendo un poco de televisión.

—Ya terminé mis deberes escolares… —comenzaba a decir yo, pero antes de que pudiera terminar, él me enviaba al patio para ayudar, o para todo lo que pensaba que faltaba por hacer.

La tarea de elección de mamá era pedirme que aspirara la casa, aunque, sinceramente, no me importaba hacerlo. Me gustaba pasar la aspiradora en líneas muy rectas de modo que cuando terminaba, había un patrón genial en la alfombra. Si tenías que hacerlo, ¿por qué no hacer que fuera divertido?

Al enseñarnos a ser responsables de las tareas domésticas, no creo que mis padres implicaran necesariamente que el trabajo y la diversión fueran sinónimos. Junto con el concepto de responsabilidad, había un mensaje de tenacidad; que el trabajo duro puede requerir sacrificio y agallas. La lección era que trabajabas duro para cuidar de tu familia, sin importar lo que eso implicara.

No había duda de que papá era la dureza personificada, pues

tuvo diferentes empleos a lo largo de los años, aunque era muy misterioso y no decía en qué consistían exactamente. Una cosa era evidente: él no salía por la mañana vestido de traje y agitando un maletín. Por un tiempo tuvo un pequeño negocio de jardinería, y luego, cuando yo tenía unos trece años, consiguió su primer trabajo estable y real como maquinista con la ciudad. Más tarde, trabajó en el departamento de vías, instalando controles de alcoholemia y conduciendo grandes camiones. Mientras tanto, los pequeños trabajos basados en sus muchos talentos llenaban los vacíos.

Mi papá era empresarial al estilo de la vieja escuela, esforzándose para ayudar a mejorar nuestro estilo de vida. Conducía un Cadillac antiguo pero en perfecto estado, y restauraba como por arte de magia coches antiguos amontonados en pilas de chatarra. El dinero no aparecía solo, pero puedo recordar cómo disfrutaba él contando fajos de billetes alrededor de la casa, separando los de un dólar, los de diez y los de veinte en pilas ordenadas. Él no trataba de ocultarlo. ¿Por qué lo haría? Todos sabíamos lo suficiente como para no hacer preguntas estúpidas. Cuando terminaba de contar, guardaba el dinero en sus bolsillos, en bolsas, o en la cómoda.

La recompensa para mi hermana y para mí por todo este trabajo duro era nuestro paseo dominical a Tijuana para comer auténticos *mariscos* mexicanos. Antes de los ataques del 11 de septiembre de 2001, la patrulla fronteriza raramente molestaba a alguien con placas de Estados Unidos cuando entraba a México, o incluso cuando regresaba. Pasábamos el día de compras en Tijuana, y luego nos dábamos un festín con deliciosos cangrejos, langostas, pescados, camarones, arroz amarillo picante, y tortuga (que no era ilegal en ese entonces); comíamos hasta que estábamos repletos, y después de la cena, regresábamos a los Estados Unidos.

Marissa y yo éramos los típicos niños: no le prestábamos mucha atención a lo que hacían nuestros padres. Pero cuando yo tenía unos diez años, recuerdo unas pocas veces cuando no pude dejar de notar que regresábamos del otro lado de la frontera mientras íbamos por un tramo desierto de la carretera, y papá se detenía en un arcén de grava y bajaba del auto. Yo lo seguía con la mirada hasta que podía mientras él iba detrás del coche y abría el maletero, como si simplemente estuviera comprobando algo. Bueno, por lo que yo podía deducir, no era algo, sino alguien. O más bien, algunos. Como cuatro o cinco. O eso fue lo que pensaba yo cuando veía que muchas personas que parecían haber salido de la nada empezaban a correr de repente y desaparecían entre la maleza. Yo permanecía sentado con la boca abierta y en estado de shock, preguntándome cómo diablos habían terminado en el maletero, cuánto tiempo llevaban ahí, y si acaso podían respirar. Esa gente tenía que estar loca para hacer esto, o eso creía yo. Pero nunca le pregunté a mi padre por eso. Se *entendía* que él estaba a cargo y sabía lo que hacía.

Hubo otro par de casos como ese, creo, aunque de nuevo, no puedo estar seguro. También tengo un vago recuerdo de mi papá trayendo aves —aves exóticas—, justo en el maletero de aquel Cadillac. Y quién sabe qué más. No me lo dijo y nunca le pregunté.

Como he dicho, la memoria me ha nublado los detalles. El hecho era que podías hablar de paseos a través de la frontera como esos durante las grandes dificultades de la economía mexicana en los años ochenta, una época en que los trabajadores indocumentados eran muy solicitados en este país.

Ya fuera que tuviéramos o no un cargamento adicional en otras ocasiones, no lo habrías adivinado por el comportamiento de mi padre cuando regresábamos al otro lado de la frontera, como creo recordar en una ocasión, y el oficial de aduanas le preguntó:

—¿Ciudadanía?

Mi papá respondió con nervios de acero:

—Ciudadano estadounidense.

Eso podría haber sido dudoso, no lo sé.

El oficial continuó:

—¿Qué traes?

—Nada, solo a mis dos hijos. Fuimos a buscar algo de comer.

Eso fue todo. ¿Quién podría haber descubierto si había algo sospechoso en el maletero? Nadie. Bueno, tal vez nadie. Después de eso, la forma de evitar un mayor escrutinio habría sido conducir más allá de Chula Vista, en las afueras de Dana Point, en el costado norte de la frontera del condado de San Diego. Pero yo no sabía nada de eso.

Lo que sí sabía era que papá nos cuidaba y hacía lo que tuviera que hacer para darnos el sustento. En retrospectiva, también pienso que papá —dado el tipo de oportunidades que yo tendría más tarde— podría haber sido un muy buen actor, incluso una estrella de cine. Tenía el mejor estilo, llevaba ropa de los años setenta como John Travolta en *Fiebre del sábado en la noche*, con camisas de botones bajos y pantalones acampanados, como si se estuviera preparando para azotar la pista de baile. Papá era el tipo de persona que podía llevar una loción de dos dólares y oler como si costara un millón. ¿Su loción típica? Almizcle Jovan. Venía en un frasco naranja y olía fantástico en él. He estado con él en innumerables ocasiones en que las mujeres se acercan y le preguntan: "Disculpa, ¿qué te echaste?".

Papá, un misterioso hombre internacional, se suscribió completamente al plan maestro de mamá para mantenerme ocupado y alejado de problemas como por ejemplo, cuando ella me inscribió para pasar mis tardes en el Boys Club local. Aunque no tenía ninguna opción en la materia, comprendí que se trataba de un lugar para mantenerme a salvo y alejado de las calles. No pasaría mucho tiempo antes de participar en todo lo que tenían para ofrecer, especialmente la lucha libre. Hoy en día, la organización se llama Boys and Girls Clubs of America, pero en aquel entonces eran solo los Boys Clubs of America. No se aceptaban niñas. La lucha libre fue como enviada por Dios, justo lo que mamá había esperado encontrar para mí, y lo mismo sucedió con el Boys Club.

Debido a que mamá y papá trabajaban tiempo completo, esto significaba que mis días de semana estaban cuidadosamente estructurados, empezando con la escuela, luego con las clases de danza, lucha libre y el resto de las actividades extraescolares en las que nos inscribieron a mí y a Marissa, y luego terminaban en la casa de Nana. Como ella y mi abuelo sólo hablaban español, esa fue en realidad mi primera lengua, y luego de conversar con ellos mientras crecía, tuve la oportunidad de hablarlo con fluidez. Me encantaba la casa de Nana y Tata, lejos de nuestro hogar. Era como tener otros dos padres, salvo que ellos me dejaban hacer muchas más cosas.

Nana Trasviña, que era profundamente religiosa, se aseguró de que fuéramos educados con fuertes conexiones con la Iglesia Católica. Sin lugar a dudas, la fe se convertiría en un elemento básico en mi vida, así como lo fue para la mayor parte de mi familia. En mi opinión, se requiere de una conexión entre el trabajo duro y la fe para no renunciar incluso en los momentos difíciles. Los rituales de la religión, sin embargo, fueron más complicados para mí, especialmente a una edad temprana. Ciertamente, la comunidad de los latinos católicos de Chula Vista era muy religiosa, y crecí rodeado de cruces, biblias, versos y oraciones. Aunque mi padre no iba a la iglesia con regularidad y Marissa solo lo hacía de manera intermitente, asistí a misa casi todos los fines de semana, principalmente porque mi mamá también lo hacía. Ella, Nana y yo íbamos juntos. Una vez más, a los ojos de mi madre, cualquier cosa para mantener ocupado a Mario era una obviedad, aunque era difícil tener que permanecer sentado durante tanto tiempo sin enloquecerme.

Ahora que soy adulto, la iglesia se ha convertido en un lugar de consuelo para mí, uno de los pocos sitios adonde puedo ir para estar solo y con mis pensamientos. Un lugar donde puedo recargarme. Me gusta ser católico por la serenidad y la cultura de la

religión, el respeto que inspira, su historia, así como por sus ense-
ñanzas sobre la caridad y el dar a los demás. En el caos de la vida
loca de estos días, es una pausa para desconectarme y centrarme,
una manera de empezar cada semana fresco de nuevo. Me encanta
el arte asociado con el catolicismo y tengo una hermosa colección
de crucifijos antiguos colgados en las paredes de mi casa.

Pero antes de que yo madurara lo suficiente como para apreciar el tiempo que pasaba en la iglesia, tuve problemas con algunos
rituales básicos durante mis clases de Comunión. No tenía ningún
sentido para mí que el pan que usan para la Comunión, que simbo-
liza el cuerpo de Cristo, tuviera un sabor horrible. Una de las primeras veces que tuve que probar una hostia en la clase de catecismo,
le susurré al chico que estaba mi lado, "¡Sabe como si las monjas
hubieran sacado cartón de una caja de galletas y lo moldearan en
bolas de naftalina!".

A los siete años, yo estaba mostrando signos de tener el don de
la palabra. El otro chico se rio, pero por suerte, no tuve problemas
con el escuadrón SWAT de las monjas. Envalentonado, pensé en
una estrategia para no tragarme la hostia. Cuando llegaba el momento, ponía la hostia en mi lengua, la masticaba un poco, y luego
me daba vuelta, la escupía en secreto en mi mano y la escondida
entre las biblias en la parte trasera de las bancas. Funcionaba a las
mil maravillas: en un comienzo. Hasta que una de las monjas más
jóvenes me sorprendió escupiéndola y me dio un fuerte regaño. Sin
embargo, eso no bastó para que dejara de esconder hostias masti-
cadas entre las biblias. Simplemente no podía masticar la galleta
seca y tragarla. Pero con el tiempo, mi suerte terminó, y fui sorprendido una vez más. Las monjas finalmente se quejaron con mis
padres acerca de mis travesuras.

—Mario, estoy muy decepcionada —comenzó a decirme mamá
luego de hacerme sentar—. Escupir la Santa Comunión es un pecado. Es una falta de respeto a la Iglesia. ¡Deberías saber eso!

Ella estaba tan molesta que papá se enojó.

Yo no tenía cómo defenderme. Esa avalancha perfecta de indiscreciones significaba que iban a pegarme. Si las monjas hubieran puesto jalea en la hostia santa para los niños, yo podría haberme salvado del cinturón de papá.

Cuando se trataba de disciplinar, mi papá mantenía una política de justicia. Si yo merecía ser castigado, él no dudaba en hacerlo. Pero él nunca fue innecesariamente duro. Más bien, utilizaba principalmente su presencia dominante para mantenernos a raya, mandando con intimidación, con una voz grave y atronadora; el miedo no venía de su fuerza física, sino de su posición como mi padre. Él tenía sus manías. Como la forma en que yo hacía un chasquido con la lengua y los dientes cada vez que me ordenaba hacer algo. "No te chupes los dientes", me decía y me lanzaba una mirada que decía que yo no estaba viviendo en un hogar democrático y que eso no estaba abierto a la negociación.

Mi papá no tenía que hacer mucho para aclarar algo. Si yo estaba de mal genio y me comportaba mal, todo lo que él tenía que decir era, "Mario. Ven aquí". Una mirada suya, y yo sabía que sería mejor dejar de hacerlo. Si yo lo desafiaba o no lo escuchaba, bueno, por lo general, era un motivo para el cinturón. Pero nunca me dio una palmada con las manos. Gracias a Dios, porque si lo hubiera hecho, me habría derribado.

Cuando papá desataba el cinturón, mi truco consistía en llorar tan pronto como fuera posible. Mientras más pronto empezara a llorar, menos me pegaba. No me salvaba totalmente de todo el dolor, pero aceleraba el proceso. Con el tiempo, aprendí a dejar que mis habilidades dramáticas salieran a flote.

Mamá era otra historia. Como la persona que imponía la disciplina en el hogar, ella era inmune a mi teatralidad y yo le temía más a ella que a mi padre. Mamá solía usar un zapato como su arma de elección, aunque también era hábil en el manejo del cinturón, y le gustaba mezclar los dos. Yo rezaba para que su técnica disciplinaria no se volviera habitual.

Aunque ella es angelical, la dureza de mamá salía a flote cuando otros rebasaban ciertos límites. Era como una mamá osa protegiendo a sus cachorros. Los familiares solían decir, "No te metas con los hijos de Elvia, porque ella se volverá desagradable".

Vi un atisbo de eso después de un incidente en la primera escuela católica a la que asistí, Covenant Christian School. Permítanme señalar que ni mamá ni papá esperaban que la escuela fuera responsable por enseñarle disciplina a sus hijos. Ellos esperaban que fuéramos estudiantes obedientes. En las cuatro escuelas primarias a las que asistí, fui un estudiante muy bueno en su mayor parte. Una razón para ello era porque siempre asistí a la escuela de verano, que era otra forma de mantenerme activo; los programas de verano se hacían en diferentes escuelas cada año y conocí varios métodos de enseñanza. Por desgracia, en el segundo grado en la Covenant Christian School, los métodos de enseñanza incluirían la aparente predilección de las monjas por darnos golpes con una paleta.

Mamá oyó numerosos informes de que me estaban golpeando. "Eso es todo", le dijo a mi papá, "lo sacaremos". Ella no permitía que nadie golpeara a su hijo. De hecho, cuando fue a sacarme para siempre de la escuela, la oí explicar al personal: "Si alguien va a golpear a mi hijo, que sea yo".

La primera vez que puse un pie en nuestro Boys Club, me sentí como en casa. El sentido de pertenencia fue casi instantáneo. Incluso a los siete años, me di cuenta de que el Boys Club no era sólo un lugar donde los padres ocupados enviaban a sus hijos (como yo) para mantenerlos fuera de las calles, sino que era también un refugio para los niños que no tenían padres de los cuales hablar. Teníamos todo tipo de actividades para elegir. Además de la lucha libre en la que me sumergí —como un pez en el agua— jugábamos fútbol y la mayoría de los deportes de pelota, además de nadar en la alberca, jugar hockey de mesa, y participar en todo tipo de juegos. Los adultos que conducían el programa habían crecido en barrios pobres y conocían muy bien los obstáculos que había en este tipo de lugares.

Mis entrenadores de lucha eran cosa seria. Teníamos un entrenador residente cuyo aliento apestaba a alcohol y no duró a causa de su problema con la bebida. Pero el entrenador Walt Mikowachek era fantástico y nunca lo olvidaré. Era polaco, estaba lleno de vida y era un gran ser humano; probablemente fue la primera persona por fuera de nuestra familia a quien respeté realmente. El entrenador Walt se preocupaba por todos nosotros y nos hacía sentir importantes. Siempre se mostró interesado en lo que yo hacía y de qué manera, ejemplificando lo que significaba ser un mentor. A veces sólo tienes que estar ahí para un niño y es más que suficiente. Cualquier tipo de coherencia significa mucho en la vida de un joven. Algunos mentores en el Boys Club llevaban los chicos a casa al final del día, y otros les conseguían un par de zapatos nuevos, lo que podría significar todo en el mundo para esos chicos que no tenían zapatos.

A medida que yo avanzaba en la lucha libre, mi papá —que nunca fue muy demostrativo con sus afectos— me mostró su apoyo a su manera tenue, apareciendo cuando estaba compitiendo y permaneciendo de pie en una esquina de la alfombra. Pero yo sabía que él estaba orgulloso, y apreciaba cuando lo oía decir cada tanto, "¡Vamos, mijo!". Yo no necesitaba que me incitaran mucho, pues era competitivo por naturaleza y todo el tiempo me esforzaba, incluso cuando mis posibilidades no parecían ser muchas. Es cierto que algunas cosas agradables de papá me contagiaron en otros aspectos, pero parte de mi vena competitiva probablemente venía más de mamá. Mi hermana también tiene algo de eso, pero más que nada, Marissa realmente heredó la gran compasión de nuestra madre por los demás, y su sentido de la responsabilidad.

Casi siempre, mi papá era más bromista que competitivo. O fingía que algo era en serio cuando no lo era, como cuando me retó a participar en un juego tonto de lucha libre con las manos, en el que dos personas entrelazan los dedos del medio y los giran en sentidos opuestos.

No intenten esto en casa, pero se hace así: extiendes tu dedo medio, y la otra persona hace lo mismo; luego los entrelazan y ambos aprietan el puño con la misma mano. Los dos están nudillo con nudillo con los dedos del medio entrelazados. Uno de los dos lo gira a la derecha y el otro lo hace a la izquierda. La persona que no pueda soportar el dolor y se rinda primero, pierde. Papá se rompió el dedo varias veces jugando a eso con adultos, pero fue porque no es un tipo que se da por vencido fácilmente, y porque lo hizo después de beber unas cuantas copas en alguna fiesta.

¿Mencioné que mi papá podía beber más que cualquiera? Eso es lo que se hacía en ese entonces. Él sabía beber como nadie. Bueno, salvo por una vez en que él y mamá estaban organizando una fiesta en casa y lo vi dirigirse tranquilamente hacia afuera para vomitar cerca de la manguera del jardín. Para mi sorpresa, se enjuagó después la boca con la manguera, entró de nuevo, y continuó bebiendo. Aparte de esa vez, nunca pensé que tuviera un problema, es decir, hasta que me hice mayor y me di cuenta de lo mucho que podía beber. Toda una botella de Bacardi 151 como si nada. Sin embargo, nunca fue descuidado. Nunca. Dicho esto, puede que yo haya decidido en un momento dado, mientras estaba creciendo, que tener *cierta* moderación cuando se trataba de alcohol podría ser recomendable.

En cuanto a la moderación con la lucha libre, nunca se me pasó por la mente. Nuestra práctica en el Boys Club era muy divertida, pero implicaba también un entrenamiento serio, y descubrí que los retos me hacían progresar. Nos derribábamos con una sola pierna, hacíamos DDTs, maniobras con la cabeza y los brazos durante las cuales estabas arriba y tratabas de trabajar el control a tierra. Hacíamos *half-nelsons* y guillotinas, así como técnicas de inmovilización, en las que tratabas de inmovilizar a tu oponente para que su dos omóplatos tocaran el suelo durante al menos un segundo, hasta que escuchabas la palmada del referí en la estera. Cuando logras inmovilizar al rival, es como un nocaut. No hay nada como escuchar el sonido de la palmada en la estera cuando eres tú quien ha inmovilizado al rival.

"Mario, ¿de dónde sacaste ese movimiento?", me preguntaba el entrenador Walt cada vez que me veía perder el tiempo antes o después de la práctica, sobre todo si yo estaba intentando alguna maniobra descabellada de lucha que había visto en la televisión. Estos movimientos nunca se permitían en la práctica, pero todos los intentábamos el uno con el otro. Si me gustaba lo que veía, daba vueltas y ponía a prueba las posibilidades en el próximo chico con el que iba a luchar. Ninguno de estos movimientos intrincadamente ensayados que ves en la WWF funcionaba en una competencia real, pero se veían tan bien, que todos tratábamos de incorporar elementos de ellos.

Mi movimiento favorito durante un tiempo fue el suplex. Cuando lo vi en la WWF, supe antes de la práctica que tenía que hacerle un "pin" tan contundente como ese a Héctor Cruz, mi compañero de *sparring*. El suplex consiste en agarrar a tu oponente y pasar tu brazo alrededor de su cabeza como una llave de cabeza, pero desde el frente, en un sofocamiento desde atrás. Lo agarras por el cuello y pasas el otro brazo detrás de su cabeza. Luego lo agarras por el pantalón, saltas hacia arriba, y lo tiras sobre la colchoneta. Es casi como una voltereta hacia atrás. Ahora, las colchonetas que se ven en la televisión son probablemente caras y tienen más relleno. Pero la mayoría de las colchonetas de lucha libre juvenil no son tan gruesas, y solo tienen dos pulgadas y media en el mejor de los casos. Así que cuando le hice la llave suplex y lo tenía por el cuello, fui lo suficientemente consciente para tratar de suavizar su aterrizaje cuando lo tiré hacia atrás sobre mi hombro y lo arrojé al suelo. *¡Pum!*

Héctor definitivamente se quedó sin aire esa vez, aunque podría haber sido peor. Dejé de hacer el suplex después de estar muy cerca de lastimarlo realmente. Otro movimiento que nunca haré de nuevo es la figura cuatro, llave de pierna, especialmente después de que el chico a quien se la hice sufrió un esguince en la rodilla. No hay manera real de librarte de esa llave, a menos que tengas un Taser o un cuchillo.

Debo hacer hincapié en que en mis primeros años de lucha, no sólo intentamos algunos de estos movimientos ridículos, sino que a todos nos sacaron el aire o nos mareamos lo suficiente para ver estrellas. Más tarde, cuando entré a la escuela secundaria y participé en combates, fui conocido como un competidor despiadado en las colchonetas de lucha libre, combinando mi entrenamiento con un alto nivel de intensidad. Esa voluntad de ganar era sólo una parte de lo que era yo, y, bueno, sucedían accidentes: por ejemplo, las veces que le rompí el hombro a un rival, y la clavícula a otro. Una vez me rompí el tobillo derecho y tuve que usar un yeso. Impaciente por volver a competir, corté el yeso y le dije a mi entrenador que me pusiera cinta en el pie y en el tobillo. Pero en el siguiente combate contra otra escuela secundaria, mi contrincante se enfocó en mi pie derecho y me atacó allí de manera tan intencional, y le advertí de manera no precisamente accidental mientras estábamos agarrados, "Aléjate o te voy a levantar". La siguiente serie de movimientos demostró que él no iba a lastimarme el tobillo, así que procedí a derribarlo con un movimiento que él no vio, y que le rompió el brazo de forma sonora.

¿Podría todo esto explicar por qué actualmente mis amigos no entran conmigo a ningún tipo de cuadrilátero o de colchoneta? A pesar de que adquirí reputación de entrar con mucha fuerza y de luchar con rudeza desde mis días de juventud, a mis amigos les preocupa al parecer que, tan pronto piso el cuadrilátero, me convierto en el luchador —o, tal como lo hicieron mis intereses posteriores— en boxeador. Quizás tengan razón. Incluso en mis días de lucha en el Boys Club, o simplemente cuando pierdo el tiempo con mis amigos, las probabilidades aumentan de que alguien salga herido. Con mucha frecuencia, sucedió que en el instante en que alguien resultaba herido, mis padres pensaban de inmediato, "Mario está luchando…".

El hecho evidente de que tu reputación te precede casi siempre, incluso cuando eres inocente, es una de esas lecciones que descubrí. Un ejemplo de esto fue una vez que trepamos a un árbol una tarde cuando yo estaba con mi amigo James García y mis padres estaban visitando a mi tío, que vivía enfrente. Ese árbol, que estaba en nuestro patio trasero, ofrecía la práctica ideal para escalar: tenía un tronco alto y suave, con gruesas ramas bifurcadas que me encantaba subir muy alto. El camino para llegar a la cima requería de un movimiento esencial, un gran salto de una rama a otra, al estilo Tarzán.

Intrépido de una manera propensa a los problemas, tuve el beneficio de la agilidad perfeccionada en la lucha libre por lo que esto no era un problema y James pensó que si yo iba a subir, él también lo haría. ¿Por qué no? Subí antes que él, demostré el movimiento de la ardilla voladora, salté y me agarré de la rama alta, correteando cerca del tronco para abrirle campo a James de modo que siguiera mi ejemplo. Él saltó bien, pero cuando iba a agarrar la rama, mientras yo veía cómo transcurría todo como si fuera en cámara lenta, no logró agarrar la rama y casi se zambulló como un cisne al suelo con un ruido sordo y un crujido.

"Por favor, Dios", empecé a rezar mientras bajaba del árbol a una velocidad récord. "No dejes que se lastime". ¿Qué tan grave fue? Bueno, déjenme decirlo de esta manera: fue la primera vez que vi un hueso atravesar la piel. Asomaba por el interior de su antebrazo, roto con toda seguridad.

Cuando corrí a casa para llamar al 911, la primera vez que tuve que hacer una llamada de emergencia, la operadora pensó que yo le había roto el brazo a James. ¿Qué? ¿Con quién había estado hablando ella?

La operadora no dejaba de repetir: "Ahora, dime otra vez cómo le rompiste el brazo a tu amigo". Y yo no dejaba de repetir: "No le rompí el brazo; ¡se cayó de un árbol!"

Nunca supe cómo pudo pensar eso.

Cuando mis padres llegaron a casa un poco después, antes de que yo pudiera contarles la historia, lo primero que me dijo papá fue:

—Mario, ¿cuántas veces tenemos que decirte que no hagas más los movimientos de lucha libre de la WWF?

—No, papá, no estábamos luchando. ¡Él se cayó del árbol!

Él y mamá se miraron como si yo estuviera bromeando.

Finalmente, James convenció a mis padres de que no era culpa mía y que su accidente no tenía nada que ver con la lucha libre. Él sobrevivió, gracias a Dios, aunque no sin una cicatriz significativa tras la caída y la operación a la que tuvo que someterse para poner todo de nuevo en su lugar.


—¿Clases de baile? Al parecer, esa fue mi única reacción cuando yo tenía tres años después de que mamá me inscribiera en la más básica de todas las clases de baile. ¿Quién era yo para cuestionar a mi madre? Conforme pasó el tiempo, se hizo más evidente que ella quería que yo aprendiera a bailar porque le encantaba el baile. Y con su maravilloso plan para mantenerme ocupado y alejado de los problemas, ella pudo haber elegido la danza como una actividad que pudiera equilibrar mi lado más travieso.

Sea cual fuera su intención, a medida que pasaban los años de la escuela primaria, continué siendo un niño de mamá como para no oponerme a las clase de baile. Y entonces, me convertí en el único luchador que supiera bailar y que yo conociera. Tenía clases de jazz y de *tap* en All That Jazz, un estudio de baile en Chula Vista. All That Jazz era exactamente lo que te imaginas cuando piensas en un estudio de baile en una ciudad fronteriza como Chula a comienzos de los años ochenta: un estudio pequeño y sencillo en medio de un pequeño centro comercial.

Cada vez que empezaba una nueva serie de clases, yo entraba y veía una escena familiar: padres revoloteando entre sus pequeñas hijas mientras estas esperaban a que comenzara la clase; y luego estábamos mi mamá y yo. La mayor parte del tiempo, yo era el único niño en la clase. ¿Me sentía avergonzado de eso? Sí. Pero me aguanté porque no podía decepcionar a mi mamá. Incluso sabiendo que los chicos de la escuela se burlarían de mí, yo no podía soportar la idea de causarle tristeza a mi madre o, peor aún, de romperle el corazón. ¡Lo suyo era el baile!

A los nueve años o algo así, recuerdo que ya no me sentía tan incómodo siendo el único niño de la clase, sobre todo ahora que estaba empezando a notar más a las niñas. Comencé a darme cuenta de que estaba aprendiendo a moverme bien y que a las niñas les gustaba eso. Entonces, realmente me entregué al baile. Otros chicos venían de vez en cuando, pero siempre renunciaban, y yo seguía llevando la batuta.

Mi ambivalencia sobre las clases de baile se diluía aún más cada vez que All That Jazz celebraba concursos y recitales. La teatralidad era muy emocionante, al igual que la idea de competir por premios. Mamá se sentía en el cielo y participaba en todos los preparativos, como si hubiera encontrado su verdadera vocación. De repente, mientras se acercaban los ensayos generales, me convertí en su pequeño juguete, en un ser vivo, en una figura de acción a quien ella podía vestir como quisiera. Me hacía todos mis trajes y cuidaba de todos los detalles hasta que parecía como si estuviera en alguna versión temprana de *Toddlers & Tiaras*. La vena competitiva de mamá realmente surgió en esa época. Si las bailarinas eran maquilladas por sus madres, entonces ella también me maquillaba. Así es, mamá me aplicó rubor en las mejillas, y me disfrazó de versiones infantiles en trajes de lentejuelas para todas las actuaciones que ella podía imaginar. Mi repertorio de tap y jazz me hizo bailar todos los grandes éxitos de los años ochenta, incluyendo "Disco Duck" y la interpretación de John Travolta de "You're the One That I Want". Había también una coreografía de rock and roll clásico, como por ejemplo "All Shook Up", de Elvis Presley. El primer premio que me concedió mi estudio fue por un baile que hice para "Wanna Be Startin' Something" de Michael Jackson, una experiencia memorable que bien podría haber dado forma a mi eventual camino en el mundo del entretenimiento.

O tal vez no. Lo que sí sé como adulto es que todo lo que tengo que hacer es escuchar la introducción de cualquier canción de Michael Jackson, como "Off the Wall" y "P.Y.T (Pretty Young Thing)", y en un instante, la música me transporta de nuevo a todos los concursos de baile de esos años. MJ era mi favorito y todavía lo es. Para mí, es imposible escuchar cualquier éxito de Michael Jackson y no salir a bailar. Hasta este día, todavía sé la coreografía de cada uno de sus videos musicales, sobre todo porque he incorporado todas esas rutinas en mis propios recitales de danza y concursos.

Por mucho que nunca lo habría admitido en ese entonces, el baile era una válvula de escape perfecta para mí, una manera de canalizar mi exceso de energía como no lo había hecho jamás con ninguna otra cosa. Y nadie salió herido en el proceso.

Mis quejas no terminaron inmediatamente. Quiero decir, ¿qué chico genial ha tomado alguna vez clases de baile? Pero mientras más feliz estaba mi mamá por mis clases de baile, y mientras más me daba cuenta de que tenía facilidades para ello, más acepté que la danza era una parte de mí. Incluso antes de las clases, yo siempre podía bailar y danzar, y me encantaba bailar alrededor de mi casa. Y ahora me encantaban las clases de baile. A los diez años, yo estaba empezando a entender cómo el hecho de ser el único chico en la clase con todas las niñas ciertamente no tenía nada de malo. Bueno, de todos modos era el único hombre heterosexual como se hizo evidente más tarde, lo que era igual de agradable. Pero con el tiempo me di cuenta de que cualquier actividad en la que eres el único hombre en un cuarto lleno de mujeres atractivas vistiendo trajes diminutos, no es una mala cosa.

Para mi sorpresa, el baile me ayudó incluso con el equilibrio, la agilidad y la gracia en los deportes. Se complementó con todas las otras cosas masculinas que yo hacía. Y apenas me di cuenta de eso, desarrollé un amor genuino por el baile, un amor que nunca murió. Eso no quiere decir que no fuera objeto de burlas. "El niño de mamá" no me molestaba mucho, ya que era cierto de alguna manera. "Cobarde" no era agradable, y podía soportarlo. Pero cuando un chico me llamó "maricón" un día, eso fue suficiente, además de la forma amenazante en que lo dijo, y me molestó realmente. No quería decirle nada porque yo era un buen tipo y generalmente no era dado a las confrontaciones. Pero simplemente podía soportar hasta un punto, antes de defenderme a mí y a cualquier persona de cualquier insulto.

Mientras pensaba en la manera de responder, le expliqué a mamá que no quería meterme en problemas, pero que tenía que defenderme.

Mamá tenía mucha claridad acerca de cómo me sentía.

—Mijo —me dijo—, si este tipo o algún otro se mete contigo de esta manera y no le pateas el trasero, te patearé el tuyo.

Nunca olvidaré la intensa mirada de sus ojos. Asentí con la cabeza, pero vacilé. ¿De verdad quería decir eso?

—No voy a pelear tus batallas por ti. Haz lo que tengas que hacer —añadió. Propuso recogerme a un par de cuadras del sitio habitual cuando saliera de la escuela. ¿Qué me había sugerido? Ella continuó—: Quiero que lo esperes después de la escuela. Le dirás cuál es el trato. Y si él no se disculpa, entonces le darás una patada en el trasero.

Cuando el chico salió de la escuela al día siguiente, yo lo estaba esperando. Parecía un verdadero cabrón, arrogante y engreído con jeans oscuros, camisa de manga larga, y un par de zapatillas Vans. Después dirigirme directamente hacia él, lo miré fijamente a los ojos y le dije:

—Oye, ¿sabes qué?

—¿Qué?

Mientras me acercaba a él y empezaba a hacerle saber que tenía que dejarme en paz, él dio un paso hacia mí y pronto estábamos diciéndonos cosas el uno al otro. Él tenía un temperamento desagradable, y yo no necesitaba decirle mucho para que estallara. Finalmente, se acercó a mí y en lugar de alejarse simplemente o de que yo lo ignorara, me hizo dar mucho coraje y me llené de agresividad. A menos que hayas practicado, nunca podrás ganar una pelea contra un luchador entrenado. En un abrir y cerrar de ojos, le hice un derribo con las dos piernas y él cayó al suelo. *Bum*. Empecé a golpearlo. Después de un minuto o dos, dijo:

—Está bien, está bien.

Tal como habíamos planeado, mamá me recogió a un par de cuadras de distancia. Pasamos al lado del chico mientras él cojeaba por la calle y mamá se detuvo junto a él, bajó la ventanilla del auto y le gritó:

—¡Te lo mereces!

Tienes que amar a una mamá de malas pulgas. Por supuesto, ella prefería que yo resolviera los conflictos manteniendo la calma. Pero ella tampoco quería ningún debilucho en la familia. No lo toleraría. Tampoco podía tolerar que sus hijos actuaran con indiferencia o debilidad.

En el otro lado del espectro, tuve que aprender a contenerme. Una vez que me convertí en un buen luchador, no podía pelear con nadie solo porque me diera la gana. No era lo correcto si no tenían el mismo nivel de entrenamiento que yo. Pero eso no fue un problema en cuanto a las burlas. Una vez que me encargué personalmente de este chico en particular, no tuve más problemas. Las palabras circulan rápido en la escuela y después de ese día todo el mundo se portó bien conmigo. Bailarín o no, nadie me insultó de nuevo. Yo podría haber bailado en el centro de la cafetería y no hubiera oído una sola palabra al respecto.

Ese rito de paso fue un boleto de oro para el futuro. Aprendí que si quieres ser un bailarín, o un actor, se burlarán de ti. Simplemente, así son las cosas. La lección es dejar simplemente que esos idiotas digan lo que quieran e ignorarlos lo mejor que puedas. Confronta a los que no puedas ignorar. Y, tal como realmente lo hago en la actualidad, agradece por los chicos que hayan sido rudos contigo; ellos me endurecieron el pellejo para algunas de las duras realidades que yo encontraría posteriormente en el mundo del espectáculo.

Con todo, cuando miro en retrospectiva la preparación para la vida que me dieron mientras crecía en mi familia y en Chula Vista, estoy agradecido con todos y con todo lo que pasó. ¿Tengo algún remordimiento? Ninguno realmente, excepto haber pasado más tiempo con mis abuelos de ambas familias. Tienes que amar a tu familia mientras tengas una. Si pudiera volver atrás, solo una vez, memorizaría los momentos y nunca los dejaría ir.

CAPÍTULO 2

# ACTOR INFANTIL

Como si fuera ayer, todavía recuerdo el momento en que la trayectoria de mi vida cambió de rumbo súbitamente, aunque yo no tuviera ni idea en ese momento. Con diez años, yo estaba detrás del escenario, de pie en un ala del enorme auditorio en la Escuela Preparatoria Grossmont en El Cajon, California, donde estaba esperando el inicio de un recital en el que participarían All That Jazz y muchos estudios de danza de toda la región. En este gran concurso anual, los diferentes estudios competían por lo que era para mí un trofeo viejo y cursi. Pero a juzgar por los rumores detrás de bastidores, mientras los maestros de baile y las madres les daban instrucciones de última hora a los bailarines nerviosos, habrías pensado que estábamos abriendo en el Carnegie Hall.

Justo antes de que mamá fuera a tomar su asiento en el auditorio, volvió a revisar mi vestuario y maquillaje completo que yo tenía que llevar para este espectáculo. Después de darme un pulgar hacia arriba, ella estaba saliendo detrás del escenario cuando ambos oímos a un grupo de madres junto a nosotros decirles a sus hijas que había una gran cantidad de cazadores de talento del mundo de la danza entre la audiencia. Una de las madres dijo en un susurro: "¡Oí que Christine Guerrero, una agente de talento, ya está aquí!".

Al parecer, la agente, con sede en San Diego, había asistido para ver posibles nuevos talentos y añadirlos a su agencia. Representaba a modelos y actores infantiles y juveniles, consiguiendo trabajos que eran en su mayoría comerciales en pequeña escala y anuncios impresos con patrocinio local. Las mamás junto a nosotros estaban completamente emocionadas. Christine Guerrero, explicó otra, había asistido para ver si alguna de las chicas que competían en el recital tenía "lo que se necesita".

No era la primera vez que yo oía a las madres de bailarinas decirles a sus hijas que tenían que empezar a hacer audiciones para trabajos como espectáculos de danza, y que si tenían suerte, podrían aparecer en anuncios publicitarios y de modelaje impresos, y luego, tal vez, conseguir algo realmente grande y ganar mucho dinero. También había notado que muchas bailarinas soñadoras no podían dejar de jalarle la manga a una mamá, rogándole para estar en la televisión o en las películas. Sin embargo, eso era extraño para mí.

¿Yo tenía sueños para el futuro en esa época? Pues bien, aquí entre nos... sí, los tenía. Pero no como un actor infantil; no cuando era tan pequeño. Mi sueño era ser luchador profesional. Me encantaban Hulk Hogan y la WWF, Roddy Rowdy Piper, Brutus The Barber, Beefcake, Tito Santana. El atractivo era lo que hacían y sus personalidades más grandes que la vida real, y no el hecho de estar en la televisión.

Mi mamá nunca había mostrado interés en que yo asistiera a una audición. Es decir, no hasta ese momento detrás del escenario en la Escuela Secundaria Grossmont, cuando escuchó a las otras madres hablar acerca de la agente de talento y quiso saber más. Su rostro se iluminó y era como si yo pudiera ver sus ruedas girando mentalmente, con burbujas de pensamiento formándose prácticamente: "Mi Mario sabe leer y memorizar; y está en la clase avanzada en la escuela. ¿Tal vez pueda hacer estas cosas comerciales?".

Obviamente, el hecho de que yo supiera leer desde los tres años había sido de gran ayuda para mí en la escuela. No era literatura, y ciertamente tampoco Shakespeare, pero mis profesores me habían animado a leer en voz alta frente a la clase cada vez que se presentaba la oportunidad. Con el tiempo, yo había aprendido a leer y articular casi cualquier cosa que pusieran delante de mí, ya fuera que yo pudiera comprender o no las palabras y los conceptos complejos. Pero, francamente, como me di cuenta más tarde, no es necesario entender cuando lees un teleprompter.

Probablemente, la verdadera razón por la que mamá quería averiguar la posibilidad de conseguirme un agente era porque, como alguien de mi familia podría atestiguar, yo no tenía miedo de los reflectores. Tampoco era tímido. Mamá sabía también que yo podía hablar con cualquiera y con todo mundo, manteniendo conversaciones con adultos sobre todo tipo de temas. Más allá de ser solo un niño en busca de atención —que me encantaba, por supuesto— yo me preocupaba más por la aprobación que resultaba del hecho de ser realmente bueno en algo como la lucha libre. Así, en su búsqueda constante para encontrar maneras de mantenerme activo, lo más probable es que mi mamá viera esto como otra válvula de escape.

Cuando terminó el recital, mamá encontró la oportunidad de acercarse a Christine Guerrero, que había quedado impresionada con mi forma de bailar. Me invitó a ir a su agencia y leerle algo. Y así fue como me descubrieron: a los diez años, completamente maquillado en una competencia de baile en algún lugar fuera de San Diego.

Aunque me habían invitado a lo que para cualquier otra persona podría haber sido "mi gran oportunidad", yo no tenía ninguna prisa en reunirme con la agente porque, francamente, me tenía sin cuidado. Como yo no sabía prácticamente nada acerca del espectáculo, no necesariamente quería ser un actor o un artista de televisión. ¿Quién sabía siquiera lo que significaba estar en la televisión o cómo sería eso?

Mi mamá no insistió. Me preguntó:

—Mijo, ¿quieres hablar con esta señora y hacer una escena? Puedes ver si te gusta y si le gustas a ella, y si se trata de algo que puedas hacer.

Si mi mamá me lo pedía, yo lo haría. ¿Ven lo que digo? Esa es la clase de hijo que era yo.

En la reunión, Christine Guerrero comenzó a hablar con total naturalidad de los entresijos del negocio. Luego sonrió y me preguntó:

—Mario, ¿podrías leerme algo?

Eso no sonaba demasiado terrible. Estuve de acuerdo y ella me entregó un trozo de papel sucio y arrugado con un sello comercial. Era indudable que había usado ese mismo guion para innumerables audiciones. El comercial era para una compañía de seguros y contaba la triste historia de un niño que había perdido a su perro en la lluvia. Yo sabía que debía levantar los ojos de la página mientras leía y, cuando lo hice, vi que la agente me miraba fijamente.

Cuando terminé de leer, ella escribió algo y luego miró hacia arriba, dirigiéndose primero a mi madre y luego a mí, diciendo que le gustaría mucho trabajar con nosotros.

Después de tantos años, mientras pienso cómo transcurrió esto, desde el momento en aquel escenario antes del recital de danza en la escuela secundaria hasta esta reunión con mi primer agente de talento, sigo pensando que es irónico que haya entrado al mundo del espectáculo a los diez años a causa del baile.

Mi papá piensa que es irónico, como dice él, que yo nunca haya tenido un trabajo de verdad. Como empecé a actuar desde muy joven, siempre he sido básicamente un profesional, a excepción de unas semanas en que trabajé para una de las empresas de jardinería de papá durante un verano. Fue un empleo temporal, y él me dio trabajo básicamente para ayudarme durante un receso en mi carrera artística. Así que supongo que él tiene razón; nunca he tenido un trabajo de verdad. Pero, en cuanto a los trabajos que *no* son de verdad, he estado trabajando en múltiples ámbitos de la industria del entretenimiento desde que estaba en quinto grado. ¿En pocas palabras? Trabajar desde niño sirvió un propósito muy importante: me mantuvo alejado de *algunos* problemas.

D espués de firmar con mi nueva agente radicada en San Diego, ella me empezó a presentar de inmediato para anuncios locales y comencé a trabajar en anuncios impresos. Todo sucedió muy rápido y no tuve tiempo para pensar demasiado en el proceso. Llegaba a un sitio y me tomaban fotos. Lo siguiente que sabía, era que veía las imágenes en un pequeño catálogo.

El primer trabajo fue para el catálogo publicitario de un banco. La leyenda decía "Sonríe, estás en el país de los bancos". El tema era el béisbol, y yo estaba vestido con el uniforme de cátcher y llevaba máscara encima de la cabeza, mientras pasaba mi brazo alrededor de un pequeño chico blanco, que era el lanzador. Los dos sonreíamos.

A medida que yo hacía más trabajos fotográficos, mamá coleccionaba ejemplares, pero nunca exhibía mis fotos en el refrigerador o en la pared, ni en ningún lugar de la casa. Hacía álbumes, pero a diferencia de los premios de las competiciones y diplomas de la escuela, ella no colgaba ninguna foto mía, tal vez para no hacer sentir excluida a Marissa. Sin embargo, a mi hermana probablemente no le habría importado eso, con todo lo que tenía a su favor. Muy inteligente, divertida y hermosa, mi hermana se destacaba en todo. Además de ser bailarina, era también una estudiante estrella, fue capitana del equipo de animadoras de la escuela secundaria, y más tarde se graduó de la universidad en la lista del Decano. La broma constante era que aunque yo era el hermano mayor, tenía que seguirle el ritmo a ella.

Por su parte, papá aprobaba esta nueva actividad, así como todo lo que yo hacía, y que ahora incluía también karate. Él me llevó también a algunas audiciones, dependiendo de los horarios de trabajo suyos y de mamá. Nunca se opuso a mis actividades, pero ni él ni mamá hicieron gran cosa de ellas. Su actitud era que mientras yo disfrutara del modelaje y la actuación, ellos lo aprobarían. El resultado fue que logré tener una infancia normal y equilibrada. Si yo no estaba luchando, estaba feliz bailando. Si no estaba bailando, estaba feliz practicando karate. Si no hacía esto, me sentía feliz jugando un poco. Nunca quise ser una estrella. Pero ahí estaba yo, un niño trabajando en el "negocio".

En poco tiempo, mi agente había logrado un nombre para su agencia y comenzó a recibir llamadas comerciales de directores de *casting* fuera de San Diego. Cuando las llamadas comenzaron a llegar desde las oficinas de *casting* en Los Ángeles, eso significaba compromisos mejores y más grandes, con la posibilidad de hacer comerciales de mayor calibre —a nivel regional o incluso nacional— que podrían pagar buen dinero y aumentar mi visibilidad. Pero ir de Chula Vista a Hollywood tomaba dos horas o más en medio del tráfico. Eran más de cuatro horas de ida y vuelta después de la escuela, y mamá o papá tendrían que llevarme, haciendo malabares con sus horarios de trabajo.

Podrían haber decidido no hacer esto. Sin embargo, mamá pensó, *¿por qué no?* Papá pensó que valía la pena intentarlo.

Afortunadamente, las audiencias eran a ciegas en aquel entonces. A diferencia de las audiencias comerciales posteriores que especificaban el grupo étnico —afro-americano, asiático, hispano, blanco, etcétera— lo que muchas veces se solicitaba en esa época eran niños y jóvenes de un rango de edad específico. Los agentes presentaban fotos de rostros o composiciones fotográficas de sus mejores talentos en esas categorías, y el personal de *casting* miraba cientos o quizá miles de presentaciones, escogían a los niños que parecían cumplir los requisitos, y luego notificaban al agente para una cita con el joven cliente. En un comienzo, la mayoría de las llamadas fueron para todo lo imaginable: niños lindos, niños poco convencionales, encantadores, graciosos, fanfarrones y pesados, e incluso niños tímidos que simplemente tenían tal vez un aspecto memorable ante las cámaras. La mayor parte del tiempo, mientras esperábamos afuera para ser evaluados por un director de *casting*, teníamos que leer y ensayar, o estudiar un guion gráfico para que estuvieras preparado cuando llamaran tu nombre.

A veces nos pedían leer o memorizar unas pocas líneas, o improvisar en una situación específica. Muy rápidamente, aprendí el proceso: cómo posar para la cámara y dar mi nombre, cómo escuchar y responder en el momento adecuado. Después de algunos viajes de ida y regreso por la autopista 405, empecé a recibir llamadas antes de hacer mi primer anuncio comercial, y luego otras. En un lapso muy corto de tiempo, ya había incursionado en la televisión. Lo que suele suceder a continuación con los actores infantiles en Hollywood es que después de ser contratado para anuncios comerciales, te empiezan a enviar a audiciones de teatro para conseguir papeles en películas y en series de televisión. O al menos eso fue lo que me sucedió a mí. Una de mis primeras audiciones de teatro fue para *A.K.A Pablo*, una nueva comedia de ABC creada nada menos que por Norman Lear: era una oportunidad increíble.

El productor Norman Lear, una leyenda de la televisión como pocas, era responsable de programas tan innovadores como *All in the Family, The Jeffersons, Maude, y Sanford and Son. A.K.A Pablo,* protagonizada por el comediante Paul Rodríguez, sería el primer programa en la historia de la televisión que contaba con un elenco exclusivamente latino. Cuando llegué a la lectura de audición para el papel del joven Tomás Del Gato en la serie, me di cuenta de inmediato por qué una prueba como esta era descrita como una "llamada de ganado". Por todas partes había hordas de actores y nos conducían adentro y afuera de la oficina del director de *casting* como si fuéramos ganado. Como no me di cuenta de lo importante que era la oportunidad en ese momento, tampoco supe ponerme nervioso. Cuando mi nombre fue llamado finalmente, fui, me preparé para la cámara, hice la lectura, y poco tiempo después, salí de allí y fui a buscar a mamá para regresar a San Diego.

Los directores de *casting* suelen decir: "Muy bien", o "Gracias, Mario, eso fue genial", lo cual se traduce como "No nos llames, nosotros lo haremos". Así que aprendí desde el principio a no esperar una llamada hasta el momento de recibirla. Pero no solo fue una llamada para un gran programa de máxima audiencia. Es como la Locura de Marzo, donde pasas de una llamada de ganado a ser llamado por el director de *casting* y el resto del personal de *casting* de la cadena televisiva, luego a una segunda llamada con el director, y después a una tercera llamada con todos los productores y escritores. Si llegas tan lejos, pasas a la gran ronda semifinal donde te reúnes con los productores ejecutivos. Y por último, pero no menos importante, cuando has recorrido esa distancia, te reúnes con la cadena televisiva. Con los "trajes". No sabes sus nombres o cargos exactos, pero ellos tienen la última palabra. Ir a la cadena es allí donde la carrera de un actor se forja o desaparece en llamas.

Así que, por fin, después de seis viajes de ida y vuelta desde Chula Vista a Hollywood, fui a la cadena y recibí el mensaje de que había sido elegido como miembro del elenco en *A.K.A Pablo*. Desde la primera mesa de lectura, donde tuve la oportunidad de conocer a Paul Rodríguez y al resto del reparto y del equipo, sentí que esa familia de televisión no era muy diferente de la mía. El argumento del programa se basaba en la experiencia de la vida real de Paul como un cómico de *stand-up* e incorporar su uso de este- reotipos humorísticos sobre su origen mexicano, pero que no siem- pre funcionaba bien con su familia en la TV. Todo era exagerado: una enorme familia mexicana de veinticinco personas, viviendo en una casa con pollos ruidosos en la sala familiar y piñatas en el patio delantero. Me refiero a todos los estereotipos mexicanos negativos e insultantes. Lo más destacado para mí fue una escena de comedia protagonizada por Paul Rodríguez en la que decía: "La gente me pregunta por mi tarjeta American Express… esta es mi tarjeta Mexican Express", y luego sacaba un cuchillo estilo Rambo.

Esta es otra línea clásica, por ejemplo, que Paul podía decir en broma, solo para ofender a los miembros de su familia: "Los lati- nos son negros, blancos, cafés y beige. ¿Qué dice eso acerca de nuestros antepasados? ¡Qué nos acostamos con cualquiera!".

Norman Lear, un genio conocido por empujar los límites cul- turales y políticos, entendía que *A.K.A Pablo* era importante para promover la representación de los latinos en la televisión y en los medios de comunicación en general. Incluso a mis diez años, yo sabía que había muy pocos actores hispanos en la televisión en ese entonces, y aún menos mexicanos, a no ser que incluyeras algunas películas de Clint Eastwood que pasaban en la televisión de vez en cuando. En las primeras épocas de la comedia, tuvimos a Desi Ar- naz, de origen cubano, quien con Lucille Ball y su *I Love Lucy* fue pionero en el género de comedias. Luego estuvo el puertorriqueño Freddie Prinze, un cómico y actor genial de los años setenta. Y luego, en los años ochenta, *A.K.A Pablo* se presentó como el primer espectáculo mexicano-americano de la historia y ayudó a poner a Paul en el mapa, así como a actores tan talentosos como Héctor Elizondo y Joe Santos. Como Tomás, interpreté a uno de los sobri- nos de Paul. Trabajar en el show fue como ser parte de una gran familia, la incursión perfecta para mí en el mundo de la actuación de TV.

En uno de los episodios, me dijeron que Bea Arthur sería la estrella invitada y que yo iba a hacer mis escenas con ella. Por supuesto, yo sabía quién era ella, una increíble actriz cómica. Pero luego de conocerla en persona, descubrí que su calidez y humor irradiaban todo el entorno. Cuando empezamos a ensayar, tuve dificultades para mantener una expresión seria, a pesar de que yo era uno de esos chicos que también podían ser adultos. Ella era simplemente magistral con la sincronización en el tiempo y con la actuación. Además de ser una mujer excepcionalmente talentosa, fue muy agradable conmigo en el set. Cuando le hacía preguntas y le pedía su opinión acerca de mi actuación, era muy atenta y dulce conmigo, y luego me invitaba a almorzar, para poder continuar la conversación.

Durante el rodaje de los trece episodios ordenados por ABC, seguí asistiendo a la escuela pública en Chula Vista. Los expertos del sector siempre se han sorprendido al escuchar eso. En realidad, soy uno de los pocos chicos que crecieron en el negocio y permanecieron en la escuela pública hasta la graduación. Cuando me necesitaban en el set en los días cuando se suponía que debía estar en la escuela, yo estudiaba en el set. Mi sensación es que la atención que me dieron me condujo en última instancia a una mejor educación. Estudiaba por un mínimo de tres o cuatro horas seguidas, y luego me iba a trabajar. La ventaja era poder estudiar de manera individual con tutores personales en todas las materias, en lugar de estar en una clase con cuarenta chicos cuando no tienes que prestar realmente atención. En el set, no había recesos ni tiempo para jugar. El mensaje era implícito pero claro: estabas allá para estudiar y permanecer enfocado. Luego, por supuesto, cuando el rodaje de ese episodio terminaba, volvía de nuevo a la escuela, a mis amigos y compañeros de clase, y a todas las actividades regulares que formaban parte de mantenerme activo y muy ocupado como para meterme en problemas.

# Actor infantil

Cuando llegué a *A.K.A Pablo* —que se estrenó en marzo de 1984— mi contrato con la cadena y la compañía de producción no cubría el hospedaje o ninguno de mis gastos. Yo ganaba tal vez mil doscientos dólares por episodio. Eso parece mucho dinero, y lo es, pero después de la deducción de las comisiones de agentes y de impuestos, además de los gastos de alojamiento, gasolina y alimentos, es posible que solo me quedara la mitad.

Pero dejé eso al cuidado de mis padres, que sabían manejar el dinero, para mantener los gastos bajos. Por ejemplo, después de investigar, papá encontró un par de moteles por cuarenta dólares la noche en Sunset Strip.

¿Sunset Strip? Eso me sonó bien. Aparte de las diversas agencias de *casting* en la ciudad y el estudio donde se había grabado *A.K.A Pablo*, yo no había visto gran cosa de Hollywood.

Cuando bajamos por Sunset Strip y llegamos al primer motel donde habíamos planeado quedarnos, la cabeza me dio vueltas mientras lo absorbía todo: las luces intermitentes y brillantes de neón de los letreros de bares y clubes, los *low-riders* estrafalarios que paseaban por el bulevar, el reflector en espiral del teatro chino de Grauman no muy lejos de allí, y la mezcla de turistas y personajes de mala muerte que eran parte de la vida nocturna.

Después de registrarnos en nuestra habitación, papá se fue a dar una ducha y yo, con ganas de investigar, salí a jugar en el estacionamiento con algunos niños cuyas familias se alojaban en el mismo motel. El estacionamiento estaba abierto a las brillantes luces de la avenida principal, y no pude dejar de escuchar una discusión entre lo que resultó ser un proxeneta y la primera prostituta que yo veía en la vida real. Parecían sacados directamente de un reparto de los años setenta, como los que ves en un episodio de *Starsky & Hutch*, o de la película *Shaft*. Era un hombre grande, fornido y llevaba puesto un abrigo largo y oscuro, mientras que ella era una rubia platino en tacones altos de plataforma y un vestido corto, escotado y apretado que llamó mi atención. El proxeneta comenzó a gritar acerca del dinero, o algo así, y luego empezó a golpearla hasta que ella comenzó a gritarle. Luego, él la empujó realmente duro, ella cayó al suelo, y su vestido se levantó, revelando que no llevaba ropa interior.

¡Guau! probablemente di un grito ahogado en voz alta. Era la primera vez que había visto a una mujer desnuda, y fue sin duda una experiencia reveladora. Chula Vista era el "barrio", a ciencia cierta, pero nunca había visto nada como eso.

Baste decir que yo aún tenía que aprender mucho más acerca de los peligros de la vida en la calle, el sexo, las mujeres y todo lo que venía con esto. Aún así, no podía esperar llegar a casa y contarles a mis primos sobre los lugares en Sunset Strip.

Aunque la buena fortuna puede llegar muy rápido en el mundo del espectáculo, también se puede ir igual con la misma rapidez, y a veces incluso más. Eso fue lo que pasó con *A.K.A Pablo*. Norman Lear era un visionario que sabía que un programa de televisión sobre una familia mexicana era una idea cuyo tiempo había llegado. Pero parecía que, en 1984, él estaba adelantado a su tiempo; o así lo decidió la cadena. Aunque rodamos trece episodios, el programa fue cancelado después de que el sexto episodio saliera al aire, por lo que los siete episodios restantes nunca se emitieron. En esa época, los críticos fueron brutales en su mayor parte. Hay un hecho divertido: en 2002, *TV Guide* clasificó la serie como la número cuarenta y cinco en sus "50 peores programas de TV de todos los tiempos". Eso es duro, teniendo en cuenta que muchas comedias sindicadas con calificaciones superiores no lograban reunir audiencias hasta la segunda temporada: las cadenas deben invertir en el tiempo para permitir que eso suceda.

Dicho esto, tuve la suerte de aprender desde un comienzo a

aceptar los altibajos y a seguir adelante. Y, además de recibir un curso intensivo en los fundamentos de ser un actor infantil en una serie, perfeccioné algunas habilidades reales en materia de actuación en comedias y audiciones. Tal como sucedió, cada vez que el guion exigía que uno de los niños tuviera que hacer un diálogo extenso, hacíamos audiciones el uno contra el otro para interpretar esa escena, a pesar de que ya estábamos en el programa. En el episodio llamado: "No quiero ser un mexicano", los escritores habían escrito las líneas para uno de los niños y yo realmente quería demostrar que podía hacer el papel requerido. Y después de probar a la mayoría de los actores más jóvenes del elenco, me lo dieron a mí. Ganar esas líneas adicionales no fue muy importante, ¡pero me hizo muy feliz! Por lo visto, así era como estaba programado desde que era niño: ganar en algo me hacía feliz.

Y, sin embargo, en los meses que siguieron a la cancelación de *A.K.A Pablo*, supe lo que era no ganar, otra revisión de la realidad que puedo apreciar en retrospectiva. La mayor parte de las llamadas que recibía en Los Ángeles en esa época eran para anuncios publicitarios. Sin embargo, no iba a un gran número de audiciones, debido a que en este período los patrocinadores estaban empezando a ser más específicos sobre el tipo y el aspecto que querían, y de alguna manera caí en el olvido. Yo no era lo suficientemente étnico, o no era lo suficientemente estadounidense. Y no obtuve muchos trabajos para los cuales hice una audición; fueron más de los que pude contar.

"Mario, ¿ha considerado cambiarte el nombre? Quizás por otro menos étnico", fue una sugerencia que empecé a escuchar en esta época. Los agentes y los managers querían que me lo cambiara para aumentar mi atractivo.

Mi papá no estaba dispuesto a considerarlo. Me dijo: "Mario Lopez es tu nombre. Ese fue el nombre que te di. Debes estar orgulloso de él".

Otras personas siguieron argumentando a favor de un cambio de nombre. Después de todo, sostenían, el respetado actor mexicano Anthony Quinn había cambiado su nombre, Antonio Rodolfo Quinn Oaxaca. Yo tenía un amigo, Miguel Gil De Montes, que había cambiado su nombre por el de Mark Roberts. La lista era muy larga. Pero mi papá tenía razón. Mario Lopez era mi nombre, y aunque era muy entretenido pensar en nombres geniales de luchadores que yo podría usar, superé la fase de cambio de nombre y volví a hacer audiciones para anuncios.

Después de tener la suerte de hacer un anuncio comercial para McDonald's, obtuve un papel en un anuncio de leche acerca de un niño que lanza una pelota de baloncesto al aro, pero por encima del hombro sin mirar detrás de él. Y yo le decía a la vaca, "Oye, Sr. Mu. ¿Qué dices?". En lugar de decirlo de una manera exaltada, lo hacía con mucha calma, como si estuviera tratando de engañar al Sr. Mu. La directora de *casting* se rió en voz alta, ya que mi actitud relajada no era lo que esperaba. Ella leyó la línea de la vaca, "El jugo fresco de mu me arregla el día".

Al principio, yo no estaba segura de que su risa fuera una buena señal. Había ido a esa audición con una chamarra de cuero, como Fonzie, y pensé que estaba siendo súper cool, tratando de imitar a un hombre mucho mayor, en comparación con la forma en que pensaba que un niño leería esa línea.

A veces vale la pena seguir tus instintos creativos y hacer algo diferente, siempre y cuando no sea demasiado exagerado. Terminé consiguiendo ese trabajo. Era un gran anuncio nacional y todavía puedo recordarlo. Un joven actor podría ganar un montón de dinero haciendo publicidad en esos días, y para un niño, esas ganancias podrían ir a una cuenta de ahorro y ayudar a pagar la universidad. Y ganar dinero de esa manera puede ser muy significativo, especialmente para un niño de diez años, cuyos padres eran de orígenes obreros y nunca tuvieron los medios para ir a la universidad.

Aún así, mi mamá y mi papá no enfatizaron en el dinero. Mientras a mí me gustara actuar y no tuviera que conseguir un trabajo para sentirme orgulloso de mí —un problema común para los niños actores— mis padres siguieron apoyándome hasta el final. Cuando pienso en esas dos horas recorriendo la 405 hasta Hollywood y en el camino de regreso, a veces para una audición que podría durar treinta segundos, me siento sorprendido. Mis padres fueron increíbles, pues nunca se preguntaron si todo valía la pena, incluso cuando yo tenía dos o tres audiciones en una sola semana. Debido a que básicamente yo hacía audiciones para papeles en busca de un niño mexicano, estas audiciones no solían tener lugar el mismo día, ya que podrían ser para todo tipo de actores comerciales.

Para crédito de mis padres, ellos también se abstuvieron de tratarme de un modo diferente una vez que empecé a trabajar con regularidad. Tampoco me permitieron tener una idea exagerada de mí mismo por ganar buen dinero cuando así sucedió, y la mayor atención que generaba eso. El estilo de vida de nuestra familia no cambió, y solo porque estaba ganando mi propio dinero no significaba que viviera en el País de Nunca Jamás. Si tenía excelentes calificaciones, podría ser que me dieran la última edición un videojuego o algunas de las últimas novedades, pero no mucho más que eso. Mi educación no me habría permitido convertirme en Mario el famoso o en algún niño tirano del espectáculo. Aunque yo era un niño que trabajaba como actor, todavía tenía que hacer tareas en casa y unas reglas qué cumplir en la escuela. Mis padres no estaban dispuestos a aceptar un comportamiento que pudiera ser visto como que yo me volviera completamente "hollywoodesco". El mensaje de mis padres, sin importar lo famoso que llegué a ser después, era que yo seguía siendo uno de sus dos hijos Lopez, parte de una enorme y cariñosa familia de Chula Vista, California.

Con los años, tuve la oportunidad de conocer a niños actores que se convirtieron en nombres muy conocidos, y observar no sólo los peligros, sino también la manera de evitarlos. Cuando conocí a Gary Coleman de *Diff'rent Strokes*, no fui muy cálido con él, principalmente porque me pareció malcriado. Esto sucede cuando un niño profesional tiene un equipo de gente que satisface todos los caprichos de la joven estrella mientras que al mismo tiempo lo controla. Cuando trabajé con los chicos de Menudo —el grupo de chicos latinos mundialmente famoso, que fue el One Direction de esa época— vi lo rápido que podías reventarte para ser una superestrella joven del momento, pero que sólo unos cuantos ídolos adolescentes, como Ricky Martin, consiguen brillar después de su período de fama. Cuando conocí a Ricky Schroder, que es un par de años mayor que yo y el niño estrella de la serie *Silver Spoons*, me pareció que era un buen ejemplo de cómo aceptar el éxito y permanecer sin embargo con los pies en la tierra. Ricky se hizo amigo mío, me dio un tour personal por los estudios Universal, e incluso me dejó montar su bicicleta.

Es obvio que actualmente hay ejemplos más extremos de artistas jóvenes a los que no les va bien cuando caen en desgracia o cuando su éxito es tan masivo que pierden todo sentido de los límites. Algunos dilapidan todo su dinero y otros abusan de sustancias y tienen problemas legales, incluyendo litigios en contra de sus padres. Algunos vuelven y se recuperan, pero cuando tu nombre es Justin Bieber o Miley Cyrus, no puedes comportarte impulsivamente sin que todo el mundo esté observando.

Esos peligros no son fáciles de evitar. Soy uno de los pocos actores infantiles que nunca cayeron en esas situaciones, gracias a los límites que establecieron mis padres.

La ironía de todo esto es que no es normal ser un niño que

consigue dinero y es famoso, o que llega a ser reconocido en público, por lo que es necesario tener una guía importante para mantener un equilibrio entre el hecho de trabajar en el sector del espectáculo y de tener una crianza normal. Actualmente hay ejemplos de niños en las audiciones cuyas mamás insistentes o papás esperan con impaciencia la decisión del director de *casting*, desesperados porque su progenie haga orgullosa a su familia, como si no conseguir ese trabajo impidiera que el mundo dejara de girar. Me estresaba ver esto. Mis padres, afortunadamente, tuvieron la actitud opuesta. Mamá se emocionaba cuando yo conseguía un trabajo, pero, al igual que papá, no arruinaría su día si no lo hacía. Nunca hubo una plática acerca de que yo tuviera una "carrera". Eso no puede ser sano para un niño de diez u once años, o incluso para uno de dieciséis.

Después tener oportunidades tan afortunadas como participar en una serie de televisión de buenas a primeras, pude volver a hacer una audición sin un gran trabajo de inmediato y mantener mi actitud relajada. ¿Relajado yo, el chico de alta energía a quien había que mantener alejado de problemas? Bueno, no con los deportes. En el fragor de la acción, yo era un tipo diferente de animal, dada mi naturaleza competitiva. Cuando llegaba el momento de actuar, sin embargo, yo quería hacer sobre todo un buen trabajo. Esto puede sonar contradictorio, pero al final, yo sabía que eso es lo que era para mí: un trabajo. No exigía la misma pasión que la lucha libre. Actuar no era un concurso que involucrara una competencia de unas habilidades contra otras. Las fortalezas en materia de actuación pueden muy subjetivas, y aunque me gustaba el reto de interpretar las líneas, no era un asunto de vida o muerte.

Y, por suerte, esa actitud funcionó a mi favor. A los directores de *casting* parecía gustarles ese niño que se comportaba con calma, y que no tenía esa desesperación por conseguir un trabajo.

No me di cuenta hasta un poco después de que mi actitud relajada al buscar papeles actorales me sería muy útil a la hora de las citas románticas. Generalmente, si te comportas con tranquilidad y despreocupación, te irá mucho mejor al conseguir una chica… al igual que un papel.

Todo esto para decirles que no experimenté la montaña rusa emocional de tener trabajo y no tenerlo después, ni la súper emoción de conseguir un papel, junto con la súper decepción de ser rechazado. No me sentía apabullado cuando terminaba de hacer un trabajo; simplemente pensaba que lo habíamos terminado de hacer. Como adulto, sé lo que se siente al estar decepcionado por un show que ha sido cancelado. Pero cuando era niño, eso no me importaba; simplemente fluía con eso.

A los once años, había regresado a mi vida normal en la escuela pública, a la lucha libre, el karate, la danza y el teatro. Mis padres todavía me llevaban desde y hacia Los Ángeles para las audiciones. Luego, en el otoño de 1984, fui a una audición para una nueva serie llamada *Kids, Incorporated*.

Mi mamá volvió a disimular la noticia que le había dado mi agente mientras subíamos al auto para ir a Los Ángeles. Todo lo que ella sabía, dijo, era que, "Es un programa de elenco para adolescentes bailarines y un grupo de rock".

La audición fue una "llamada de ganado con esteroides". Fue masiva. Miles de niños estaban alineados alrededor de la calle como si fuéramos sacados de un video de rock de los años ochenta, la mayoría con prendas de dénim lavado con ácido, pelo esponjado, y colores fosforescentes. Hablando de estar adelantado a la época, esta audición fue exactamente lo que veías en las décadas posteriores en las audiciones de *American Idol, So You Think You Can Dance, The X- Factor* y otros programas tipo *reality*: miles de personas que soñaban con ser elegidas, allí afuera, en una fila aparentemente interminable. Después de haber estado allí, siempre tendré un lugar especial en mi corazón para los niños que se convierten en contrincantes en los programas y tienen que poner su talento en juego para ser juzgados.

*Kids, Incorporated* no era sólo para actores, sino también para artistas jóvenes que pudieran cantar, bailar, y tal vez tocar incluso un instrumento. Mis habilidades para bailar eran grandes, pero mi entrenamiento en el espectáculo se había limitado al jazz y al rap, pero no al ballet. Hacía un poco de *breakdance* y estaba empezando a armar un equipo —que completaba llevando un pedazo de cartón a la escuela para poder perfeccionar mis giros de cabeza— pero yo estaba adelantado a mi época y el hip-hop no era el género de danza tan respetado que es hoy. En comparación con algunos niños que hacían pruebas y se habían entrenado en el ballet y la gimnasia desde que estaban en pañales, yo tenía menos formación, pero demostré en la audición que podía defenderme. En lo que al canto se refiere, tuve que darle las gracias a mi papá por mis años de mariachi cantando en bares locales y compitiendo en varios concursos de canto. También tuve que agradecerle por iniciarme en la percusión. Uno de sus amigos era baterista, a veces me dejaban tocar la batería, y con el tiempo me enseñaron algunas cosas básicas. Después de eso, aprendí solo y me encantaba tocar la batería cada vez que podía. ¿Era buen baterista? En aquel entonces, no estaba mal. No estoy diciendo que pudiera hacer solos de batería como si fuera el quinto miembro de Led Zeppelin, pero me encantaría tocar tan bien hoy como lo hice a los once años.

Así, entre mi forma de cantar, bailar y actuar, llegué a la ronda final de participantes. Es muy posible que tocar la batería fuera el factor extra que me ayudara a lograr eso.

Guau, pensé que esto iba a ser muy divertido. Y lo fue. Pero también fue probablemente el trabajo más difícil que he tenido en el mundo del espectáculo. En cuanto me dieron el papel, nos pusimos a trabajar de inmediato y hacíamos tres shows por semana en Sunset Gower Studios, Hollywood. Teníamos que practicar y hacer tres conciertos y múltiples piezas de baile en cada episodio. En casi todos los espectáculos, yo cantaba, bailaba y tocaba la batería. Al igual que el campamento de entrenamiento en el mundo espectáculo, el horario de producción de *Kids* era agotador.

La coreógrafa de Nueva York, Duraine Gusman, fue una dura capataz, especial y notablemente conmigo. Teníamos que aprender y dominar su coreografía entre cinco y siete piezas de baile por semana, una tarea de enormes proporciones para los bailarines más experimentados. Además del hecho de que yo era uno de los bailarines con menos entrenamiento del grupo, también era el miembro más joven del elenco, así que literalmente me patearon el trasero. En mi defensa, aprendí rápido, y cuando llegó el momento de actuar frente a las cámaras, lo hice a las mil maravillas.

Pero Duraine Gusman no era la personificación de la paciencia. Tengo un vívido recuerdo de una tarde en una de las salas de ensayo en el Sunset Gower cuando yo estaba luchando con ocho series de coreografías complicadas. Gusman nos paraba y me gritaba constantemente, diciéndome: "¡Mario, inténtalo de nuevo, no lo has logrado!". Era vergonzoso. Cuando nos detuvo por tercera vez y se acercó a mí, sacudiendo la cabeza y diciendo, "No. ¿No entiendes? ¿Qué te pasa, tienes muerte cerebral?", o algo por el estilo, me estremecí.

Mi papá estaba ese día en la sala de ensayos y se sintió tan molesto que se puso de pie y salió. Le dijo a mi mamá lo que había sucedido, diciendo:

—Si Gusman fuera un hombre, lo habría puesto en su lugar por tratar a un niño de esa manera, pero es una mujer, así que me mordí la lengua.

Cuando mamá se acercó a mí, lista para reclamarle a nuestra coreógrafa, le dije:

—No, no digas nada. Eso hará que la situación empeore.

A veces, como vieron mis padres, tienes que dejar que los niños luchen sus propias batallas. A partir de entonces, trabajé aún más duro, y le demostré a nuestra coreógrafa que podía mantener el ritmo.

Tener problemas con una coreografía no me impidió divertirme todos los días durante las tres temporadas que estuve en *Kids*. Nos dieron una idea de lo que hacía furor en la cultura popular, interpretando canciones de éxito de la época, como "Careless Whisper" de George Michael y "The Warrior" de Patti Smith. Y al igual que en *A.K.A Pablo*, me abrí camino a oportunidades de actuación no planeadas cuando se presentaron. Como yo estaba principalmente en el grupo interpretativo —no muy diferente de Jennifer Lopez (sin parentesco), que era una de las Fly Girls en el programa de comedia *In Living Color*— yo no tenía muchas líneas. Pero cuando el guion requería que uno de nosotros cantara rap, yo competía por el trabajo y lo conseguía. ¿Qué tan impresionante fue eso? Interpreté "Cool It Now", de New Edition como si fuera mi canción personal. El rap era un recordatorio de que cuando "tienes una chica que se toma su tiempo", tienes que ir despacio y con calma. Ese fue un hito para mí en el programa. Por cierto, hay un videoclip de este tema en YouTube, por si quieren ver ese momento. No está mal para las primeras épocas del rap. A partir de entonces, comenzaron a darme más líneas.

Ah, y luego, hacia finales de 1985, cuando aún tenía once años, empecé a notar realmente a las chicas, incluyendo algunas de mis talentosas compañeras de reparto, como la encantadora y multi-talentosa Jennifer Love Hewitt, quien sigue siendo amiga mía, y Stacy, otra compañera hermosa y vivaz de once años, quien parecía pensar que yo era agradable.

Los padres de Stacy y los míos se hicieron amigos y se enteraron de que ella y yo estábamos enamorados el uno del otro. Había algo en ella que era casi mágico, como si Stacy supiera que esto era el comienzo de una carrera en la música. Nos sentimos atraídos mutuamente en lo que yo suponía que era un coqueteo básico. Y, efectivamente, un día Stacy y yo estábamos en un descanso del rodaje, hablando simplemente detrás del set, y, de la manera más natural y recíproca, ambos nos inclinamos para darnos un beso. Después de eso, nos robamos besitos siempre que podíamos. Nos besamos mucho, si no recuerdo mal, pero nada más que eso en realidad; fue un afecto muy inocente de once años.

En estos días, cada vez que veo a Stacy —que en aquel entonces era Stacy Ferguson, pero ahora es más conocida como Fergie, una artista solitsta después de alcanzar la fama y la fortuna con los Black Eyed Peas— nos reímos sobre el romance preadolescente que tuvimos en *Kids, Incorporated*. Para mí, hay algo especial en haberme dado el primer beso con Fergie, antes de que ella fuera una estrella de rock, pero aún en camino a lograr algo estupendo. Aunque *Kids, Incorporated* sigue siendo el trabajo más duro que he tenido —como niño o adulto— probó mi temple y me hizo más fuerte y resistente como intérprete. Esas tres temporadas fueron largas, aunque para mí fuera un trabajo de medio tiempo. Y haber sido presionado por una coreógrafa tan dura como la roca fue un reto que me ha beneficiado a largo plazo. Cuando salí del programa, yo era un artista mucho más completo e inmensamente agradecido por la experiencia.

*Kids* fue clave para convertirme en un joven del Renacimiento en términos del mundo del espectáculo, porque ahora había entrenado para hacer de todo. Entre las dos series, tuve la suerte de desarrollar mis habilidades en múltiples disciplinas. La mayoría de los chicos que llegan a la industria del entretenimiento son conocidos por hacer una cosa u otra, no por ser las clásicas "amenazas triples" que se ven en Broadway o que se utilizaban a modo de relleno en los viejos tiempos de Hollywood. Obviamente, hay excepciones, como el fenomenal Justin Timberlake y el talentoso Bruno Mars, dos artistas que empezaron desde muy jóvenes y pueden hacer de todo. Pero en su mayor parte, hoy en día ser un personaje joven y completo es bastante raro en el mundo del espectáculo.

Por supuesto, yo no habría podido ser un artista multifacético si mi mamá no hubiera tenido la precaución de inscribirme en tantas pinches actividades. En cierto punto, estos logros diferentes me harían muy codiciado como un joven intérprete. Pero mi vida como profesional continuó siendo equilibrada al tener una vida normal de adolescente en medio de mis presentaciones. Yo no estaba persiguiendo *eso*; prefería dejar que *eso* llegara a mí. Nunca pedí más audiciones. Más bien, solo respondí a las llamadas y me esforcé al máximo. Mientras tanto, hice teatro en la escuela como en el pasado, pero no tomé más clases privadas de voz ni de actuación. Actuar fue una de las cosas que yo hacía, y no era el principio y el fin de mi existencia. Creo que una parte de no convertirme en alguien completamente hollywoodesco, se debió a apreciar los pasos a lo largo del camino sin necesidad de que me llevaran a cualquier lugar distinto de donde yo estaba.

Siendo ese el caso, después de *A.K.A Pablo* y de *Kids, Incorporated*, hice una mezcla ecléctica de invitado en varios programas, unos cuantos pilotos, y seguí haciendo comerciales cuando pude. Mi papel favorito como invitado fue en la comedia televisiva *The Golden Girls*, donde interpreté a un niño inmigrante cubano que iba a ser deportado. Esto fue antes del caso de Elián González en la vida real, aunque era similar. En ese episodio, me volví a juntar con la inconfundible Bea Arthur, quien una vez más me ayudó a refinar mi papel cómico. Ella me tomó de nuevo bajo su ala y se aseguró de que yo conociera a todas las chicas de oro. Todas las mujeres de ese programa eran algunas de las más divertidas y talentosas de la televisión.

71

Después de ese episodio, y de otros papeles como invitado, seguí haciendo lo mío, que en ese momento consistía en negociar mi camino a través de la escuela secundaria y de aquellos días locos y desenfrenados de la adolescencia. La escuela secundaria estaba a la vuelta de la esquina, al igual que mi audición para el papel de la vida para un joven.

# CAPÍTULO 3

# SAVED BY THE BELL

Era el año de 1989, el final de una década de excesos que vio el debut en la televisión del programa *The Lifestyles of the Rich and Famous* (*Los estilos de vida de los ricos y famosos*), una explosión en el consumo conspicuo que transformó a observadores de presupuestos familiares en adictos a las compras sin preocupaciones, y una cultura popular festiva que comenzó temprano con el video "Material Girl" de Madonna, que era a la vez un manual de moda y el tema musical para la búsqueda de estatus y la acumulación de mega-riqueza. Para los niños que crecieron al estilo de los años ochenta, eso significó usar las mejores marcas, con etiquetas de diseño y logos zurcidos en el exterior de la ropa. Significó tener los últimos juegos de video, y las últimas zapatillas deportivas que costaban más que zapatos elegantes, cuando todos los chicos subían a las minivans de mamá para asistir a la creciente lista de actividades extraescolares que esperábamos disfrutar cada vez más.

Esta fue la década cuando el cable, combinado con los VCRs, revolucionó la manera en que Estados Unidos y el mundo consumían medios de comunicación. Para 1989, se estableció que la mayoría de los hogares veían un promedio de siete horas de TV al día, y empezamos a ver por fin más estrellas de diversos orígenes. Los años ochenta fueron la década en que los *nerds* con cerebritos de computadora, aparentemente comenzaron a hacer un montón de dinero, como Wozniak, Jobs y Gates, todos los cuales emprendieron sus viajes como amos del universo. Como lo demuestra la película de los años ochenta, *The Revenge of the Nerds*, ahora podías ser aparentemente un *friki* y aún así ser *cool*.

Mientras nos preparábamos para los grandes cambios culturales que sucedieron en la década de 1990, en la División de Entretenimiento de la NBC, el ya difunto Brandon Tartikoff estaba en busca de una nueva serie para ayudar a reforzar la plantilla del sábado por la mañana que tenía la cadena. Tartikoff, que era un visionario, había sido fundamental para darle la vuelta NBC, que pasó de ocupar el último lugar entre las principales cadenas a principios de los años ochenta, a ser con el tiempo la mejor calificada, una posición que mantuvo durante cinco temporadas consecutivas. Algunos programas en demostrar que el famoso Brandon Tartikoff tenía el toque de Midas Touch incluían a *Hill Street Blues, L.A. Law, Cheers, Family Ties, The Cosby Show, Knight Rider*, y *Seinfeld*. Con respecto a *Miami Vice*, según cuenta la leyenda, él vio un nicho perfecto por llenar y le vendió a la cadena su premisa con tres palabras: "policías de MTV".

En vez de llegar con una idea completamente nueva que atrajera a un público cautivo de espectadores más jóvenes, Tartikoff decidió desarrollar un subproducto de un programa ya existente llamado *Good Morning, Miss Bliss*, sobre una maestra extraordinaria y sus alumnos. Originalmente desarrollado como un piloto por NBC, la serie fue rechazada por la cadena y luego retomada por Disney Channel, que emitió trece episodios al aire en 1988. Debido a la baja audiencia, Disney decidió abandonar el programa antes del término de la primera temporada. En ese momento, NBC se hizo de nuevo con la serie y entre Tartikoff y Peter Engel, el creador y productor del programa, decidieron rediseñar el argumento sobre la maestra, para centrarse más en los estudiantes de secundaria y en sus vidas. Al principio, Engel quería llamarlo *When the*

*Bell Rings*, pero Tartikoff sugirió *Saved by the Bell*. Y ya sabemos cómo terminó eso.

Para aquellos que habían seguido la historia de *Good Morning*, hubo algunos cambios. La nueva serie ya no contó con la amada señorita Bliss (interpretada por la elegante Hayley Mills, una famosa exestrella cinematográfica infantil de Disney) y el escenario se había trasladado de una escuela en Indianápolis a la ficticia Escuela Secundaria Bayside en Palisades, aquí en Los Ángeles. Los productores eliminaron algunos personajes para *Saved by the Bell* (*SBTB*), pero mantuvieron a tres: el protagonista de la serie Zack Morris (Mark-Paul Gosselaar), el chico popular y encantador que siempre se mete en problemas con sus intrigas cuestionables que nunca funcionaban; el supernerd Screech Powers (Dustin Diamond); y la chismosa y fanática de la moda de gran energía, Lisa Turtle (Lark Voorhies). Se añadieron tres personajes: la animadora típicamente norteamericana la niña de al lado Kelly Kapowski (un papel que recibiría Tiffani Thiessen); la militante inteligente y de carácter fuerte de causas como la liberación femenina y el medio ambiente, Jessie Spano (que fue interpretada por Elizabeth Berkley); y el estudiante de transferencia, A. C. Slater, el hijo de un militar que ha sido relocalizado en Palisades, en el sur de California.

Cuando escuché por primera vez que yo tenía una cita para leer el papel de A. C. Slater en este nuevo programa de NBC, fue sólo otra audición más para mí. Yo no tenía ni idea de la magnitud de esta oportunidad. En general, las audiciones para jóvenes talentos de secundaria eran menos numerosas y más espaciadas. Después de todo, aún eran los años ochenta, antes del apogeo de Nickelodeon, cuando no había comedias inteligentes que contaran las vidas de adolescentes como mis amigos y yo. A los quince años, con mis hormonas enloquecidas y al mando, yo estaba francamente más interesado en las chicas que en viajar hasta Los Ángeles para leer un papel que escasamente estaba esbozado en una hoja, aparte de que Slater fuera el chico nuevo en la escuela.

Pero mi ética laboral era más poderosa que mis hormonas y yo no iba a decepcionar a mamá, así que nunca pensé en faltar a la audición. Pero, ¿me importaba? No mucho. Con una vista retrospectiva de veinte-veinte, claramente no tenía mis prioridades bajo control, pero ¿algún adolescente las tiene? En ese momento, yo estaba loco por una chica de Chula Vista, ¡y no estar con ella era casi doloroso! Además, una audición significaba perderme un entrenamiento con mi equipo de lucha libre y otra razón para no preocuparme tanto acerca de si conseguiría el papel o no. Más tarde, cuando estaba haciendo la transición de actor infantil a actor adulto y personalidad de la televisión, abandoné esta actitud despreocupada y empecé a preocuparme mucho más, sobre todo después de lograr una mejor comprensión de los retos que tenía cada oportunidad.

El proceso de audición para *SBTB* fue todo un reto. Miles de chicos, todos muy diferentes entre sí, se inscribieron para el papel de Slater. Cuando leí para Robin Lippin, la directora de casting de la serie, estuve tan calmado como siempre, leyendo la escena casi como si este tipo A. C. Slater tuviera mi personalidad despreocupada, semejante a Rico Suave pero con un buen toque de mordacidad.

Robin me dijo la consabida frase: "Eso fue realmente genial, Mario. ¡Muchas gracias por venir!". Y me fui, olvidándome del papel hasta que recibí la llamada para reunirme con el personal de casting de la NBC, y luego la siguiente llamada para el próximo nivel de quienes toman decisiones en la extensa jerarquía. Al mismo tiempo, el casting para tres de los nuevos roles fue igualmente intenso.

Por lo que yo sabía, no había otros chicos mexicanos o latinos que hubieran hecho una prueba para el papel, o que estuvieran al menos bajo consideración mientras el número de candidatos se reducía. El nombre de A. C. Slater ciertamente no tenía un toque hispano, a diferencia de muchos papeles que tuve posteriormente. La buena noticia es que por lo que vi en el proceso, hicieron casting a ciegas para *SBTB* y terminaron con un reparto bastante diverso, sobre todo para la época.

Una vez que empecé a buscar, me dediqué de lleno, y pronto, la parte competitiva que había en mí entró en acción. No di nada por sentado cada vez que pasaba al siguiente nivel; sólo estaba vivo para otra ronda y nada más.

Cuando fui a la cadena, supe que el papel para interpretar a A. C. Slater se había reducido a dos personas: un actor adolescente que era más bien una especie de Dustin Diamond de aspecto *nerd*, antes que un chico malo y de la calle. A uno de los productores realmente le gustaba el otro chico. Pero, parecía que la cadena podría estar inclinándose hacia mí. Al igual que en el pasado, yo tenía la esperanza de que mi actitud calmada inclinara la balanza a mi favor. Además, como un atleta en forma después de competir varios años en lucha libre, yo tenía la estatura y la complexión adecuadas para interpretar a un deportista tradicional. Aún no había uno en el programa.

Sin embargo, incluso con esas cosas a mi favor, cuando fui a leer a la cadena, yo sabía que era posible que ellos probaran a otros actores o que me pidieran leer de nuevo para ellos. Nunca lo sabías.

—Vamos, mijo —me dijo mamá después de la audición —tenemos un largo viaje a casa.

En lo que era normalmente un viaje en auto de al menos dos horas, y a veces el doble de tiempo, nos encontramos en medio de un tráfico muy pesado. Sería un largo viaje.

—¿Tienes hambre? —me preguntó mamá cuando nos detuvimos para llenar el depósito de gasolina.

Eso me sonó bien. El tráfico me había dado dolor de cabeza y el cambio de escenario me ayudó a descansar del viaje.

Cuando nos instalamos en nuestra cabina en el restaurante justo al lado de la autopista, mamá pensó que podría valer la pena ir al teléfono público para averiguar si yo necesitaba volver a otra audición. Cinco minutos más tarde, mi madre volvió con la mirada en blanco.

—¿Qué pasa?

—Nada.

Entonces ella se rajó y me dio la noticia. Mi agente le había comentado que Robin Lippin, la directora de casting, le acababa de decir: "Tu hijo tiene el papel. Será A. C. Slater en *Saved by the Bell*".

Como dicen en Hollywood, las buenas noticias viajan rápido.

Nos abrazamos y batimos palmas, terminamos nuestra comida, y seguimos el resto del trayecto a casa. Aunque todos estábamos tranquilos, fue ahí cuando empecé a entusiasmarme con la idea de hacer parte de algo de esa magnitud. Pero yo no podía haber imaginado cómo iba a cambiar mi vida de la manera en que lo haría. El dinero era genial, sin duda, más que nunca antes, y tres mil dólares por episodio estaba bastante bien para un chico de quince años. No era el dinero de *Friends*, de ninguna manera. Y, al igual que antes, teníamos que cubrir todos nuestros gastos, incluyendo alojamiento y gas. Una comedia en horario estelar habría sido diferente. Pero debido a que se trataba de un programa el sábado por la mañana, la serie tenía un alcance y unas oportunidades de patrocinio limitadas. Si mi agente en esa época hubiera sido más inteligente, o si hubiéramos tenido una idea de lo popular que sería el programa, yo habría tratado de no firmar un contrato ridículo que estipulaba que no podíamos ganar ningún dinero por concepto de publicidad o endoso de productos. El programa fue el primero de su clase y no supimos realmente la atracción que ejerceríamos nosotros como actores. Archivemos esta lección bajo el título de "Vivir y aprender".

A. C. no estaba programado originalmente para ser latino ni luchador. Los productores no habían planeado tampoco que fuera un baterista, o un *break-dancer*. Él no iba a ser ninguna de esas cosas que yo ya tenía en mi haber. Su origen étnico pudo haber sido concebido alguna vez como italiano, como Vinnie en *Welcome Back, Kotter*, pero cuando me dieron el papel, eso fue descartado. Fue entonces cuando los productores hicieron algo que yo no había hecho nunca antes.

Cuando fui a estrecharles la mano a los poderes fácticos, me invitaron a una reunión con los escritores y me preguntaron por algunos de mis intereses. Después de mencionar algunos, un escritor me preguntó: "¿Te importaría escribir todo lo que te gusta hacer, cualquier habilidad especial, actividades extracurriculares o después de la escuela?". Esto fue lo que hicieron con todos los protagonistas y, como descubriríamos después, algo que produjo grandes resultados en materia de narración.

Una vez más, el plan maestro de mi madre estaba dando frutos. Cuando terminé, tenía una lista completamente larga, gracias a ella. Sin embargo, los productores decidieron incorporar muchas de mis habilidades e intereses de la vida real al personaje ficticio de A. C. Slater. Como me enteré después, antes de interpretar este personaje, la visión de Slater como un chico nuevo en la escuela era vista como un adolescente con una gran cantidad de sabiduría callejera, pues era hijo de un militar. Se trataba de un personaje un poco chueco. Descarnado. Muy misterioso. Me imagino que estaban buscando a un chico malo como el personaje de Judd Nelson en *The Breakfast Club*. Pero Slater se convirtió en un deportista, porque eso es lo que yo era. Y desarrollaron las historias alrededor de eso.

Cuando nuestro primer episodio salió al aire en agosto de

1989, aparecimos en el horario estelar esa semana y la próxima, antes de trasladarnos a nuestro espacio del sábado por la mañana. Inmediatamente, NBC supo que Brandon Tartikoff tenía otro éxito en sus manos. Y ellos no habían visto nada todavía.

El horario de verano para el rodaje del programa se convirtió en una segunda naturaleza para mí, pero en las primeras etapas requirió de una curva de aprendizaje mientras abordábamos el guion de diferentes maneras durante la semana en preparación para rodar los viernes. Hacíamos una mesa de lectura el lunes, donde nos sentábamos realmente alrededor de una mesa en una habitación con todos los actores, escritores, directores, productores, y otros ejecutivos importantes de la cadena. Examinábamos el guion, apropiándonos del diálogo mientras los escritores se reían siempre de sus propios chistes. ¡En el momento justo! A medida que avanzaba la semana, el director comenzaba a posicionarnos y a ensayar las escenas, mientras el programa comenzaba a tomar forma. En el segundo día nos daban un nuevo guion con varias líneas y cambios estructurales, y pasábamos a ensayar eso al final del día. Al día siguiente, había aún más cambios y hacíamos otro repaso. El jueves tomábamos posiciones para la cámara. El viernes, durante el día, teníamos más ensayos y grabábamos algunas escenas en un set cerrado, simplemente para tenerlas listas o añadirlas después.

Por último, la noche del viernes era la hora del programa, con una audiencia en vivo de más de doscientas personas. Después de terminar con la grabación, salíamos deprisa para disfrutar el fin de semana y el lunes comenzábamos de nuevo con todo.

El encanto del programa fue evidente para mí desde el principio del proceso. Grabar frente a una audiencia en vivo es toda una descarga de adrenalina. La energía de los fans es muy poderosa, y al principio, yo no podía creerlo cuando me enteré de que estaban gritando por mí. Cuando los productores me presentaron aquella primera vez, justo antes de grabar nuestro primer episodio, tuve una verdadera experiencia extracorporal.

La voz del locutor proclamó, "E interpretando a Slater... ¡Mario Lopez!", Mientras yo salía corriendo, hacía mi aparición delante del set, y saludaba a la audiencia.

"¡Mario!", gritaron las chicas en la audiencia, diciendo mi verdadero nombre y "¡Slater!", al mismo tiempo que vociferaban y agitaban los brazos. El público estaba lleno de chicas, incluidas las que me conocían de otros programas y de otras que no me habían visto antes. ¡Guau! Definitivamente me dieron la bienvenida completa como Slater, el chico nuevo.

Por supuesto, era realmente un programa acerca de Zack. Cada episodio era visto a través de la perspectiva de su personaje, con el diálogo que él pronunciaba directamente frente a la cámara, como Ferris Bueller en una comedia de contexto, o en un drama, como Ray Liotta en *Goodfellas* (uno de mis favoritos) donde el protagonista rompe la cuarta pared y le habla directamente a la audiencia. Ese aspecto del programa realmente le dio una sensación peculiar y visionaria a una franja horaria del sábado por la mañana, marcando unas tendencias en la televisión que algunas veces parecen modernas en la actualidad.

Mientras tanto, nuestros departamentos de vestuario, cabello y maquillaje se encargaron de que todos pareciéramos adolescentes a la moda, y nos adornaban al estilo de finales de los años ochenta y principios de los noventa, mientras pasábamos a una nueva década. La primera vez que me senté con el equipo de peinado y maquillaje, me mostraron sus ideas para A. C. Slater.

Los peinados —o pelucas, como me refiero a ellos— pueden definir la imagen de un personaje o arruinarlo. La peluca es un elemento clave, y siempre ha sido importante para mí como intérprete. Un lema que me encanta citar antes de poner un pie en el set

para la cámara es: "Si la peluca está firme, el programa será firme".
Así que, cuando el personal de peluquería y maquillaje me mostró
sus dibujos para el cabello de Slater, me encantó el chico duro de
acción y aventura que buscaban. Algo así como el Steven Seagal de
esa época (y sin la pequeña cola de caballo), o como Mel Gibson en
las películas de *Lethal Weapon*.

—Vamos a hacerlo —estuve de acuerdo, pensando que la peluca estaría firme.

Sólo más tarde vi sin querer que mi peluca para *SBTB* era un
*mullet* rizado: corto arriba y largo en la nuca. Yo ni siquiera sabía
que llevaría uno así. Era solo el estilo de la época, como Seagal y
Gibson, y me gustaba verme como ellos, pero conseguir que mi
pelo obedeciera a las leyes de un *mullet* era una tarea colosal.

En primer lugar, a diferencia de mis padres que tienen el pelo
rizado, el mío es naturalmente lacio. Mi mamá —que tiene el cabello muy crespo— me miró un día cuando yo estaba empezando mi
carrera como actor, señaló una silla de la cocina, y me dijo: "Ven
aquí, mijo".

Hasta esa época, mi pelo había sido un poco ondulado. No
exactamente rizado como el de ella, aunque no lo que se diría lacio.
Pero con el tiempo, los bucles desaparecieron lentamente y mi pelo
se alisó por sí solo.

Así que, ese día, mamá, que debe haber sido una especie de
estilista en el clóset, decidió hacerme una permanente. El olor era
horrible y me quemó el cuero cabelludo, pero yo confiaba ciega-
mente en que ella sabía lo que estaba haciendo. De hecho, el rizo
clásico me funcionó, hasta el punto en que más adelante, cuando
dejó de hacerme este procedimiento, el personal de casting me
preguntó si yo podía rizármelo de nuevo, de modo que, en sus
palabras, yo pudiera ser "más étnico", que quería decir, más
puertorriqueño.

Después de haber tenido que rizarme el pelo tantas veces durante mi carrera como actor infantil, no tuve ningún problema con que me hicieran permanentes para *Saved by the Bell*, aunque cuando me fui de la serie, fue el final para mí y para mí pelo. Para siempre.

Para mantener firme mi peluca en *SBTB*, yo tenía que ser el primero del elenco en ser peinado y maquillado, solo para que ellos no murieran de asfixia. Cuando el peluquero terminaba de peinarme, nuestra misión era preservar el peinado. En teoría, esto no debería haber sido muy difícil. Todos los artistas clásicos del entretenimiento —Dean Martin, Sammy Davis Jr. y Frank Sinatra— utilizaban toneladas de productos para el cabello. Pero dudo que se acercaran a lo que requería mi maldito pelo. Además de un cubo de laca para el cabello, yo utilizaba todos los productos que había en el estante: geles, más aerosoles, *mousse*, cualquier cosa que pudiera encontrar. Utilicé incluso productos antiguos como Brylcream y algo que se llamaba Tres Flores.

—¿Qué...? —empezó a decir uno de los peluqueros del programa cuando me vio abrirlo y olió el pestilente aroma de petróleo.

—Es Tres Flores —expliqué—. Es lo que usan todos los cholos, e incluso mi padre solía usarlo para mantener el cabello en su lugar.

Luego, confesé que Tres Flores era básicamente vaselina mexicana.

Me alegro de no haber caminado cerca de las llamas, pues me hubiera quemado. El único problema real era que mi cabello se ponía demasiado pegajoso y húmedo por todos los productos y goteaba, dejando manchas en el respaldo de mis camisas con cuello de seda.

Aparte de eso, la peluca era firme. Poco después, los salones para jóvenes y hombres recibieron avalanchas de pedidos con el estilo A. C. Slater.

Mi ropero en la serie —que nunca escogí—, también estaba destinado a reflejar las tendencias que les interesaban a los estudiantes de secundaria. Para Slater, esto se traducía en pantalones de paracaídas Z. Cavariccis. Nunca en mi vida había usado tantos pantalones anchos y plisados con hebillas dobles. Yo era el rey de los Z. Cavariccis y de las camisas de rayón, así como de camisetas fosforescentes. Todo mundo tenía un aspecto único que se ajustaba a la época y a su carácter. Como Zack, un niño bien, Mark-Paul llevaba un montón de suéteres con algunos patrones locos de los años ochenta, así como Ferris Bueller, y siempre se empujaba las mangas hacia arriba. Tiffani, como Kelly, estaba vestida clásicamente como la animadora deportiva y completamente norteamericana. En el papel de Lisa, nuestra sabelotodo de la moda, Lark se convirtió en la experta en sombreros, mientras Elizabeth, como la intelectual Jessie, era la reina de los chalecos. Ni siquiera hablemos de Dustin como Screech. Entre sus colores y patrones abigarrados y sus tirantes, él era un muchacho de póster para las señoritas de la moda: completamente al estilo de *Revenge of the Nerds*.

Estos detalles ayudaron a hacer de *SBTB* un programa diferente de escuela secundaria. En esa época, era casi desconocido que adolescentes reales interpretaran a personas de su edad en la televisión. Por el contrario, la exitosa serie *Beverly Hills, 90210* utilizó veinteañeros para interpretar adolescentes. El carácter real de *SBTB* resonó con nuestros fans.

Otra tendencia que funcionó a nuestro favor fue que cuando salimos al aire, Hollywood estaba disfrutando de los buenos tiempos de la nueva generación de jóvenes artistas con éxito: Rob Lowe, Emilio Estevez, Andrew McCarthy, Tom Cruise y Matt Dillon. Todos admirábamos a esos tipos jóvenes y *cool*, adorando prácticamente a este grupo de actores veinteañeros mientras llegaban a la cima. Como una nueva generación de artistas jóvenes, nos posicionamos siguiendo sus pasos y se pensaba que estábamos en ascenso, que éramos sangre fresca con mucho potencial. Y, al igual que ellos, nuestro grupo de protagonistas en *SBTB* era bastante compacto.

Teníamos orígenes diferentes, lo que no era sorprendente dada la diversidad de nuestro elenco. Mientras yo era el único miembro del reparto que iba a una escuela secundaria real con miles de estudiantes, mis compañeros de elenco estudiaban en sus casas, o en escuelas privadas con muy pocos estudiantes. No todos los chicos del reparto eran de familias ricas necesariamente, pero yo era probablemente de un nivel de ingresos mucho más bajo que cualquiera de mis compañeros en *SBTB*. Sin embargo, nada de eso importó. Todos nos llevamos bien en la pantalla y fuera de ella.

Permítanme corregir eso. No todo el mundo se llevaba bien con Screech, también conocido como Dustin Diamond. Yo lo hice, pero fui quizá la excepción. Él era uno de esos chicos tontos que pensaban que era divertido tomarse Polaroids de sus genitales y dejar las fotos por todo el set. Y aunque eso era desagradable, estaba en armonía con su personaje de televisión.

Mark-Paul, por su parte, era mucho más tímido que Zack, su alter ego que era más extrovertido. Detrás de cámaras, era muy distinto del Zack caliente como la brasa, y realmente no estaba interesado en las citas románticas ni en la escena social que me interesaba a mí. A pesar de nuestro horario tan intenso, yo estaba lleno de entusiasmo los fines de semana, listo para salir, irme de fiesta y pasar un buen rato.

Después de la mayoría de las grabaciones del viernes por la noche, yo le preguntaba a Mark-Paul, "Oye, hombre, ¿quieres pasar el rato?". Y lo invitaba a una fiesta después del programa con mis amigos y algunas chicas del elenco y sus amigas.

"Gracias, pero… eso no es lo mío", respondía él diplomáticamente y luego mencionaba que su madre no se lo permitía. Ella era muy protectora, y nunca lo dejaba salir. Fue protegido de esa manera, a pesar de que era un gran tipo con mucho talento, y lo social no era muy importante para él.

Sobra decir que yo todavía era Mario Lopez de Chula Vista, que había crecido con "Mi casa es su casa" y "Mientras más, mejor". Yo era todavía el mismo chico de gran energía que acostumbraba pasar el rato con mis primos y cuates, y que ahora disfrutaba de la camaradería de salir y de reunirme con mis amigos de *SBTB* en busca de toda la diversión y acción que pudiera. Cuando yo tenía quince años y poco antes de cumplir dieciséis, las chicas estaban en lo alto de esa lista.

Independientemente de los romances, cada una de las tres protagonistas femeninas de la serie fue como una hermana para mí. Curiosamente, el papel de Lisa Turtle en *Good Morning, Miss Bliss* no fue escrito originalmente para afro-americanas, pero la lectura que Lark hizo ante los productores fue al parecer tan buena que ellos reescribieron el personaje para adaptarlo a su origen étnico. En los años posteriores a *SBTB*, Lark hizo telenovelas y ella y yo participamos más tarde en *The Bold and the Beautiful*, aunque no al mismo tiempo. Aún así, cada vez que nos veíamos, sentíamos esa conexión de nuestros días en Bayside High.

Originalmente, el papel de Lisa Turtle fue escrito para una mujer mitad judía, pero eso cambió cuando Lark consiguió el papel. En otro giro, el papel de Jessie no fue escrito para una judía, a pesar de que los productores le dieron el papel a Elizabeth Berkley, que era bella, alta, desgarbada y judía. Elizabeth y yo fuimos amigos desde el primer momento. Hasta el día de hoy, probablemente soy más cercano con ella que con cualquier otro miembro del elenco. Además de ser muy sexy —como lo demostró su actuación posterior en *Showgirls,* donde apareció completamente desnuda—

Elizabeth es inteligente, rápida y divertida. Y nos hacemos reír el uno al otro. Cuando veo las repeticiones de nuestras escenas y fragmentos en que Jessie me llama "cerdo" chovinista y yo simplemente coqueteo con ella y le digo "Mama", puedo decirles que realmente habitamos esos personajes. A pesar de que nuestra Jessie y Slater eran arrechos y pesados durante la mayoría de la serie, nunca tuvimos una escena de besos, lo que probablemente hizo que nuestra amistad se diera con mayor facilidad. Elizabeth y yo tuvimos una relación muy semejante a la de un hermano y una hermana. Y aún la tenemos.

Aunque mi corazón latía por Elizabeth en la pantalla, les puedo decir ahora que fuera de la pantalla puse mis ojos en Tiffani Thiessen. Ahora, recuerden, soy un tipo relajado y sabía que no debía mostrar de inmediato mi interés por ella. Solo que yo estaba bastante seguro de que en esa primera lectura en la mesa, cuando miré al otro lado de la sala y vi a esta hermosa chica levantando la vista hacia mí bajo sus pestañas inclinadas, ella casi se sonrojó. A menos que yo estuviera realmente equivocado, la atracción fue mutua e instantánea.

Comenzó un flirteo lento pero no pasó gran cosa. Luego, después de rodar algunos episodios, Tiffani mencionó que tenía un novio. Un novio mucho mayor. Y así terminaron las cosas.

O eso pensé, hasta algún tiempo después, cuando el programa llevaba un par de años y ella mencionó que habían terminado. Interesante. No nos precipitamos a nada, y simplemente empezamos a pasar más tiempo juntos fuera del set. ¿Cómo era salir con una co-estrella de una serie juvenil? Hicimos lo que hacen los adolescentes en las citas. Íbamos al cine, salíamos a comer, pasábamos el rato en las fiestas, bailábamos juntos. Ella era una chica dulce que me recordaba a un joven Priscilla Presley, y reconozco que me sentía tan *cool* como Elvis con ella en mi brazo. Cuando el romance se hizo oficial, me emocionó el hecho de que ella accediera a ponerse la chamarra, que me habían dado después de cuatro años como luchador de la escuela secundaria.

Como un chico de secundaria que era conocido por salir con muchas chicas, pensé que ser fiel a Tiffani era lo correcto. Pero no puedo decir que pudiera cumplir con mis intenciones nobles a esa edad. Había mucha belleza en todas partes y yo tenía mucho cariño para compartir. Dicho esto, mi relación Tiffani fue intermitente, y digamos que cuando estábamos bien, yo trataba al menos de limitar mi "agencia libre".

Ahora que lo pienso, estoy agradecido de que Facebook, Twitter y *TMZ* no existieran cuando fui adolescente y veinteañero. Lo más probable es que no me hubiera salido con la mía luego de las aventuras tan locas en diferentes ocasiones, y probablemente todo habría terminado con mucho más dramatismo y angustia. Así las cosas, sin embargo, tuve el mejor de todos los mundos. Una vez más, incluso con lecciones aún por aprender, tuve mucha suerte.

Uno de los días más felices de estos años no tuvo nada que ver con la popularidad relacionada con *SBTB* o con los ritos de pasaje de citas con chicas o en la escuela secundaria. El día que casi lloré de alegría fue cuando mamá nos dijo a Marissa y a mí, "Chicos, a partir del lunes, seré una mamá de tiempo completo".

Mi hermana y yo hablamos al mismo tiempo y le preguntamos qué había sucedido.

Mamá nos dijo que papá había encontrado un trabajo de verdad, con beneficios que nos darían seguridad y apoyo financiero, y que le permitiría a ella renunciar a su trabajo en la compañía telefónica.

Después de terminar de abrazarnos y de batir palmas, mi madre señaló que ahora sería mucho más fácil llevarme a Hollywood sin que yo tuviera que perderme de todas las partes importantes de ir a la escuela secundaria en Chula, mis combates de lucha libre, los bailes de graduación, estar en casa, y todo el resto de la vida normal de un chico de escuela secundaria.

Y estoy muy agradecido de que mi mamá fuera capaz y estuviera dispuesta a ayudarme a hacer eso. La suerte quiso que rodáramos la mayor parte de la temporada en el verano, por lo que durante el año escolar pude asistir a la mayor parte de las actividades regulares de la escuela. Ese fue un fantástico plan de rodaje. La sincronía en el tiempo fue tal que estar en *SBTB* era como un trabajo increíble de verano durante la escuela secundaria, que me permitió ganar y ahorrar dinero para mi universidad y mi futuro. Increíblemente, incluso cuando empecé a ganar más dinero, mis padres nunca me pidieron un centavo. Yo conocía chicos cuyos padres se gastaban todo su dinero, porque pensaban que se lo merecían. Pero mis padres no. Ellos no querían que me volviera loco y que me gastara todo el dinero. Cuando llegó la hora de comprar un auto, utilicé algunos de mis ahorros para comprar un Mustang del 65, un cacharro. Papá y yo trabajamos juntos para arreglarlo, reconstruyendo el motor, instalándole un nuevo interior y tablero, y pintándolo de un rojo fuego. Si tuviera que hacerlo de nuevo, lo habría pintado de negro, pero dejé el color rojo.

Aunque *SBTB* tenía una audiencia cada vez más grande, los chicos de Chula no me trataron de una manera diferente. Casi nunca hice alarde de la parte de Hollywood en mi vida.

Si alguien decía algo, yo comentaba, "Ah, sí, es el programa de un chico. No importa…" Hice todo lo posible para restarle importancia. Porque si me comportaba como si fuera gran cosa, probablemente me habrían pateado el trasero. Como luchador de un equipo de la escuela secundaria que se esforzaba para ganar el título del estado, estar en la televisión le añadía un desafío a las peleas, y lo último que quería hacer cualquier competidor de lucha libre era perder contra un chico en una comedia sabatina. Así que mis rivales me atacaron con dureza. Bueno, supongo que eso me obligó a esforzarme aún más. El campeonato estatal tenía una gran importancia y yo no iba a perder la oportunidad de terminar la escuela secundaria sin alcanzar ese sueño.

El acto de equilibrio no era nada nuevo. Quiero decir, aparte de salir con la chica con la que soñaban todos los estudiantes de secundaria y de trabajar en un programa de televisión, los años en que estuve en *Saved by the Bell* fueron tan normales como podrían serlo. Pero, para ser honesto, hubo momentos en que me sentí como si estuviera llevando una vida doble. Solo mis compañeros de reparto en *SBTB* sabían de esa sensación, que no pude compartir con mis amigos en casa; pero solo mis amigos de Chula Vista y mi familia conocían mi personalidad auténtica y sencilla. Ambos mundos eran normales cuando se tomaban por separado, pero vivir en los dos al mismo tiempo podía ser bastante extraño.

*S*BTB fue popular de inmediato, pero el programa no alcanzó la cima hasta más tarde, cuando tuvimos el estatuto de sindicación con episodios que se transmitieron de forma continua durante varios años en cadenas en todo el país y alrededor del mundo. *Saved by the Bell* se convertiría en un clásico.

Hicimos *SBTB* durante cinco años y llegó hasta 1994. El programa funcionó, yo funcioné, todos funcionamos. Fue mágico. Nunca me aburrí. Una ironía de este programa fue que nuestro productor ejecutivo, Peter Engel, quería que *SBTB* fuera absolutamente limpio e idealista. Las escuelas secundarias de verdad nunca son como lo que se ve en la televisión. Lo que ves en la televisión es muy estéril y seguro. Es por eso que en uno de los episodios, Artie el camaleón muere, en lugar de un perro o una persona. Se suponía que yo debía sentirme perturbado por el lagarto moribundo. ¿Cómo habría de sentirme afectado por una pequeña criatura que se alimentaba de moscas y podía mover sus ojos en direcciones opuestas? Originalmente, se suponía que era un cachorro el que moría, pero Engel pensó que la historia del cachorro habría sido completamente devastadora para los niños de nuestra audiencia, así que lo reemplazaron por un camaleón. Sin embargo, incluso esa historia parecía resonar, pero no me pregunten por qué.

Después de que *SBTB* siguió su curso, y a medida que los personajes crecieron, íbamos a hacer una temporada de la versión en horario de máxima audiencia, *Saved by the Bell: los años de college*. Pero nuestros ejecutivos superconservadores de la cadena se mostraron reacios a ser más atrevidos en el horario estelar, por lo que en última instancia, el programa no funcionó. La gente no podía dejar a un lado su incredulidad de que la vida universitaria fuera tan absolutamente inmaculada que terminó por causar demasiada disonancia. Especialmente con nuestros antiguos fans.

En retrospectiva, a menudo me maravillo de lo especial que fue tener un público que creció junto a nosotros. Recuerdo el impacto de salir y de reunirnos por primera vez con fans de nuestra edad cuando solíamos hacer promociones en vivo en las primeras temporadas de *SBTB*. Estos encuentros se realizaban normalmente en centros comerciales y eran organizados como conciertos de rock. Miles de jóvenes iban a vernos. La primera vez, yo sabía que la participación sería entusiasta pero nada me había preparado para las multitudes y el volumen de los gritos —casi todos de chicas— cuando salimos al escenario improvisado en el centro comercial de su localidad.

Fue la primera vez que las fans se acercaron tanto que se las arreglaron para lanzarme papeles con sus números telefónicos; antes de que yo pudiera reaccionar, sus madres hicieron lo mismo, me pasaron el número de teléfono con un abrazo rápido y una mano en mi bolsillo. En otras promociones que hicimos del pro-

grama en centros comerciales, las chicas y/o las mamás se acercaban, me daban la mano, y el número de teléfono estaba en la palma
de sus manos, como si yo estuviera recibiendo un poco de dinero.
Otras veces, las fans me pedían que les firmara una foto y mientras
la firmaba, me entregaban un sobre con su número de teléfono
adentro. Las chicas me siguieron en varias ocasiones, incluso
cuando yo estaba caminando por la calle mientras hacía un recado.
En estos días, cuando hay noticias de entretenimiento veinticuatro
horas al día y los paparazzi en todas partes, tal vez eso no suene tan
loco, pero nada te prepara realmente para hacer que personas completamente extrañas sientan como si te conocieran, solo porque
estás en sus salas cada sábado por la mañana en el televisor.

Debo añadir que toda esa atención de las chicas no era nada
terrible. Solía preguntarme a mí mismo: ¿Quién no querría que
miles de chicas te gritaran y dijeran lo apuesto que eres? Toda la
escena de las fans enloquecidas también puede convertirse en un
lugar común, de modo que cuando no tienes eso, te preguntas si
acaso has perdido tu encanto. Así que traté de disfrutar de esa teatralidad, incluso hasta el punto de estar fascinado por lo lejos que
iría una chica o una madre para estar con uno de los integrantes del
elenco.

Luego estaban los grandes eventos de promoción de autos que
la cadena nos exigía hacer. La industria automovilística puede ser
como las producciones de Las Vegas, donde los fabricantes muestran los coches de la nueva temporada o realizan exhibiciones de
autos clásicos. A medida que *SBTB* se hacía más y más popular,
empecé a tener la oportunidad de hacer presentaciones personales
por mi cuenta, en las que te pagan por pasar el rato, firmar autógrafos y tomarte fotos con la gente por un par de horas. ¿No es genial?
Yo podía viajar, me encantaban los coches, y podía llevar a un amigo
o dos conmigo. También había muchas personas que podías conocer, como luchadores de la WWF o estrellas de telenovelas.

Más tarde, tuve la suerte de ir a Europa por primera vez con el programa; a Francia e Inglaterra para apariciones promocionales, y viajar más por todos los Estados Unidos. Para un chico de Chula Vista, el mundo se estaba abriendo de una manera increíble, como nunca lo hubiera soñado. El programa era muy popular en Francia. Hasta el día de hoy, los franceses me dicen: *"Sauvés par le gong"*. También era muy popular en los países latinos: "Salvados por la campana". Me encantaba la forma en que doblaron mi voz en francés y en español, porque me dieron una voz muy profunda, como la de Barry White. "¿Y dónde está Screech?" sonaba muy intenso con esa voz.

Una vez estábamos en Europa para un festival de premiación de comedias similar al de Cannes, en el sur de Francia. Nos alojamos en el Hotel Martinez, un hotel de lujo que parecía apropiado para Luis XIV. Todo acerca de esa vida lujosa era embriagador, especialmente el día que fuimos a la playa. Guau, nunca olvidaré cuando vi mujeres en *topless* en la playa por primera vez.

Se podría pensar que mi comprensión del sexo opuesto y de las relaciones habría sido mucho más sofisticada a finales de mi adolescencia y después de estar expuesto a tanta atención. Pero no es así. Como solo los acontecimientos de mi adolescencia anteriores lo revelan, crecí mucho en medio de tiempos rápidos en Chula Vista High.

# CAPÍTULO 4
## *MI VIDA LOCA*

Sí, los rumores son ciertos: amo a las mujeres y siempre me he sentido fascinado por ellas, desde tan temprano como puedo recordar. Pero debo aclarar que nunca he sido el tipo de persona que le gusta pensar en sí mismo como en un jugador. Esto implica que estás jugando algo o que estás engañando a una chica. Nunca he sido así. Mi sensación es que si eres sincero acerca de la atracción y si esta es mutua, será honesta y sexy al mismo tiempo. Pero, obviamente, las relaciones románticas pueden ser mucho más complicadas que eso. ¿Por qué? Bueno, para empezar, y como había aprendido después de muchos errores cuando era joven y, en algunos casos, en los momentos en que sentía aversión por los compromisos, no todo el mundo se siente cómodo con el enfoque de "ama a la persona con la que estás". Además —y esto es en parte lo que me fascina de ellas—, la mayoría de las mujeres son complicadas.

Si pudiera resumir todo lo que sé ahora que realmente me hubiera gustado haber sabido cuando era joven y soltero, es este hecho simple: las mujeres no quieren que seas un superhéroe y que soluciones todos sus problemas; solo quieren que las escuches. Tipos menores que yo siempre me piden que les dé secretos para tener éxito con las chicas y, honestamente, eso es todo lo que tengo. Pero el siguiente es un consejo de un millón de dólares: simplemente sé un buen oyente.

Me tomó mucho tiempo aprender esto, y mucho de lo que sé

ahora sobre el sexo opuesto vendría más tarde, cuando, muy apropiadamente, tuve relaciones más serias. Pero, mientras tanto, desde el momento en que llegué a la pubertad, no podía esperar a acostarme con alguien, sobre todo porque parecía ser el tema número uno de conversación para mis primos mayores. Algunos de ellos, que estaban a mediados de la adolescencia cuando yo iba a cumplir trece años, habían perdido su virginidad a los catorce años o incluso antes. Así que para mí, oírlos hablar de sus conquistas me convenció de que tenían que ser expertos. O tal vez era solo toda esa plática de sexo, combinada con mis hormonas recién germinadas, lo que me interesó realmente en cualquier consejo que pudieran darme.

Por ejemplo, mi primo Victor contó una vez una historia sobre un conocido suyo que estaba en la cama con una chica y no lograba desempeñarse bien.

—¿Y qué problema tenía? —le preguntó otro primo.

—El alcohol —respondió Victor, y explicó que el exceso de alcohol podía perjudicar el desempeño.

Yo no sabía casi nada acerca de la mecánica del sexo, pero eso tocó una fibra sensible en mí. Efectivamente, más tarde me enteré de primera mano que si quieres ser bueno en la cama, no bebas demasiado de antemano. No tiene ninguna ciencia, pero es bueno recordar esto.

Mis expectativas pueden haber sido demasiado altas en el tipo de conocimientos que ellos me podían dar. En retrospectiva, me doy cuenta de que no era probable que mis primos pudieran enseñarme algo de valor sobre el sexo y las chicas, pues eran sólo un poco mayores y estaban con las hormonas tan enloquecidas como yo. Esto no quiere decir que me dieran una orientación completamente equivocada. Sin embargo, ninguno de ellos era un experto en educación sexual y yo no tenía otras fuentes de información confiables. No había revistas de desnudos o incluso guías científicas aburridas en mi entorno. Definitivamente no había nada en la escuela en un comienzo, como lo demostraría posteriormente la clase de Salud en la escuela secundaria. Con mis primos, aprendí una gran cantidad de argot para el sexo y escuché todo tipo de palabras vulgares —en inglés y español— pero como yo no era muy dado a utilizar un lenguaje vulgar, esto fue como los comentarios sobre el color de la piel en los deportes. No había cuentos con moraleja acerca de cosas como la forma de utilizar un condón o del control de la natalidad en absoluto. Incluso las preguntas básicas que yo les hacía, como por ejemplo, "¿Cómo sabes si le gustas a una chica?", eran contestadas con una falta de experiencia total.

En esa ocasión, cuando yo tenía unos diez años, uno de mis primos dijo: "A las chicas les gustan los hoyuelos". En cierto modo, eso era todo lo que yo necesitaba saber.

Hasta ese momento, mis hoyuelos habían sido objeto de bromas constantes.

Mis parientes adultos, al igual que varias de mis tías, eran diferentes. "Oh, Mario, ¿de dónde sacaste esos hoyuelos? ¡Son tan adorables!".

Algunos de ellos realmente sabían la respuesta; que heredé los hoyuelos del lado paterno de mi familia. Mi papá tiene un hoyuelo en la barbilla y otro en la mejilla izquierda; más adelante, cuando Marissa se casó y tuvo hijos, mi sobrina Kalia también tuvo hoyuelos.

Los chicos de la escuela nunca me dijeron que los hoyuelos eran agradables. Solían decir: "¡Oh, tienes agujeros en la cara!". ¿Agujeros en mi cara? Los niños más pequeños de Chula podían ser duros. Y debido a que mis hoyuelos son realmente muy profundos, ellos me decían, "Cara de hoyo".

Durante todos esos años, si quieren saber la verdad, me sentí tan avergonzado por mis hoyuelos que trataba de no sonreír con mucha frecuencia. Así que ya se pueden imaginar mi sorpresa al descubrir que las chicas pensaban que los hoyuelos eran lindos. Después de esa revelación, empecé a no preocuparme tanto por eso.

La etiqueta de esta anécdota es que muchos años después, cuando ya era adulto, me sorprendí al enterarme de que los hoyuelos son en realidad defectos de nacimiento. Resulta que los hoyuelos son una fatiga de los músculos que nunca se desarrollaron en la cara, lo que crea una pequeña cavidad. Y los míos no son pequeños. Son como el Gran Cañón de los hoyuelos. Algunas personas solo tienen pequeñas líneas, como Tom Selleck, o pequeñas hendiduras, como Beyoncé, pero los míos son más semejantes a tazones de cereal. Dicho esto, con defectos de nacimiento y todo, los hoyuelos parecían funcionar a mi favor. ¿La lección? En algún momento, los rasgos físicos que pueden obsesionarte, pueden ser también una bendición.

Pero en cuanto a los consejos acerca de lo que hacía que a las chicas les gustaran los chicos, cuando estaba en quinto grado y me enamoré por primera vez de una chica llamada Sherry, necesité algo más concreto que tener solo hoyuelos. Esto fue antes del primer beso que me di con Fergie, también conocida como Stacy Ferguson en *Kids, Incorporated*, y yo estaba convencido de que Sherry no sabía que me moría por ella. Sherry estaba un año más adelante que yo en la escuela y, —no estoy bromeando—, cada vez que tenía la suerte de verla pasar, me dejaba sin aliento. Sherry era muy hermosa, y tenía un aspecto exótico, con el cabello largo y oscuro, y grandes ojos castaños. Ah, y tenía una hermana gemela. Como un chico completamente norteamericano de ascendencia latina, llegué a la conclusión de que no podía haber nada más sexy que un par mellizas; dos chicas hermosas e idénticas. Pero Sherry tenía ese algo adicional, una chispa que la hacía destacarse. Estaba tan enamorado de ella que me sentía demasiado nervioso incluso de saludarla.

Mi primo Victor señaló:

—Tienes el don de la palabra, hombre, ¿cuál es el problema?

Él estaba en lo cierto. Yo me sentía generalmente cómodo hablando con cualquier persona. Pero Sherry era tan inalcanzable, en parte porque era mayor que yo, y esas diferencias de edad parecen más grandes cuando eres un niño. Joven y enamorado como estaba, cada vez que tenía la oportunidad de acercarme a ella, me ponía ansioso, tímido y demasiado consciente de sí mismo, preocupándome por lo que vería ella en un chamaco de quinto grado como yo. ¿Cuál era mi respuesta? Ninguna. Claramente, yo estaba destinado a apreciarla desde lejos. Cada canción de amor que sonaba en la radio, sobre todo cualquiera de Hall and Oates, el mejor dúo de todos los tiempos, y yo lloraba la pérdida de lo que nunca podría ser. Pero muy pronto me obligué a olvidarme de Sherry.

Probablemente fue en ese momento que decidí intentar que me importara un poco menos y recurrir a esa calma que me ayudaba en las audiciones. Yo tenía doce años, había disfrutado un poco más de coqueteos divertidos y parecidos a los besos que me había dado con Fergie. Sin ningún tipo de orientación de mis primos, me enteré de que además de ser relajado, si simplemente era yo, a las chicas les gustaría eso. La otra revelación fue descubrir que cuando la química está ahí, la naturaleza generalmente sigue su curso. Por ejemplo, en una competencia de baile cuando estaba en séptimo grado, sentí chispas mutuas con Gina Giacinto, una hermosa bailarina de ascendencia italiana que más tarde sería coronada como Miss Nevada, una verdadera reina de belleza. El coqueteo fue como un baile. Sin intenciones de mi parte, terminamos solos detrás del estudio.

Después de eso, fui más natural con las chicas, tal vez un poco demasiado natural. ¿Qué quiero decir? Bueno, cuando estás en octavo grado, falta un día para que cumplas trece años y estás solo por primera vez con una joven bella y dulce, dejar que la naturaleza siga su curso no siempre es lo más aconsejable.

En este punto, mis primos de dieciséis y diecisiete años —que también eran luchadores—, tenían que darme detalles acerca de cómo pasar de "primera a segunda base" y así sucesivamente. Hablaban como profesionales del sexo, pero todo el proceso era todavía un misterio para mí, y me sentía entusiasmado de averiguar en qué consistía el verdadero asunto. Sin lugar a dudas, tener la esperanza de llegar hasta el final con una chica a los trece años es demasiado pronto, aunque nadie en mi círculo dijera eso. Por supuesto, todo el mundo crece rápidamente en el barrio. Demasiado rápido, si me lo preguntan. En aquel entonces, sin embargo, dado que mis hormonas estaban siempre en aumento, yo no solo era curioso, sino que también quería mantenerme al día e impresionar a mis primos y amigos del barrio.

Tengan en cuenta que ya en esos días, yo no parecía ser el típico preadolescente normal. Cuando tenía unos doce años, parecía un pequeño hombre-niño, como si tuviera dieciséis o diecisiete años. Además de practicar lucha libre todo ese tiempo, comía bien y había comenzado a levantar pesas, así que tenía músculos. Sin lugar a dudas, tenía el cuerpo de un adolescente. Por supuesto, aún tenía la inmadurez de un niño de trece años.

Pero comparado con lo intimidado que me sentía con Sherry, yo era prácticamente Don Juan cuando se trató de romper el hielo con mi próximo amor en serio: Dina, una animadora deportiva bonita y expresiva. De un modo tan natural como era posible, un día me acerqué a ella en la cancha de fútbol después de la práctica de las animadoras, y me presenté. Ella asintió con una mirada un poco inquisitiva en sus ojos. Entonces la invité a salir. "Está bien", dijo ella y fresco como una lechuga, le lancé una sonrisa y le dije que regresaría después con los detalles.

Dina era dos o tres años mayor que yo, mitad filipina, y tenía un aspecto exótico de una manera potencialmente provocativa. También tenía problemas de audición, según sus propias palabras. Su impedimento significaba que podía hablar un poco, pero no muy bien. Recuerdo que cuando Dina me llamaba, utilizábamos el servicio para personas con problemas de audición en el que un operador traducía. El operador escribía lo que fuera que yo dijera y Dina podía leerlo en una pantalla que tenía en su teléfono; el operador simplemente me repetía todo lo que Dina decía, y lo interpretaba para que yo pudiera entender. El operador podría repetir al interponer: "Ella dice que realmente te extraña. Ella dice que no puede esperar para verte", y luego tecleaba todo lo que yo le respondía, y platicábamos de esa manera a través del teléfono.

A veces era extraño coquetear por teléfono con un traductor desconocido. Solo para ir un poco más allá y hacer reír a Dina, decidí bromear con la operadora una noche y le dije que le contara a Dina, "El cuerpo está en el baúl, pero voy a deshacerme de él tan pronto como sea posible". Hubo larga pausa en el otro extremo. Por último, me eché a reír y dije: "Estoy bromeando, estoy bromeando".

Cuando le expliqué esto a Dina, le pareció chistoso. Para aquellos que están tomando notas, a las chicas parecen gustarles los chicos que tienen un buen sentido del humor. Debo añadir que Dina y yo nunca fuimos novios oficialmente. Yo solo tenía trece años y lo que tuvimos fue más como un coqueteo o un enamoramiento juvenil. Dina era una chica increíble, y fuimos amigos durante toda la secundaria. Aún hoy en día, a veces me encuentro con ella; está casada, tiene hijos y sigue siendo una belleza.

Nunca hubo muchas oportunidades para llevar nuestro flirteo al siguiente nivel hasta que un día, cuando el resto de mi familia estaba visitando a un familiar y supe que podría disponer de la casa. Después de invitarla, ella llegó en un tiempo récord. Empezamos a besarnos en el sofá de la sala y luego todo se hizo más físico.

Pero luego, pensando en el futuro —por lo menos en ese momento— nos fuimos más cerca de una salida, en caso de que oyera a alguien entrar a mi casa. De esa manera, si nos quitábamos la ropa, podríamos vestirnos de prisa y escapar.

Lo que sucedió después fue bastante difuso. Recuerdo que nos besamos y acariciamos mucho, pero después de eso, yo no sabía qué hacer. No sabía nada sobre el cuerpo de una mujer. Todo lo que podía hacer era tratar desesperadamente de reconstruir la información fragmentada y poco confiable que les había oído a mis primos mayores, y reprenderme a mí mismo por no hacer preguntas específicas. Mientras más caliente y excitado estaba yo, menos seguro estaba de dónde iba qué. Por amor de Dios, ¡yo estaba completamente desorientado!

Más tarde, cuando hablé con mi primo Victor, le pregunté cómo hacían los chicos para saber lo que debían hacer la primera vez que llegaban al final del camino, y me dijo: "Déjame deletrearlo, hombre. Si quisieras meter una llave en la cerradura de una puerta, eso te da una idea". Sí, bueno, antes que tener una idea, yo estaba cerca de dos pulgadas arriba de eso.

A pesar de que yo no era hábil en lo más mínimo, la naturaleza siguió su curso, y Dina y yo estábamos muy apasionados. Su pelo olía increíble y su piel era muy suave. Los dos estábamos un poco resbaladizos por el sudor y los nervios, y era la primera vez para los dos. ¿Un ciego guiando a otro?

Si les digo la verdad, no sé cómo el hecho de tocarnos y acariciarnos nos llevó al punto de tener relaciones sexuales. No habíamos intentado mucho antes de ese día tan significativo, pero lo cierto fue que sucedió justo en el momento en que estaba a punto de darme por vencido. ¡Eureka! Puse los ojos en blanco y no podía creer lo que estaba sintiendo. ¡Euforia! Era algo que no había sentido nunca antes. Las barras Klondike, mi postre favorito, no valen nada en comparación con perder la virginidad.

La revisión de la realidad nos golpeó a Dina y a mí unos cinco minutos después de vestirnos. ¡Estábamos tan enfocados en averiguar lo que debíamos hacer que ni siquiera utilicé un condón! Lo cual es una locura a cualquier edad, y mucho más a los doce años. Por mucho que me gustaría disculparme a mí mismo, yo sabía un poco más que eso. No soy un idiota en absoluto. A pesar de que sabía muy poco sobre el sexo, sabía lo suficiente acerca de la reproducción para haber actuado de una manera más responsable. Sabía que si yo era lo suficientemente mayor como para tener un orgasmo, también era lo suficientemente mayor como para tener bebés. ¿Se imaginan? Mientras escribo esto, yo podría tener un hijo o hija treintañera, o ser incluso un abuelo. Habría sido útil si mis primos hubieran mencionado más el tema del control de la natalidad cuando hablaban de sus experiencias sexuales.

¿Qué debe hacer un niño de doce o casi trece años en esta situación? Esa misma noche llamé a mi primo Victor, susurrando para que nadie oyera por casualidad, y le dije lo que había pasado. Fue entonces cuando hizo la analogía de la llave en la cerradura.

—Pero no usé condón —continué—. ¿Qué hago?

—Bueno, ¿te saliste?

Victor casi gritó lo que apenas sonó como una pregunta.

—¿Qué es eso? ¿Qué quieres decir con 'saliste?'.

Él se reía, pero yo no pensaba que fuera chistoso en absoluto, a pesar de que él estaba tratando de ser tan solidario como podía. Él tenía quince años, y era también la única persona en la que yo podía confiar para que me diera unas respuestas, que, esperaba, calmaran mi ansiedad. Finalmente me dijo:

—Bueno, Mario, es demasiado tarde ahora, no tiene sentido estresarse por eso. Vas a tener que esperar para saberlo.

Esperar los próximos treinta días fue una tortura para mí y para Dina. ¿Qué haríamos si ella estaba embarazada y teníamos que criar a un niño? Ni siquiera hablamos de eso, aparte de mantenernos pegados a un calendario y rezar para que ella tuviera el período.

El día que me dijo que no estaba embarazada, literalmente brinqué en señal de alegría. Se podría pensar que aprendí una lección valiosa para toda la vida en ese instante, pero no. Es muy cierto: las hormonas gobiernan la mente de un joven adolescente. Lo gobiernan todo. O eso fue lo que me sucedió a mí. Y una vez tuve sexo, quedé enganchado. A medida que pasó el tiempo, yo diría que el sexo se convirtió en mi droga de elección, tan adictiva como la droga más fuerte que hay. En muchos aspectos, yo era Mr. Clean, manteniéndome alejado de las drogas y de cualquier problema grave; pero cuando se trataba de sexo, bien podría haber sido un drogadicto.

Así que Dina y yo continuamos teniendo sexo y yo seguí sin usar condones, diciéndome a mí mismo que salirme a tiempo haría el "truco". Por suerte, nunca nos llevamos un gran susto después de esa primera vez, pero eso no me hace menos estúpido. Para vergüenza mía tantos años después, miro hacia atrás ahora y me doy cuenta de lo ridículo que fue tomar esos riesgos y ser tan ignorante.

Es cierto que mis padres nunca se habían sentado a platicar de sexo conmigo. Si hubiera hablado con mamá, ella habría discutido abiertamente la realidad y me habría dado un poco de orientación; yo me sentía lo suficientemente cómodo diciéndole casi cualquier cosa. Papá era otra historia. Lo más cerca que llegué a tener "la conversación" con mi padre no sucedió hasta 1990, cuando yo tenía casi diecisiete años y supimos la noticia de que Magic Johnson tenía VIH. Todo el mundo se asustó debido a la falta de conciencia que había sobre este virus en todas las comunidades, y cómo se podría propagar a través de relaciones sexuales sin protección. Tal como debería ser, el anuncio de Magic hizo que informarse sobre el sexo seguro fuera prácticamente un asunto de vida o muerte.

Mi papá estaba preocupado y sé que su intención era acercarse a mí con todas sus tiernas emociones de padre a hijo. Me hizo sentar y fue muy claro.

—Oye, mijo —comenzó—. Sabes que hay muchos casos de sida en estos momentos. Así que ya sabes, si vas a hacer algo con, es decir, con una chica o algo, solo, ah, ya sabes, ponte algo.

Y luego se puso de pie y me dio una palmada afirmativa de "bien hecho" en la espalda y se fue a la cocina a beber una cerveza.

Eso fue todo, por desgracia. No hubo contacto visual ni preguntas delicadas. Papá hizo algunos comentarios útiles a lo largo de los años, pero por lo general no hablamos acerca de temas íntimos. Yo podía pedirle consejos sobre las relaciones y él hablaba sobre eso, pero cuando se trataba de sexo, simplemente "cerraba la tienda".

La verdad es que tuve mucha suerte de crecer cuando lo hice y de experimentar un despertar sexual con una chica tan especial como Dina. Y, aunque yo tenía que aprender mucho más en asuntos de amor y sexo, sabía lo afortunado que era, sobre todo en comparación con algunos de mis amigos. Pero mi suerte estaba a punto de agotarse.

—Ah, Mario; encantada de conocerte —me dijo una chica linda y con fuerte acento sureño que llamó mi atención a principios de 1989.

Yo tenía quince años y el equipo de lucha libre de Chula Vista había ido a competir contra otra escuela secundaria local. Lo que se destaca en mi recuerdo de ese día es el eco de "Welcome to the Jungle" de Guns N' Roses. Nuestro equipo se presentaba con esa canción en las competencias de lucha libre, mientras el locutor decía: "¡Un aplauso para los Espartanos de la Escuela Secundaria Chula Vista!". Escuchábamos la guitarra, *da da da da da da…* y el gancho, "¡Estás en la jungla, nena!" seguido por "¡Vas a morir!", y luego salíamos. Todo ese álbum de Guns N' Roses, *Appetite for Destruction*, era una banda sonora de mis días de lucha, y siempre me animaba antes de una competencia.

Conocido como un chico popular, yo estaba teniendo un gran año gracias a la lucha libre y a otros deportes, así como a lo académico y a diversas actividades extracurriculares. Definitivamente estaba disfrutando de las ventajas de ser popular, y todavía estaba bajo las garras de las hormonas de alto octanaje.

Después de todo, el sexo es una parte muy natural del ser humano, y yo sentía tanto aprecio por las jóvenes en esta etapa que había comenzado a aceptar los aspectos de la "vida loca" como parte de lo que era yo: un ser extremadamente sexual. Tal vez un poco de mi ímpetu era una forma de rebelión, una manera de ser un chico malo, pues estaba básicamente trabajando tan duro en mi carrera y mi educación. ¿Quién sabe? De nuevo, realmente no tenía vicios adolescentes. Las drogas eran un tabú para mí y ni siquiera fumaba. En mi mente, si los rockeros podían tener sus adicciones, yo podía tener este interés puro y cristalino en el sexo opuesto. En esa época, Adam Ant tenía una canción que decía que si no bebes ni fumas, "¿qué haces?".

En esa etapa de mis años adolescentes, estimulado por este ímpetu tan loco que recién había comenzado a ir a toda velocidad, estuve a punto de cometer uno de los errores más dolorosos de mi vida joven. Soy bendecido de que la joven en cuestión fuera lo suficientemente madura para tomar una decisión difícil cuando los dos éramos demasiado jóvenes e irresponsable para planificar el futuro.

Su nombre, me dijo ella ese día mientras se desvanecía el estribillo de "Welcome to the Jungle", era Patty Lynn. Tenía mi edad, era una estudiante de transferencia, y ayudaba a llevar las estadísticas para el equipo de lucha. Ella totalmente caliente. Y encantadora. Y sí, era de algún lugar del Sur. Con un nombre como Patty

Lynn, yo suponía que tendría que ser de algún lugar debajo de la línea Mason-Dixon.

Después de presentarme en la competencia, le pedí su número de teléfono y empezamos a salir, y descubrimos de inmediato que nuestro enamoramiento era mutuo. Pero nos tomamos las cosas con calma, en términos relativos. Luego, después de cinco o seis meses de ser inseparables y de estar atrapados en nuestro amor adolescente, empezamos a dormir juntos.

Si yo hubiera escuchado y aprendido de los errores ajenos, lo habría pensado mejor antes de creer la mentira de que podía salirme a tiempo en medio de la pasión; esto, porque a veces no se puede y no se hace. Y otras veces, tú y tu novia tienen esos días en los que crees que es el momento adecuado de cada mes, y que no tienes que preocuparte. Pero esa es una verdadera receta para problemas.

Esa forma de pensar no es muy diferente a la ruleta rusa; si juegas el tiempo suficiente, tarde o temprano una de las balas encontrará su camino. A menos que seas inteligente o humilde, terminas cometiendo un error que no puedes borrar.

Patty Lynn esperó hasta que fue al médico antes de llamar para darme la noticia de que estaba embarazada. La conversación telefónica no fue fácil, por decir lo menos. No lloró, pero creo que aún estaba demasiado aturdida para ser demasiado emotiva. Ahora que había visto las consecuencias de mis acciones, yo estaba dispuesto a hacer los sacrificios que me pidieran. Mi mente bullía con lo que implicaría esto: nos casaríamos, yo le ayudaría a criar el bebé, dejaría de actuar para conseguir un trabajo de verdad, y, posiblemente, abandonaría la escuela.

"No, Mario", me detuvo Patty. Ella estaba cien por ciento segura de que no quería tener el bebé, y se mostró inflexible sobre terminar su embarazo de la manera correcta. Tenía que ser su elección; yo sabía eso. Y acepté que era la mejor decisión para ella, y probablemente también para mí. Pero entre mi culpa por meternos en este lío y la decepción que yo sabía que le causaría a mamá, me sentí devastado.

Al principio, hice todo lo posible para evitar que mamá se enterara. Pero resultó que yo no podía tener acceso a mis ahorros. Aunque había ahorrado dinero luego de trabajar varios años, no podía retirarlo del banco debido a las salvaguardias establecidas desde el principio para evitar que alguien utilizara los fondos que supuestamente serían para mi futuro. Entonces traté de pedir prestado el dinero para que nadie se enterara. Pero yo tenía dinero, así que a todos los que les pedí un préstamo —algunos de mis primos, mi tío, un par de amigos— pensaban que yo estaba siendo codicioso o andaba metido en un negocio raro. Todo el asunto era sospechoso. Y, por supuesto, mi mamá se enteró de que yo estaba tratando de pedir dinero prestado.

Mortificado y asustado, hablé con ella y primero le expliqué que Patty Lynn había tomado una decisión y que yo la iba a apoyar. En ese momento, yo podría haber negado lo que estaba sucediendo, pero tenía que tener valor. Después le dije que la responsabilidad era mía, que no iba a permitir que eso sucediera de nuevo, y me arrodillé para pedir perdón. Si Patty Lynn y yo estuviéramos enamorados o querido un compromiso, tal vez podríamos haber encontrado otra solución, pero la verdad era que no teníamos nada que hacer trayendo un bebé al mundo. Nosotros mismos éramos un par de bebés.

Mi madre vio que yo estaba verdaderamente arrepentido, y sabía que el error ya me había costado en términos emocionales, espirituales, y ahora financieros. Podía haberme reprendido, pero ya estaba bastante claro que yo estaba haciendo un buen trabajo en ese aspecto. Mamá me pidió simplemente que me asegurara de que esto era lo que quería Patty Lynn.

Así era, y yo siempre respetaría su decisión. Después de nuestra experiencia, Patty Lynn pareció más aliviada que nunca y salimos de eso como mejores amigos de lo que habíamos sido antes. Pero poco tiempo después, tomamos caminos separados sin ninguna ruptura dolorosa o sin decirnos adiós.

Cuando eres joven y cometes un error, puedes sentir que algo así es el fin del mundo. Pero el tiempo tiene una manera de curar las heridas. Los dos seguimos adelante y la vida nos trajo otras pruebas y alegrías. A veces pienso todavía en todo esto y me pregunto si ella tuvo hijos, y si está casada. ¿Qué pasaría si nos hubiéramos casado, o si ella hubiera cambiado de opinión? ¿Cómo sería ese niño y en qué sentido el resto de mi vida habría sido diferente? En esos momentos, un escalofrío me recorre el cuerpo y trato de apartar ese pensamiento de mi cabeza. Patty Lynn había hecho su elección. Siempre fue suya. Claro, yo podría haber tratado de detenerla, pero decidí respetar su decisión y nuestra decisión mutua de que no estábamos preparados para ser padres.

A medida que ha pasado el tiempo y he madurado, he luchado con el error que cometí por pura arrogancia, entre otros errores que he cometido a lo largo de los años, y he pasado muchas noches despierto pensando que podría haber hecho las cosas de una manera diferente. Obviamente, no puedo cambiar el hecho de que yo era un chico ardiente e imprudente. Me gustaría que fuera diferente. Como todo el mundo, he luchado con mis demonios y he trabajado para ser mejor todos los días. Les diré algo: he intentado aceptar mis responsabilidades y optado por no estar en la negación o huir de los problemas. Como alguien que siempre fue un caballero con las chicas, sé que lo correcto era dejarle a ella la elección sobre la manera de hacer frente a un embarazo no deseado, y estar ahí para apoyarla.

Durante unos meses después de que Patty Lynn y yo terminamos, decidí tratar de calmarme con las chicas por un tiempo. Pero,

¿saben algo? Por primera vez, una mujer entró en mi vida y me enamoré de verdad.

Ahora yo estaba realmente listo para tener problemas.

¿Qué pasa conmigo y las bellas chicas italianas? No soy un aguafiestas ni nada parecido, pero cuando todo sucedió con Monica, no fue la primera ni la última vez que me enamoré de una hermosa bailarina de ascendencia italiana.

—¿Te enamoraste? —Mi primo Victor se burló de mí—. Tú sabes que acabas de caer en la lujuria. Ya se te pasará.

—¿Sabes cómo lo sé? —recuerdo que dije,— ¡porque nada más me importa!

Esto sucedió en la época en que yo estaba haciendo una prueba para *Saved by the Bell* y pudo haber tenido algo que ver con no esforzarme demasiado con esos llamados. Todo lo que podía pensar era en Monica. ¿Importaba que yo tuviera quince años y ella diecinueve? Para mí no, pero esa es una diferencia de edad muy significativa. Para el caso, ella podía tener treinta y cinco años, teniendo en cuenta que era mucho más experimentada que yo. Monica era una de mis profesoras de danza. Sus hermanas mayores eran propietarias de una academia de baile en El Cajon, cerca de treinta minutos al noreste de Chula Vista, y estudié allá en varias ocasiones. Sus hermanas eran las mejores profesionales de estudio que había en la ciudad. Monica y yo empezamos a flirtear casualmente, y cada vez las cosas se hicieron más intensas. Ella era sin duda una mujer, no una niña, con el cuerpo de una bella bailarina, llena de curvas y fuerte. Una verdadera mujer.

Yo estaba obsesionado con todo lo relacionado con ella. A los diecinueve años, Monica era una mujer joven y con experiencia, era sexy, tenía talento, y era mi profesora de danza. ¿Una fantasía hecha realidad? Sin embargo, yo pensaba obrar de acuerdo con eso. Básicamente, ella había empezado a darme lecciones un par de años atrás, mucho antes de que pasara algo. Un día, ella me invitó a una fiesta en su casa con varios familiares y amigos relacionados con el estudio de danza. Empezamos a hablar y Monica sabía que yo estaba enamorado de ella. Tal vez le agarré la mano debajo de la mesa y luego empezamos a coquetear. Poco después tuvimos algo. Y una vez que empezamos, no pude parar, como si fuera una droga. El sexo era increíble. Lo hacíamos en todas partes, en el auto, en el estudio, en las colchonetas que poníamos para una mayor amortiguación.

Ciertamente, yo había tenido antes las hormonas alborotadas. Pero esto fue amplificado por la convicción de que no había nadie a quien yo pudiera amar tanto como a Mónica. ¿Qué tan loco estaba yo? Solo para pasar más tiempo con ella, empecé a dejar de ir a la escuela y a la lucha libre. ¿Yo? ¿El chico que estaba decidido a que mi equipo estuviera en la pelea para competir por el título? Papá sospechó que había problemas y comenzó a enviar a mi tío Tavo —su hermano— al gimnasio, para asegurarse de que yo hubiera ido a la escuela y estuviera entrenando.

Un día que no asistí, tomé mi '65 Mustang cuando apenas había sacado mi licencia de conducir, para ir a ver a Mónica. En el camino, me estacioné frente al 7 Eleven, corrí a comprar unas pastillas de menta o algo así, y cuando volví al coche, ¡el tío Tavo salió del asiento de atrás!

—¿Qué haces?

Casi me salgo de los pantalones.

Me dio todo un sermón, diciéndome que iba a estropear mi vida si seguía por ese camino. Pero afortunadamente, no me delató. Sin embargo, recibí una multa por exceso de velocidad cuando regresaba de la casa de Monica.

Incluso mis primos empezaron a preocuparse por mí. Victor me advirtió:

—Tienes que controlarte, hombre.

Él tenía razón. Yo estaba muy encaprichado con esta mujer, y estaba dispuesto a hacer lo que me dijera. Probablemente me habría arrastrado hasta su casa en cuatro patas si me lo hubiera pedido. No es que ella hiciera este tipo de cosas. Monica era realmente un amor. Era casi como si un hechicero me hubiera dado una poción.

Mi mamá y mi papá se preocuparon por lo distraído que estaba yo, pues faltaba a la escuela y a mis prácticas. Yo no era así. En un intento por ser diplomático, mis padres me advirtieron que fuera más despacio porque, Dios no lo quisiera, podría dejar embarazada a Monica, o pasar algo malo. Además, me recordaron las audiciones que yo tenía y que una relación seria podría perjudicarme en la actuación, para no hablar de que si todavía quería ir a la universidad y seguir con la lucha libre, más tarde podría arrepentirme de no haber sacado mejores notas en la escuela.

Esta fue la vez que vi más exaltado a mi papá con respecto a una relación mía. Por supuesto, durante toda mi crianza e incluso después, mi padre tenía opiniones muy fuertes acerca de quién era digno de confianza y quién no. Nunca se abstuvo de decirme cuál de mis amigos, en sus palabras, eran un pedazo de ya-saben-qué sin ningún valor. No tenía paciencia con los gorrones. No podías pasar la noche más de dos veces ni comer más de un día seguido en nuestra casa, pues te ponía a trabajar para ganarte el sustento. En retrospectiva, creo que debido a su buen ojo para detectar a quienes intentaban tramar algo o que eran falsos de alguna manera, logré afinar mis propios instintos para saber quién era un amigo de verdad y quién era simplemente un gorrón. Esto sería especialmente importante en el mundo del espectáculo, ya fuera que se tratara de agentes, managers y demás representantes de empresas, o de los habituales parásitos y personas que gravitan hacia el éxito de los demás y tratan de tomar ventaja. Mis padres saben evaluar a las personas, y me gusta pensar que me transmitieron esa cualidad.

Pero en ese momento de mi pasión con Monica que todo lo consumía, yo estaba completamente convencido de que "Los papás simplemente no entienden". No quería oír sus opiniones, advertencias, o interferencias. Cuanto más mostraban su preocupación, más molesto me sentía yo.

La situación se hizo crítica una vez en que mi papá respondió al teléfono cuando yo me disponía a hacerlo, pues sabía que era Monica.

Sin siquiera consultarme, le dijo:

—Oye. No quiero que llames más aquí. Eso es todo, mi hijo no va a hablar más contigo.

Y colgó.

—¡Papá —bramé como un animal herido—. ¿Por qué hiciste eso? ¿Cuál es tu problema?

Fue la primera vez que le hablé fuerte.

Para crédito de mi padre, él vio al instante que yo estaba realmente enamorado de ella. "Guau", comenzó a decir, tomándose su tiempo. "Estás hablando en serio, ¿verdad?". Tuvimos una discusión de hombre a hombre y él admitió que entendía mi situación. Pero al final, dejó en claro que eso no podía continuar. Su palabra era la ley.

Me sentí adolorido, más allá de todo consuelo. ¿Qué podía hacer? Derramé lágrimas sin duda, pero básicamente fueron lágrimas de rabia. Triste y confundido, obedecí la decisión de mi padre. Pero en ese momento, me pareció que él estaba siendo cruel e injusto. Ahora, muchos años después, veo que probablemente fue lo mejor que pudo haber pasado. Papá me hizo un favor. En el estado en que me encontraba, yo podría haber tratado de casarme con Monica, dejarla embarazada, y mi carrera habría terminado muy pronto.

No me malinterpreten: no seguí su consejo al pie de la letra. Seguí viéndola a escondidas hasta que ella le puso fin a nuestra relación. Intenté llenar su casa con papel higiénico, porque nada dice más "Te amo" que colgar papel higiénico en los árboles del jardín delantero, el techo y las paredes de la casa de tu amor perdido. Utilicé cualquier excusa para estar cerca de ella o para llamar su atención, incluso de un modo negativo. Como es lógico, esto no alivió mi dolor. Y, al final, a pesar de que me recuperé, una parte de mí siempre estaría llena de remordimientos, porque nunca nos despedimos, y no la volví a ver.

Para ser honesto, cuando recibí la oportunidad de participar en una serie popular y pionera de la televisión en un momento tan tumultuoso en mi joven vida, ¡realmente fui salvado por la campana! El momento fue ideal para superar toda esa angustia adolescente y volver a saborear todas las oportunidades y experiencias que me seguía brindando mi vida loca.

*Saved by the Bell* acababa de terminar su segunda temporada al aire cuando tuvo lugar mi graduación de secundaria a principios del verano de 1991. Nuestro equipo de lucha, los Espartanos, se había hecho un nombre por sí mismo en San Diego y a nivel estatal. Individualmente, estuve entre los mejores luchadores del estado en mis dos últimos años de secundaria, y en el último ocupé el séptimo lugar en los rankings de las escuelas secundarias de California. No estaba mal. De acuerdo con nuestro apodo local como "la ciudad sexy", la canción de Chula Vista High School para el baile de graduación fue "I Wanna Sex You Up", de Color Me Badd.

¿Creen que estoy inventando eso? Me río solo al recordar cómo nos encantaba esa canción a todos, y cómo nos enloquecimos bailándola en la graduación. Y, en realidad, esa canción aguanta hasta el día de hoy. Es caliente, sexy, y padrísima.

Un mes antes de la graduación, me había enfrentado probablemente a la decisión más importante de mi vida hasta entonces. Desde que tenía diez años, se sobreentendía que yo estaba trabajando como actor infantil con el objetivo de ahorrar dinero para mi futuro, es decir, para la universidad. Mis padres no podían permitirse el lujo de enviarme a la universidad sin mi contribución económica. Pero ese era el plan. Si sacaba mis ahorros y podía conseguir una beca de lucha libre, lograría pagar mis estudios y cumplir el sueño de ser el primero en nuestra familia en ir a la universidad. Efectivamente, algunas universidades me ofrecieron becas: Arizona State, la Universidad de Minnesota, y algunas universidades públicas de California.

—Pero ya sabes —le expliqué a mamá—, tengo un trabajo en la televisión que me encanta. ¿Cuál es el propósito de dejarlo para ir a la universidad y obtener un título para trabajar en otra cosa?

—Tienes razón, mijo. Estás trabajando. Ya tienes una carrera, si es eso lo que quieres hacer.

Al principio, decidí a hacer las dos cosas: ir a la universidad y seguir trabajando como actor. Teniendo en cuenta el calendario de producción para *SBTB*, yo podía hacer las dos cosas. Y estoy muy orgulloso de decir que entre mis mejores opciones, fui aceptado en UCLA, Pepperdine, y Loyola Marymount. Guau. Eso fue un gran logro para mí. De alguna manera, entre el hecho de tener buenas notas y la ventaja en la admisión por mi origen mexicano, tuve la oportunidad de cruzar las puertas de algunas de las principales instituciones educativas de California.

Al mismo tiempo, no pude alejar el pensamiento de que ya estaba trabajando en la industria del entretenimiento en una serie regular y en un papel que otros solo pueden soñar con tener. Yo había llevado una vida doble todos esos años, equilibrando el espectáculo con la escuela. Ahora, de repente, cuando la actuación había sido un medio para lograr un fin, empecé a considerar que era el fin, o lo que yo quería hacer realmente después de todo.

Mis padres me apoyaron al cien por ciento. Como prometí, si no tenía mucho trabajo como actor, podía volver a la universidad.

Pero mientras yo estaba en pleno apogeo en mi campo, ¿por qué no centrarme en eso y ver adónde me conducían las oportunidades? El plan consistía en concentrarme en la actuación por el momento, y posteriormente en la escuela; en otras palabras, hacer una cosa a la vez. Como familia, teníamos suficiente experiencia para saber que una carrera en el entretenimiento podría ser de corta duración. Nadie lo dijo en ese momento, pero Marissa era muy inteligente y despierta, y si yo no entraba a la universidad, ella lo haría sin duda. Y efectivamente, mi hermana habría de ser la primera persona de la familia en ir a la universidad y en hacernos sentir orgullosos a todos los miembros de nuestra familia.

Una vez tomada la decisión, comencé a trabajar ese mismo verano para rodar nuestra próxima temporada de *Saved by the Bell*. Un día en el set durante un ensayo, miré a mi alrededor y asentí para mis adentros. ¿Alguna vez lo había dudado? Me encantaba ser actor. Sin tomar nada por sentado, yo iba a trabajar más duro que nunca, más de lo que nadie sabía. Así que en gran medida, todo dependería de las fuerzas que estaban más allá de mi control y de la suerte que yo siguiera teniendo. Pero una cosa estaba clara para mí: era allí donde se suponía que yo debía estar desde el principio.

Mamá y papá me dieron su bendición. Si yo no estuviera grabando *Saved by the Bell*, o si el programa terminaba pronto por cualquier razón, yo habría ido a la universidad. Pero tratar de hacer las dos cosas, y hacerlas bien, no era un plan viable. Entonces, elegí mi carrera y nunca miré hacia atrás. Y, aunque tenía muchas lecciones que aprender en la vida, estoy agradecido de decir que mi suerte nunca me abandonó.

CAPÍTULO 5

# LA VIDA DESPUÉS DE
# A. C. SLATER

Cuando tomé la decisión de convertirme seriamente en un inversionista de negocios, acababa de cumplir diecinueve años y estaba en mi último año en *Saved by the Bell*. No era el final del programa necesariamente, pues se habló de una secuela de la serie, en la que pasaríamos de estudiantes de secundaria a estudiantes universitarios. También podríamos esperar algunos encuentros divertidos y especiales que serían rodados en lugares como Hawái y Las Vegas. Estos proyectos no solo extenderían la franquicia *SBTB* y, por lo tanto, la vida de A. C. Slater, sino también, y gracias a un acuerdo de sindicación prevista, recibiríamos muchos más cheques de regalías por concepto de las retransmisiones.

¡Padrísimo! Yo no sabía que *Saved by the Bell* llegaría a ocupar un espacio poco común en el firmamento de la sindicación; que se transmitiría todos los días, y en más de 163 países de todo el mundo. Incluso mientras escribo estas líneas, todavía se sigue retransmitiendo, ¡veinte y cinco años después de que *SBTB* debutó como un programa juvenil los sábados por la mañana! Sabiendo lo que sé ahora, el tema número uno en la lista de cosas que me gustaría haber sabido en aquel entonces es que debería haber negociado un mejor contrato para estas retransmisiones. No es mentira, recibo cheques residuales que valen menos que el franqueo del sobre en los que son enviados por correo.

Sin embargo, yo no tenía ese tipo de previsión a los diecinueve años. Lo que sí tenía era una idea de los obstáculos que enfrentaría en la búsqueda de mi próximo papel viable como actor cuando terminara la serie, especialmente después de haber sido tan reconocido como Slater. Cinco años interpretando el mismo personaje puede cimentar esas imágenes en la mente del público y, más concretamente, en la mente de los productores que buscan contratar actores. Mientras eso empezaba a pesarme, pensé que sería inteligente actuar como un hombre de negocios y explorar posibles empresas de inversión más allá del mundo de la farándula. Después de cumplir dieciocho años, finalmente me habían dado acceso a todo el dinero que había ahorrado en los últimos años como actor. Lo primero que hice fue dejar mi casa de infancia en Chula Vista y trasladarme a Hollywood, donde viví en mi propio departamento como un actor autosuficiente. Después de eso, tenía sentido buscar la manera de que mis ganancias pudieran funcionar a mi favor, incluso antes de que la serie llegara a su fin, ¿verdad? Y, oh sorpresa, una de las primeras oportunidades llegó como si fuera una obviedad cuando yo tenía diecinueve años.

—Mario, si estás pensando seriamente en invertir en un negocio de verdad, tengo una posibilidad que podría interesarte… —fue lo que me sugirió el dueño de Mr. Crowns, uno de los sitios nocturnos más populares de Tijuana.

En los años noventa, todos los adolescentes y veinteañeros de San Diego lo sabíamos todo sobre Mr. Crowns y la vida nocturna loca y llena de diversión que había en Tijuana, al otro lado de la frontera. Una vez más, cruzar la frontera era completamente natural en la década anterior al 11 de septiembre de 2001, y el sitio preferido para ir de fiesta en Tijuana era la Avenida Revolución. Cada local en Revolución era una discoteca o un bar, y todos servían bebidas locas y especiales a una multitud de jóvenes estadounidenses. Algunos de estos sitios eran Rio Rita, Señor Frogs, Escape, House, y otros más. Al igual que la Calle Bourbon de

Nueva Orleans, todo el ambiente de la Avenida Revolución era impulsado por la juventud loca y el alcohol. Veías todas las etapas de la fiesta desinhibida; desde sesiones de maquillaje en público a chicas vomitando en las calles, bajándose incluso los pantalones para hacer pis en los sitios de estacionamiento.

Los chicos estadounidenses iban allá porque la edad legal para beber era de dieciocho años, y no de veintiuno, como lo era en los Estados Unidos. En realidad, muchos de nosotros empezamos a ir a la Avenida Revolución incluso antes, como a los quince o dieciséis años. Todo el mundo sabía que los porteros no aplicaban exactamente una política estricta de control de identidad. En mi opinión, dieciocho años es demasiado joven para beber de esa manera, sobre todo con la combinación de beber y conducir. Afortunadamente, nunca fui tan estúpido. Ni una sola vez en mi vida estuve al volante de un coche cuando estaba borracho, ni siquiera un poco. Nunca. Lamentablemente, hubo algunos que lo hicieron y, como resultado, el trayecto entre México y la frontera con Estados Unidos era un lugar peligroso entre las nueve de la noche y las seis de la mañana. De vez en cuando, alguien sufría un choque.

En su mayor parte, sin embargo, las veladas en la Avenida Revolución eran muy divertidas. Los bares no cerraban hasta las seis de la mañana, y la única razón por la que lo hacían era para que el personal pudiera limpiar y traer más alcohol. Muchas personas pensaban, de una forma no muy diferente a la de hoy, que podías visitar otro país y convertirte en otra persona. Los turistas dejaban sus inhibiciones, e incluso su moral, en los Estados Unidos. Las chicas eran traviesas y los chicos se descontrolaban. Imagínense cómo podrías emborracharte, bebiendo todas las cervezas que pudieras en una noche por solo cinco dólares.

Mr. Crowns, que llevaba el nombre del propietario, Tommy Corona ("crown" significa "corona"), era mi sitio habitual. El bar estaba justo en la esquina de la Calle Sexta y la Avenida Revolución, un punto completamente movido. Era un tipo de espacio interior/exterior, con dos plantas y DJs en cada una de ellas. Desde el principio, Tommy y yo sentimos una conexión y nos hicimos buenos amigos. Él practicaba el *kickboxing* y el *surf*, y, aunque era diez años mayor que yo, teníamos muchos intereses en común. Mis amigos tendían a ser mayores que yo, así que no esto era inusual.

Aunque no recuerdo cómo surgió el tema de la inversión en negocios, fui todo oídos cuando Tommy mencionó esta oportunidad que parecía hecha a la medida para mí. Al parecer, su contrato de arrendamiento en Mr. Crowns estaba a punto de expirar, y después de una disputa con los inversionistas en esa época (probablemente yo debería haber revisado más esta información), Tommy estaba planeando trasladar a Mr. Crowns a otro sitio en Revolución. Naturalmente, él estaba buscando nuevos inversionistas. Él tenía la costumbre de invitar a su padre a participar en sus negocios, pero esta vez quería hacerlo por su cuenta, lejos de su familia. ¿De qué estábamos hablando? Bueno, por una inversión de 65.000 dólares, yo podía convertirme en propietario de un diez por ciento del negocio.

En ese instante, yo no podía pensar en una sola razón por la que invertir en un bar, sobre todo en esa calle, fuera una mala idea. Obviamente, yo no sabía nada de contabilidad o de administrar un bar… pero eso no me detuvo. Le dije: "¿Por qué no?", y me metí de lleno en ese proyecto.

Esta es una advertencia de mal agüero: 65.000 dólares son muchas margaritas, mis amigos, y una muy mala idea.

Mamá, que nunca me había dado un mal consejo, tuvo una idea mucho más razonable. Me recomendó comprar mi primera casa. Siguiendo su consejo, antes de invertir en el bar, adquirí una pequeña casa en Chula Vista, que utilicé para alquilarla. La casa resultó ser una buena inversión, pero el bar no; fue una inversión terrible.

Mi plan de negocios y proceso de selección consistió simplemente en un inventario emocional de mis experiencias en la Avenida Revolución. ¿Por qué desconfiar de mis propios ojos?, ¿cómo podría perder yo si allí los bares siempre estaban llenos?

Al principio, me encantó la parte creativa de diseñar el lugar y lo agradable que era ser el propietario adolescente de un bar. ¿Y qué si yo no iba a la universidad? Yo estaba adquiriendo una experiencia del mundo real y también estaba pensando en términos económicos. Cuando pensé en la idea del diseño interior que yo quería lograr, mi papá se involucró, y a través de sus contactos en su empleo con National City —un pueblo al lado de Chula Vista—, nos ayudó a encontrar señales usadas de tráfico, como semáforos y letreros de "Prohibido caminar" con luces intermitentes. Cuando los instalamos, le dieron a la barra un aspecto auténtico y rudo de vida nocturna: un atmósfera oscura con luces estratégicas, pisos de concreto, y letreros en las paredes. Más tarde, también fui responsable de realizar "Mr. Crowns Presenta", que incluía la contratación y promoción de un concierto padrísimo en Rosarito Beach con artistas de renombre: Faith No More y Perry Farrell (exvocalista de Jane's Addiction) con su banda Porno for Pyros. Este proceso era mucho menos complicado que una cirugía cerebral; llamé al agente y programamos las presentaciones. Así de sencillo, y fue una sensación muy agradable.

Durante gran parte del tiempo que fui dueño de una parte del bar, la pasé genial. Las chicas, el alcohol, las peleas, los borrachos, y sí, el sexo. A veces parecía como el Salvaje Oeste. Hubo casos en los que todo era tan ruidoso, que sabías que una trifulca iba a estallar en cualquier momento y que era mejor permanecer al margen. Eso fue lo que sucedió en una ocasión, cuando, parafraseando a Phil Collins, "Yo podía sentirlo venir en el aire esa noche".

En aquella época, yo estaba saliendo con la actriz Jaime Pressly (de *My Name Is Earl* y *Joe Dirt*) desde hacía casi un año, aunque no era una relación seria. Nos conocimos mientras filmamos una película de ciencia ficción titulada *The Journey: Absolution*, en la que interpretábamos a dos soldados futuristas combatiendo una invasión alienígena. Al igual que una gran cantidad de romances de farándula, el nuestro comenzó porque trabajábamos bien juntos y disfrutábamos mutuamente de nuestra compañía cuando no estábamos trabajando. Jaime, una actriz ganadora del Premio Emmy y una talentosa comediante, había ido conmigo a San Diego un par de veces, alojándonos en la casa de huéspedes de mis padres, y habíamos ido juntos a Tijuana para echarle un vistazo al bar en un par de ocasiones. No había pasado nada extraordinario, aunque ella había llamado la atención de muchos hombres. Jaime tiene una de esas caras impactantes que nunca se olvidan, al mismo tiempo que el clásico aspecto de la animadora deportiva rubia y completamente estadounidense. Tenía también un cuerpo despampanante y era muy atrevida. Jaime siempre ha sido ella misma; tranquila, más que sexy, una chica dulce, y lista para la aventura. A los dos nos encantaba bailar y ella sabía cómo moverse.

Por lo que recuerdo, Jaime y yo nos dirigimos al bar para tomar unas copas y pasar el rato con algunos amigos. Pero apenas cruzamos la puerta, vi que la multitud estaba más alborotada de lo habitual. Era algo que se sentía en el aire. El bar nunca fue un sinónimo de elegancia, pero ya estaba en esa ocasión en particular ya estaba vuelto nada, lo que era inusual para una hora tan temprana de la noche. El suelo de cemento manchado estaba cubierto con pequeños charcos de cerveza barata, servilletas destrozadas, y colillas de cigarros, y ya se pueden imaginar cómo olía: a perfume barato, humo, sudor…

Nos sentamos en el bar con nuestra gente, hablamos con amigos, y pedimos algunas bebidas. Lo siguiente que supe fue que estallaron varias peleas. Mi actitud en esta etapa era mantenerme lo más calmado y prudente como fuera posible, y fomentar esa actitud en los demás. Efectivamente, esto pareció calmar los ánimos rápidamente. Sin embargo, muy pronto vi el comienzo de otro incidente, en el que estaba involucrado un amigo mío, Brady, a quien le decíamos "Grannny" (abuelita) porque su apellido era Granier. Granny, apuesto y el típico norteamericano de origen cajún, es una de las personas más agradables que conozco, y nunca se involucraría intencionalmente en un altercado. Sin embargo, parecía que había tropezado accidentalmente con un tipo de aspecto duro y derramado su bebida. Algo así de inocente. Granny, que era un caballero, se disculpó de inmediato y lo hizo de una manera muy agradable. Sin embargo, el tipo duro no estaba de humor para dejarlo ir. De repente, mientras yo miraba de cerca, magnificó todo el asunto y comenzó a empujar Granny, apretando los puños.

—Oye —dije, llamando al buscapleitos mientras me acercaba para intervenir—. Vamos a terminar esto. ¿De acuerdo? Sigamos adelante. —El tipo duro, con los ojos en llamas, no estaba dispuesto a hacerlo. Añadí con tono autoritario—: Escucha, no necesitamos nada de eso. Vamos a calmarnos.

Yo estaba tratando de ser un pacificador. Pero el tipo no me hacía caso. En cambio, se puso insolente y luego me empujó.

Lo intenté de nuevo. "Cálmate", le dije. Eso tampoco funcionó. Empezó a ponerse muy agresivo y a insultarme mientras levantaba la mano.

Fue todo lo que se necesitó para hacer estallar mi mal genio ocasional. En retrospectiva, yo podría haber llamado a la policía antes, pero en ese momento, como uno de los propietarios del bar y como luchador, reaccioné de manera instintiva y moví la rodilla con mucha fuerza. Solo un movimiento: ¡*bum!* Le di un golpe. Yo no lo había planeado; llevaba una camisa blanca abotonada y cuando le pegué, mientras le agarraba la cabeza y la llevaba hacia mi rodilla, su sangre había cubierto mi camisa. Eso fue todo lo que mis primos -que estaban en el bar- necesitaban ver: yo, cubierto de sangre. Corrieron a ayudarme. Todo se hizo más violento a partir de allí. Cuando las cosas se calmaron, todo el mundo estaba básicamente bien, excepto por el supuesto tipo duro. Recibió una golpiza y luego fue arrestado.

Guau, todavía puedo ver la cara de Jaime, sus ojos grandes y completamente abiertos ante lo que debe haber sido un mundo que nunca había presenciado. Eso siempre fue surrealista para cualquiera de mis amigos, que vivían en el ambiente civilizado de Los Ángeles, iban a Tijuana, y alcanzaban a ver lo que era estar en un lugar donde reinaba la anarquía. Pero luego de mis esfuerzos para permanecer calmado y contenido (en buena parte), y al hecho de estar conmigo, Jaime parecía sentirse segura. Cuando hablé con ella para cerciorarme, me aseguró que sabía que nada nos pasaría. En realidad, sospecho que ver aflorar ese aspecto mío pudo haberla emocionado.

Pero no había ninguna cantidad de dureza que pudiera ayudarme a recuperar mi inversión. Después de pedirle a Tommy durante varios años que me devolviera el dinero y oírle decir una y otra vez, "Este mes no fue bueno", vi lo que me esperaba. Hubo un mes en que me dio cuatro mil dólares, pero eso fue todo.

Así, redondeando, perdí sesenta mil dólares en la peor decisión financiera de mi vida. Fue una fiesta de sesenta mil dólares. Pero al final, salí de esa.

Perder 60.000 dólares es mucho dinero para cualquier persona. Afortunadamente, yo era lo suficientemente joven para recuperarme, pero mientras llegaba a mis veintitantos años en un estado mental posterior a A. C. Slater, comprendí una nueva realidad: que ser un artista del entretenimiento es un trabajo en el que un día puedes ser la sensación y al siguiente puedes estar en el programa de protección de testigos por la cantidad de personas que te recuerdan. En otras palabras, recuperarse de la adversidad nunca está garantizado.

En términos positivos, hacer un mal negocio puede evitar que hagas otro igual de malo. Para mi crédito, no dejé de ser emprendedor y no perdí mi determinación de no poner todos los huevos en una sola canasta del espectáculo. Pero cuando se trata de arrepentimientos, si pudiera volver a los años noventa, no habría pensado que todo este asunto del Internet era una moda pasajera. Imagínense si en vez de invertir esos 65.000 dólares en un bar en Tijuana, hubiera tenido la audacia de invertirlos en acciones de empresas como Microsoft, Apple y Google. Imagínense nomás.

Cuando miro hacia atrás el viaje en la montaña rusa que fue la mayor parte de mi veintena, recuerdo unas cuantas vidas vividas. Ni por un minuto cambiaría ninguna de las citas románticas que tuve la suerte de disfrutar. Cada vez que escucho algo de *Urban Hang Suite*, de Maxwell —mi tema ideal para relajarme— lo recuerdo todo de nuevo. (Y si queremos hablar de bandas sonoras de esos años, les diré que me encanta *12 Play*, de R. Kelly, y, confíen en mí, nunca se equivocarán con Sade). A pesar de que yo no estaba listo para sentar cabeza y seguir con una relación duradera, en esos años aprendí mucho más acerca de las mujeres y de disfrutar la amistad resultante de los romances.

Las mejores sensaciones de esos años fueron compartir los éxitos con la gente que yo amaba. Por ejemplo, cada vez que viajamos para hacer apariciones personales —algo que comenzó a los dieciocho años y se prolongó hasta bien entrada mi veintena— yo llevaba a un amigo o a uno de mis primos para divertirnos. Estaba acostumbrado a recibir atención, pero eso era completamente nuevo para mis cuates. Me encantaba ver lo mucho que se divertían cuando veían que las mujeres se nos echaban encima. Mis amigos y primos son apuestos y carismáticos, y les iba bien en el área de flirteo.

"¡Guau, no puedo creer esto, no *puedo* creer esto!", se regocija-ban, dándome las gracias como si yo tuviera superpoderes. No me veían como lo hacían los fans; para ellos, yo era simplemente su primo divertido o su buen amigo, y que ahora podía ayudarles de alguna manera a tener éxito con las "damas".

Compartir lo que yo tenía con mi familia siempre fue una prio-ridad para mí. Tal vez porque me crié con una fuerte ética laboral, siempre he tenido un optimismo prudente en asuntos de dinero. Es evidente que fui demasiado optimista con mi mala inversión en el bar. Pero después de cometer semejante error, mi *modus ope-randi* en mi veintena fue ser cautelosamente optimista de que po-día ahorrar dinero e invertirlo sabiamente y capear así el voluble mundo del entretenimiento. Como un asunto de supervivencia, aprendí a ser cauteloso cuando se trató de mi carrera después de *SBTB*. Para mí, todo podría acabar en un santiamén. Un gran cam-bio con respecto a cuando era más joven e impresionaba al perso-nal de casting con mi actitud calmada. Mi nuevo mantra pronto se convirtió en "Espera lo mejor, pero prepárate para lo peor". Tal vez yo me estaba endureciendo para los cambios en la industria en general, pero adopté la actitud de que si toda mi carrera terminaba de repente, mi familia y yo tuviéramos una seguridad.

No mantengo mucho dinero en el banco. Para mí, es mejor reinvertirlo sabiamente, o destinarlo para el bien de mis familiares y amigos. Aunque nunca me piden dinero, me encanta ayudarles cuando puedo, como por ejemplo, enviando a mi hermana Marissa a la Universidad Estatal de San Diego.

Obviamente, en mi veintena, yo estaba sólo empezando a tener una idea de lo que significaba esto. Nunca tuve metas financieras en mi mente. El dinero era importante para mí, claro, pero nunca he pensado en él en esos términos. Mamá tuvo la idea correcta cuando me aconsejó comprar esa primera casa cuando yo tenía dieciocho años, y que aún conservo en la actualidad. Bueno, en realidad está en proceso de ser derribada para construir tres condominios. Con la inversión en otras propiedades en la zona de Chula que hice después, he recorrido un largo camino desde la compra de esa primera casa. Y ahora que estoy viviendo en Los Ángeles, también tengo una docena de propiedades aquí.

Mis instintos de negocios han mejorado a ciencia cierta desde mi adolescencia, y no tengo que preocuparme por eso, pues mi mamá maneja todas mis propiedades. Además, la inversión en bienes raíces es bastante práctica. La gente siempre necesitará un lugar para vivir. Además, he visto a empresarios como Donald Trump y Arnold Schwarzenegger amasar sus fortunas mediante la compra de propiedades, así que he estado razonablemente seguro de que la inversión de bienes raíces es una apuesta segura. Hasta aquí, todo bien, aunque no esté de ninguna manera al nivel de "El Donald" o del ex "Governator".

Pero esta seguridad o cordura sucedió de la noche a la mañana. En términos de mi carrera, las cosas después de *SBTB* resultaron ser mucho más difíciles de lo que yo esperaba. Cuanto más tiempo pasaba sin conseguir otro papel como actor después de que la serie terminara, más me cuestioné mi decisión de no ir a la universidad. A veces era como estar en un lugar oscuro. Además de preocuparme por la manera en que iba a ganar dinero en el futuro, por primera vez en mi vida comencé a cuestionar y a dudar de mis capacidades. Las preguntas me carcomieron. ¿Solo había tenido suerte como actor infantil? ¿Era esto lo que realmente quería hacer? ¿Yo lo había "logrado" solo para ver cómo se desvanecía todo? ¿Era esto tan bueno como era posible?

La mayor parte del tiempo, yo era optimista como siempre, lleno de energía, conservaba mis fuerzas y aceptaba los pequeños papeles que me proponían. Pero hubo períodos en los que las propuestas fueron menos frecuentes, y más adecuadas para actores que estaban empezando sus carreras. Como un atleta, tuve que motivarme con palabras de ánimo, diciéndome que, por supuesto, yo era lo suficientemente único y especial en términos de talento y pasión, y que tenía algo auténtico para ofrecer. No había mucha gente como yo en la industria, por lo que yo podía ver. No eran muchos los jóvenes latinos que estuvieran siguiendo el camino que yo había elegido, sin duda alguna. Y sentí como si tuviera una cierta energía que me hacía destacar, y esperaba que fuera contagiosa para los demás; que yo podía contribuir a cualquier proyecto y elevar el nivel del trabajo en general.

Mi gracia salvadora durante estos períodos lentos fue tener a una gran familia que me amaba y apoyaba. Eso, y dejar todo aquello que no podía controlar en manos de mi poder superior. La familia y la fe siempre me han servido, en las buenas y en las malas, al igual que los eventos que parecían suceder y poner todo en perspectiva.

Uno de estos eventos sucedió en esa época, cuando nuestra familia comenzó a preocuparse por lo poco que habíamos sabido de Louie, mi primo favorito que había crecido en la calle de enfrente. Louie, apuesto y con una sonrisa completamente radiante, se había mudado a Minneapolis cuando tenía unos diecinueve años. Lo extraño era que él había ido a la universidad local por un corto tiempo y luego se había marchado de repente. Todos estábamos ocupados con nuestras propias vidas, y no creo que pensáramos mucho en su partida repentina cuando eso sucedió. Al principio, él parecía esforzarse en volver y visitar a sus familiares y amigos del barrio.

En una de sus visitas, escuché a uno de los primos decir que alguien había visto a Louie en la zona de Hillcrest de San Diego, que tenía una gran comunidad gay. Algunos familiares empezaron a decir que siempre habían notado que él era diferente. Pero eso no me importó; no era asunto mío, y yo solo quería que él fuera feliz. En realidad, él nunca me dijo que era gay, y aunque me arrepentí de no haber hecho más para hacerle saber que siempre podía contar conmigo, pensé que él me habría dicho algo si lo hubiera querido.

En una de sus visitas, Louie finalmente le dijo a su hermano que era gay, pero que era demasiado difícil salir del clóset como latino y como católico.

Aunque esta conversación terminó bien, y el hermano de Louie le expresó nuestro amor y el apoyo de la familia, Louie no le dijo esto al resto de la familia. Insistió en que no podía. Fue algo muy triste. Empezamos a verlo cada vez menos hasta que un día llegué a mi casa y escuché un sonido muy triste y extraño. Acababan de contarle a mi padre que Louie, el hijo de su hermano, había tomado una gran sobredosis de pastillas y se había dormido para siempre.

Esa fue la primera y única vez que he visto llorar a mi padre. Es un tipo muy duro y verlo llorar me rompió el corazón. La muerte de Louie puso en perspectiva toda mi supuesta preocupación acerca de mi carrera y de todo lo demás, recordándome lo frágil que es la vida realmente. Ver a mi papá sollozando desconsoladamente me hizo llorar, y prometí encontrar una manera de honrar la memoria de Louie si alguna vez tenía la oportunidad de hacerlo. La verdad es que nunca pensé en ello de esa manera hasta ahora, pero tengo que creer que la oportunidad llegó antes de lo que yo podría haber imaginado.

—¿Greg Louganis?—le pregunté a mi agente cuando recibí el guion de una película que estaba en busca de un protagonista.

—Échale un vistazo y dime qué te parece —sugirió mi agente, sin venderme el proyecto de una manera u otra.

Es cierto que yo no podría ser la opción más obvia para interpretar a Greg Louganis, medallista de oro olímpico e ícono gay, pero desde el momento en que leí el guion, sentí que era el papel que había estado esperando. Definitivamente, podría ayudarme a mudar la piel de mi personaje A. C. Slater y ofrecerle nuevas posibilidades a mi carrera. Es más, yo había sido un gran fan de Greg Louganis desde el día que lo vi competir en los Juegos Olímpicos de 1984. Él también era de San Diego, lo cual aumentaba nuestra conexión en mi opinión. Y poco tiempo después, me sentí muy emocionado cuando me ofrecieron este papel. Desde el punto de vista la actuación, a los veintitrés años, yo quería y necesitaba el desafío y la oportunidad de ser visto bajo una nueva luz, como un adulto serio, ya no como un actor juvenil, y menos como Slater. Esta era mi oportunidad de probarme a mí mismo y de llevar la historia oculta de Greg Louganis a un público aún más amplio en todo el mundo.

La película estaba basada en las exitosas memorias de Greg, *Breaking the Surface*, y había una gran presión para hacerle justicia al libro y contar exactamente todo lo que ocurrió en su carrera, sobre todo en los Juegos Olímpicos. Además, como yo interpretaría a un personaje vivo, eso significaba que él y sus amigos estarían observando de cerca para ver si yo había captado su esencia como un hombre joven y un campeón.

¡Greg, el juez más crítico, estaba en el set con nosotros para calificar mi actuación! Dudo que hubiera podido sentirme más intimidado. Para mi gran alivio y gratitud, Greg me apoyó mucho y fue un tipo increíble de principio a fin. Y se sintió satisfecho con mi interpretación, que era lo que más me importaba.

El papel incluía muchas actividades física, lo cual me encantó, pero exigía un curso intensivo de clavados de altura. Nunca he tenido miedo a las alturas y siempre me ha gustado la natación, pero los clavados eran otra cosa. Yo tenía que desarrollar habilidades en los clavados y en lo que se conoce como "la conciencia del aire" si quería ser bueno en este papel y convencer a los espectadores por más dos horas de que yo era un clavadista olímpico. ¿Saben una cosa? De todas las actividades que mi mamá incluyó en mi lista de infancia, los clavados no eran una de ellas. De hecho, nunca antes había practicado clavados y tuve que aprender a hacerlo razonablemente bien para el primer día de la filmación. Es decir, casi de inmediato. Pero, bueno, así son los gajes del oficio. Los directores normalmente no te dan un año para aprender una habilidad cuando eres el protagonista de una película; te dan tal vez unos pocos meses y luego gritan, "¡Acción!".

¿Cómo pude hacerlo tan rápido? Para utilizar un juego de palabras, me clavé literalmente en eso. Fui a la alberca más cercana que tuviera una regulación para clavados —diez metros o treinta pies— y empecé a intentar los diversos saltos y zambullidas que había visto hacer a aficionados y profesionales por igual. En uno de mis primeros entrenamientos, salté del trampolín y me sentí tan desorientado que caí sobre mi espalda, *paf*, y el viento me zarandeó. La sensación de golpear el agua con esa fuerza, desde esa altura y a esa velocidad, fue como si hubiera caído al suelo. Después de eso, fui lo suficientemente humilde y temeroso para no tratar de envalentonarme y hacerlo por mi cuenta. De hecho, tuve la oportunidad de entrenar con el equipo de clavados USC y Louganis me ayudó un poco, para que me sintiera cómodo en mi papel.

La película también me sacó de mi zona de confort. Además de los clavados, el guion exigía que yo besara a otro actor. Para un hombre heterosexual, besar a otro tipo, incluso si eres un actor y estás interpretando un papel, es incómodo en el mejor de los casos. Pero si eso estaba en la descripción del trabajo, yo no iba a quejarme. Sin embargo, pensé que antes de ir al set y comenzar a filmar, podría ser una buena idea decirle a mi papá lo que vería cuando la película saliera al aire.

—Papá—comencé a decir cuando me senté con él durante una

visita de fin de semana a casa—, esta película, ya sabes, además de los clavados, es también la historia personal de Greg, ¿verdad?

Él no había leído el guion, así que se encogió de hombros y esperó a que yo continuara.

Dudé, buscando las palabras adecuadas. Mi papá siempre fue solidario y realmente nunca tuvo sentimientos homófobos. Pero sigo siendo su hijo y, como él es un macho de la vieja escuela, yo no quería que después se asustara y pensara que le había ocultado esto deliberadamente. Era importante hacerle saber que yo no tenía ningún problema con eso, porque estaba en consonancia con la persona de la vida real a quien yo iba a representar y, como actor, yo tenía que ser fiel a eso, sin importar lo incómodo que me sintiera. Al tratar de ser sensible, esperaba también que si yo preparaba a papá, él le diría esto a mi familia y amigos. Después de todo, era una época con una mentalidad menos abierta que hoy. El público era más crítico y no había foros públicos respaldando el matrimonio gay o programas en la televisión como *Glee*, que retrataban abiertamente las relaciones gay. De hecho, esta película estaba tomando riesgos con un tema rara vez abordado en cuestiones relacionadas no solo con la sexualidad, sino también acerca del acoso y la disfunción familiar.

—Entonces —expliqué—, puede haber un par de sorpresas, ya sabes…

Parecía confundido, y le dije que había una escena entre el actor que interpreta al novio de Greg y yo.

—Bueno, ¿y qué demonios vas a hacer? —bramó mi papá.

—Realmente no lo sé.

—Bien —dijo, pensando en ello—. Eso sí, no te enamores del tipo! —Luego se echó a reír. Y eso fue todo.

En ese momento, yo no sabía muy bien todo lo que el director quería filmar o cómo lo haría. Papá estaba tranquilo con lo que yo tuviera que hacer para interpretar el papel, al igual que mi madre y el resto de mi familia.

Así, habiendo discutido esto, llega por fin el día de rodar la escena en la que debo besar al actor que interpreta a la pareja de Greg Tom. Yo entendía que, supuestamente, esta sería una escena amorosa, y estaba dispuesto a dejar que el director nos dijera cuál era su visión y simplemente empezar a filmar frente a la cámara. Algo así como un clavado desde un trampolín. Solo que en vez de hacerlo en el plató, el actor que interpretaba a Tom quería ensayar antes de tiempo.

—¿Ensayar? —pregunté con inquietud. Pero luego de reflexionar, pensé que así podríamos terminar con eso de una vez por todas. Si ensayábamos, tendríamos un aspecto profesional y nos veríamos más relajados—. Sí —estuve de acuerdo—, tienes razón. Ensayemos.

Y entonces nos besamos. Lo mejor que puedo decir es que fue raro. Lo peor, según recuerdo, fue cuando creí sentir su lengua. ¡Guácala! Después del ensayo, mantuve la esperanza de no tener que hacerlo frente a la cámara. Pero así eran las cosas: era parte de la descripción del trabajo.

Llegamos al plató el día siguiente y ¡sorpresa!, el director corta la escena. Hablando acerca de un momento agridulce. Por un lado, me sentí aliviado de no tener que besar a un hombre frente a la cámara, y por otro, me di cuenta de que había besado a mi compañero de reparto sin ninguna razón en absoluto. Me sentí como Lucy en la caricatura de Charlie Brown cuando Snoopy le lame la cara y la leyenda dice: "¡Qué asco!".

Besar a un tipo sin ningún motivo me causó mucha risa. El otro actor podría haber estado un poco decepcionado. Me dijo que yo besaba bien.

Aparte de ese giro en la trama de la vida real, *Breaking the*

*Surface* fue una bendición en ese momento de mi vida y de mi carrera. Sin duda alguna, me ayudó a abrir las puertas a otras oportunidades que de otro modo habrían permanecido cerradas. Tal vez no tantas como a todo actor le gustaría, pero así es el mundo del espectáculo, donde tienes que luchar para no ser encasillado en un solo "tipo" en Hollywood. Igual de importante fue que la manera de abordar el papel me permitió crecer, abrir mi mente a nuevas posibilidades como intérprete, y dejar atrás la actitud mental de A. C. Slater.

Uno de mis momentos más orgullosos se produjo en 1998, cuando fui nominado a un premio ALMA por *Breaking the Surface*. No me decepcioné mucho tras no ganar, pero me hubiera gustado alzar el trofeo y decirle a mi primo Louie, *"Primo,* este es para ti"*, o haberle hecho algún tipo de reconocimiento. Pero me sentí realmente honrado de estar allá. Estos premios, patrocinados por el Consejo Nacional de La Raza, siempre fueron un recordatorio de la necesidad de una mayor representación de personas y artistas latinos en la industria del entretenimiento. Por supuesto, como un chico mexicano que creció en el barrio, eso había sido importante para mí durante mucho tiempo. Pero en esa ocasión, cuando tuve la oportunidad de codearme con los otros nominados en las diferentes categorías, me di cuenta por primera vez de que había llegado el momento de dar un paso adelante y hacer más para aumentar las oportunidades para todos los miembros de nuestra diversa comunidad hispana. En ese momento, yo no sabía muy bien qué hacer para liderar una causa como esa. De lo que sí estaba seguro era que esforzarme para triunfar sería útil, independientemente de la manera como se presentara el éxito.

¿Qué podía detenerme? Bueno, francamente, yo. Sí; seguía siendo el mismo chico lleno de energía al que mi mamá trataba de mantener alejado de problemas, por lo que ella me hizo tomar clases de baile, lucha libre y karate. Claramente, algo que requería un intenso nivel de disciplina y de entrenamiento, algo nuevo que yo pudiera aprender a dominar, era exactamente lo que yo necesitaba para lograr concentración y equilibrio.

Ya conocen el refrán: "El que busca encuentra". También se dice que cuando el alumno está listo, el maestro aparece.

Ambos fueron ciertos para mí.

E l letrero en la puerta decía: "Club de Boxeo Wild Card", que era propiedad de Freddie Roach, uno de los entrenadores más famosos de todos los tiempos. El gimnasio se encuentra en medio de un sector de mala muerte en Hollywood, encima de una lavandería china y al lado de un lugar de encuentro de Alcohólicos Anónimos muy concurrido.

A mediados de 2001, me faltaba poco para cumplir treinta años, y llevaba casi una década viviendo en Hollywood, por lo que debo haber pasado varias veces Wild por el Club de Boxeo Wild Card. Ese verano, yo había empezado a trabajar en el desarrollo de un programa de televisión que estaba proyectado a semejanza de *Oprah*, pero para hombres, y pasaba mucho tiempo en los estudios Sunset-Gower, que estaba en esa parte de la ciudad.

El gimnasio no tenía nada que fuera glamoroso. Ningún plan de renovación urbana se había ejecutado todavía con el fin de mejorar el barrio para los turistas o residentes locales. Ya se pueden imaginar: basura por todas partes, gatos callejeros, y personas sin hogar caminando de un lado para otro. Era simplemente el barrio, el tipo de lugar donde encuentras la mayoría de los gimnasios de boxeo. Pero desde hacía un tiempo, algo en el cartel de la puerta y en la reputación del gimnasio me había llevado a querer echarle un vistazo. Finalmente, después de una reunión nocturna en el estudio, dejé de sacar excusas y me acerqué, cruzando el letrero de la puerta y entrando a otro mundo.

¡Boxear! ¿Por qué no había pensado en eso antes? Desde la escuela secundaria, cuando luché competitivamente por última vez, había necesitado una actividad física para liberar la agresividad reprimida. Boxear estaba en completa sintonía con mi afición por los deportes agresivos de combate, y concretamente, de competencia uno a uno. La lucha y el boxeo son similares en muchos aspectos, ya que tienen una esencia simple, primitiva y pura en su raíz. Un hombre contra otro. Un combate uno a uno. No hay miembros de equipo y nadie a quién acudir. Si pierdes una pelea, es culpa tuya. Cuando ganas la pelea, obtienes toda la gloria. Aunque hay combates de boxeo en los que creo que los jueces deben estar ciegos, en general, el mejor contrincante es el que gana la batalla.

Como aficionado al boxeo profesional desde que era un niño, me crié con los aficionados a este deporte. Mi abuelo materno, Tata Trasviña, había boxeado en su juventud en México, por lo que este deporte estaba en mi sangre. Además, yo conocía las similitudes entre la lucha libre y el boxeo. Tras observar a los boxeadores con los años, me di cuenta de que un boxeador necesitaba conocerse a sí mismo. El entrenamiento y el *sparring* te dan la oportunidad de llegar a conocerte a ti mismo y de evaluar tu naturaleza mientras subes al cuadrilátero. Aprendes a ir más allá de tus propios límites y a verte a ti mismo en las circunstancias más extremas, como por ejemplo, en una pelea. Ya se trate de la lucha libre o del boxeo, definitivamente es una pelea. Están las habilidades, la técnica, los fundamentos y las reglas, pero de todos modos es una pelea. En un combate —como en la lucha libre y el boxeo—, tenemos la oportunidad de dar rienda suelta a esa parte de nuestra naturaleza humana en la que un hombre tiene un deseo primitivo de vencer a otro; es decir, de pelear.

Toda esta intensidad era visible cuando fui por primera vez al gimnasio. El ambiente era áspero y duro, con la misma apariencia genial de un gimnasio de boxeo que veías en las películas de *Rocky*.

Pero la diferencia aquí era a) esto era un asunto real, y b) yo podía mirar alrededor y ver campeones del mundo entrenar junto a exconvictos, quienes entrenaban junto a hombres de negocios. Todos eran muy compatibles entre sí y la energía era eléctrica.

Cuando vi a Freddie, que había entrenado a tantos boxeadores, desde Mike Tyson a Oscar De La Hoya, estaba observando en silencio a un joven boxeador que golpeaba uno de los grandes costales. El inimitable Freddie Roach, criado en el área de Boston, tenía unos cuarenta años en esa época, y con su pelo rubio, un poco canoso y corto, y un par de lentes sin gracia, parecía casi un profesor universitario despistado. Tal vez por eso, uno de sus apodos era "El chico corista". Pero las apariencias engañan. Otro apodo suyo era "La Cucaracha", porque era indestructible. Freddy había sido entrenado por el legendario Eddie Futch —quien dirigió a boxeadores como Joe Frazier y Ken Norton— y Freddy había aprendido la estrategia de Futch en el cuadrilátero. Lo que se decía acerca de Freddy es que él entrenaba a los boxeadores para que utilizaran su estrategia mental en el ring, una actitud mental más tranquila pero letal para desarmar a sus oponentes. Freddy solía decir que él no podía cambiar a un luchador, pero que podía tomar lo que tenían naturalmente, y trabajar para mejorarlo.

No hubo ninguna vacilación por mi parte. Crucé el gimnasio, saludé a Freddie y le pregunté:

—Oye, ¿puedo pasar y empezar a entrenar?

Freddie Roach se encogió de hombros y dijo:

—Sí. Entra nomás.

El gimnasio costaba cinco dólares al día o cincuenta dólares al mes. Al comienzo, simplemente me gustaba ir al gimnasio, golpear el costal, y entrenar como un boxeador. Nunca había boxeado o tenido ningún tipo de entrenamiento de boxeo. Pero yo sabía que tenía un buen equilibrio gracias a la lucha libre y, probablemente, a la danza. También creía saber cómo relajarme en el ring, algo difícil de hacer cuando el tipo que tienes enfrente está tratando de noquearte. Boxear fue algo que se me dio de una forma natural, o que simplemente me adapté a él. Se podría decir que me encantó de inmediato, como si fuera amor al primer golpe.

Todo me gustaba: la camaradería en el gimnasio, los personajes pintorescos, y sobre todo, el *sparring*. Esto no es ninguna sorpresa. El *sparring* al nivel de entrenamiento es cuando subes al ring y peleas sin tener que hacerlo durante varios asaltos. Sin embargo, boxeas contra un ser humano vivo, y no contra un costal inanimado que no puede devolver el golpe. Ah, pero eso era solo un calentamiento para mí. Me aficioné. Teniendo en cuenta lo bien que me había ido en el *sparring*, pensé: ¿por qué no ir un paso más allá y arrojarme al peligro?

Con el tiempo, esto me llevó a la decisión de participar en algunos combates aficionados. Freddy Roach organizaba unas peleas arbitradas de tres asaltos. Te enfrentaba, de acuerdo con tu capacidad y tu peso, contra otro rival que entrenaba en el gimnasio. Entras allí y peleas tres asaltos de tres minutos de duración llenos de furia. En estos combates, los boxeadores usan cascos protectores para prevenir cortes en la cara. Sin embargo, te pueden noquear con mucha facilidad. Puedes terminar con una conmoción cerebral. Te pueden dar una verdadera paliza.

Yo había seguido los tres pasos básicos, sin apresurarme demasiado en el proceso: 1). Comencé a entrenar. 2). No pasó mucho tiempo antes de que quisiera hacer *sparring*. 3). Empecé a probar mis habilidades participando en estos combates. Independientemente de cuánto entrenas, de lo duro que creas ser, o de lo preparado que te sientas para subir al ring, nada te prepara realmente para la hora de la verdad, cuando levantas la cuerda y subes por primera vez.

En un estado casi extracorporal, sentí mis palmas sudar bajo los guantes y vendas de protección. Sentía como si el corazón fuera a salir de mi pecho, y el aire se precipitaba frenéticamente dentro y fuera de mi nariz, en un patrón de respiración completamente anormal. Yo iba a hacer esto. Realmente iba a pelear con alguien.

La campana sonó, nos encontramos en el centro del cuadrilátero y entrechocamos los guantes. Comenzamos, como muchos combatientes, bailando alrededor, lanzando golpes y fintas para ver el estilo del rival. Entonces, *pum*, le di un derechazo y él me conectó un golpe en las costillas. Mi adrenalina se disparó, bombeando a toda máquina, y lo ataqué con todo lo que tenía. Al mismo tiempo, me atacó con fuerza, golpeándome en el lado derecho e izquierdo de mi cabeza. Mareado, esquivé sus golpes y seguí atacándolo. En mi cerebro, el objetivo era demostrarme a mí mismo y a mi contrincante que seguía concentrado y dispuesto a verme mal antes de poder mejorar. Gané esa pelea, pero sentí una gran humildad. Me sentí aún más a gusto y con un vínculo más fuerte con mi nueva pasión: el boxeo.

Buscando un cierto grado de moderación, traté de no exagerar, pero en los años siguientes combatí en un total de seis *smokers* y me mantuve invicto. Una vez, recibí el premio al "combatiente de la noche" por una de mis peleas más dramáticas. Mi récord incluye noquear a cuatro de mis seis rivales. Una vez, sin embargo, fui yo el que resultó noqueado. Hasta ese momento, nunca me habían enviado a la lona. Pero esto nunca ha vuelto a suceder desde aquel entonces. En una ocasión, llegó un rival de último minuto. Era muy recio —un luchador de la MMA— y el tipo que me pondría en mi lugar. No sólo era un luchador de la MMA, sino que también era zurdo. Por si fuera poco, estaba el hecho de que también era un hombre grande y pesaba unas quince libras más que yo.

Mi oponente original canceló la pelea, y Freddie me dijo:

—Mira, este hombre es un tipo duro, un verdadero boxeador, ya sabes, un luchador de verdad; ¿Estás seguro de que quieres hacer esto? Él sabe pelear. ¿Quieres enfrentarte a él?

Yo ya había calentado y tenía muchas ganas de boxear, así que vi a ese tipo grande y en forma al otro lado del ring, y me pregunté si podría con él. Pero yo había entrenado muy duro y no podía acobardarme.

—Sí, vamos; lo haré —le dije a Freddie. Él me lanzó una mirada, entrecerrando los ojos detrás de los anteojos, como si yo no estuviera muy convencido—. Sí, hombre —insistí—. Quiero pelear, quiero esforzarme.

Subimos al cuadrilátero, calentamos, y no pasó mucho tiempo antes de que mi rival me sorprendiera con un fuerte golpe en la cabeza. Yo le había asestado un golpe en el cuerpo en el primer asalto, pero él me acertó un potente gancho de izquierda en el segundo. Él era zurdo, y yo no estaba acostumbrado a ese tipo de boxeadores. Y cuando él me sorprendió con ese gancho izquierdo, caí a la lona. Ni siquiera me acuerdo. De alguna manera, me levanté de nuevo y me sacudí. Puedo asimilar bien los golpes porque estoy en buena forma. Pero él era fuerte. Cuando sonó la campana, no me sentía bien de todo y me echaron un poco de agua en la cabeza, lo suficiente para despertarme y recobrar la compostura. Después de recibir aquel gancho explosivo en la cabeza, tuve un poco más de precaución en el tercer round. Cuando faltaba aproximadamente un minuto para terminar, sentí que mi rival estaba cansado, y supe que si quería ganar, tenía que presionarlo más. Esa es la estrategia mental: detectar los puntos débiles de tu contrincante y explotarlos. En un instante, vi un espacio abierto y lancé el golpe más duro que pude. Lo envié a la lona. Fue la Pelea de la Noche. ¿Cómo no habría de estar enganchado en el boxeo para siempre?

Cuando peleo en este tipo de combates, siempre me enfrento a los mejores esfuerzos de mis rivales. Tal vez ellos no puedan decirlo o probarlo, pero lo último que alguien quiere hacer es que un chico bonito de Hollywood le dé una paliza. Pero si le preguntas a Freddie Roach, les dirá que me he ganado el respeto de todos en el gimnasio. A pesar de que probablemente he tenido más nocauts a mi cuenta que cualquier persona que haya combatido en este tipo de peleas, es sabido que los nuevos oponentes que piensan combatir contra mí dicen: "Ah, ese chico lindo con sus pequeños hoyuelos no sabe pelear; no es más que espectáculo". O suponen que aunque pueda pelear y tener ciertas habilidades, no soy lo suficientemente duro. Por lo tanto, ellos me ponen a prueba.

El boxeo es un ecualizador a la hora de la tenacidad. Los tipos que son realmente duros no tienen que tratar de probar nada. Los tipos que piensan que son recios y tratan de demostrar que no lo soy, bueno, eso me estimula en el ring y ellos terminan un poco lastimados. El Club de Boxeo Wild Card me dio un espacio para cambiar muchas falsas percepciones que la gente tenía sobre mí. Al conseguir el respeto de los boxeadores que entrenan allí, tuve la oportunidad de no convertirme en un prototipo de Hollywood, sino en uno de los tipos del gimnasio.

Todo el tiempo me preguntan: "Oye, ¿por qué lo haces? Te ganas la vida con tu cara. Te estás arriesgando y poniendo tu carrera en peligro, y hay muchas personas que dependen de ti". Incluso mis amigos me advierten, "Lopez, tú y los tuyos sentirá un dolor inmenso si sufres una lesión grave en la cabeza o si te parten la nariz".

Otros quieren saber por qué no practico un deporte más suave. El baloncesto, el golf, y así sucesivamente. Son muy agradables y divertidos; algunas ligas de deportes de entretenimiento son festivas y tienen un ambiente de colaboración. Pero no son ni de lejos tan estimulantes como pelear. Antes de cumplir treinta años, aprendí esta verdad acerca de mí: quiero pelear, tengo que pelear, y necesito pelear.

Es la manera como estoy programado; podría tratarse del desvalido que hay en mí, de ese combatiente que es parte de mí. Cuando sea viejo y mi cuerpo se debilite, tal vez jugaré golf, y no quiero irrespetar a ninguna persona que le guste ese deporte tanto como a mí me encanta estar en el ring. Por ahora, aún tengo demasiada energía y necesito el desafío. Tal vez si el golf fuera un deporte de contacto y tuvieras que luchar entre sí con los palos. El tenis tampoco es para mí, una vez más, sin ánimo de ofender a los amantes del tenis. Créanme, no soy tan bueno en el tenis. No crecí en Beverly Hills; no soy un chico de *country club*. El tenis podría ser demasiado educado para mí.

El boxeo me mantiene joven, fuerte, refrescado y enfocado. Ahora que pienso en ello, boxearé por el resto de mi vida, si puedo. De hecho, he practicado *sparring* con tipos sesentones, así que creo tener esperanzas. Permítanme añadir que se necesita un cierto tipo de individuo para entrar a un ring de boxeo. Tal vez tengas que estar un poco loco, pero yo lo estoy en alguna medida, así que cumplo ese requisito. Además, para mí, y desde un punto de vista práctico, el boxeo se puede practicar en cualquier lugar, lo que es parte de mi rutina diaria. Si quiero entrenar o hacer ejercicio mientras estoy de viaje, es bastante fácil encontrar un gimnasio de boxeo o al menos una instalación que tenga un costal de boxeo. Es más fácil llevar guantes, pantalones cortos, un abrigo, y zapatillas de boxeo y que un juego de palos de golf.

No hace mucho tiempo, tuve la oportunidad de empezar a transmitir peleas de boxeo para HBO. Mis presentaciones como locutor de boxeo no han opacado mi carrera, pero es divertido y tengo la oportunidad de ver pelear a mis héroes desde un punto de vista de que es mejor incluso que los asientos de primera fila. Estoy literalmente en el ring. Tengo la oportunidad de transmitir peleas y dar mi opinión honesta sobre lo que sucede en el cuadrilátero. He transmitido peleas para Top Rank, Golden Boy, HBO Boxing, y Showtime Boxing. He llegado a conocer bien el mundo del boxeo, así, como a todos los promotores y personas que participan en este deporte. El boxeo es parte de mi carrera multifacética como presentador que solo empecé a concebir a mediados de 2001, cuando todo esto comenzó. El boxeo también alimentó mi mantra, que ustedes puedes haberme oído repetir en todas partes: "Me ejercito más por cordura que por vanidad". Sí, tan loco como pueda sonar esto, el boxeo me mantiene cuerdo. Es una liberación de toda la tensión acumulada que la mayoría de nosotros tenemos en nuestros trabajos, dramas diarios y problemas cotidianos. No puedes golpear a una persona en la cara porque se te atraviesa en el tráfico, a un representante de servicio al cliente porque sea incompetente, o a un agente de tránsito que acaba de imponerte una cuantiosa multa, pero puedes golpear a un compañero de entrenamiento o a un costal de boxeo.

Baste decir que la vida siguió después de A. C. Slater, y traté de disfrutar de los altibajos de todo aquello que tuve la suerte de experimentar y aprender. Sin embargo, comenzaron a surgir nuevas preguntas acerca de lo que el futuro me iba a deparar. Al mismo tiempo, yo podía sentir grandes cambios. Pero, cómo ocurrirían y adónde me llevarían, era algo que yo no sabía. Todo lo que podía hacer era seguir concentrado y tener cuidado con esos fuertes ganchos de izquierda.

CAPÍTULO 6

# PUNTOS DE QUIEBRE

Comenzó como una especie de flirteo a finales de 1990, y luego se convirtió en una aventura amorosa que se profundizó en una relación sólida en los cuatro o cinco años siguientes. En un momento dado, me di cuenta de que encajábamos bien. Sin embargo, a medida que surgían otros intereses y oportunidades, siempre me resistí a ese compromiso exclusivo que quería realmente, pero que por alguna razón no podía hacer.

Esperen. No creen que esté hablando de mi vida amorosa, ¿verdad? No, no en absoluto, a pesar de que podría haberlo hecho. Estoy hablando de la pasión inesperada que descubrí a finales de mi veintena por... ¡ser presentador! Así es, mi camino para convertirme en un presentador en el mundo amplio y maravilloso del entretenimiento se parecía mucho al principio a las citas románticas. De hecho, al comienzo de mi carrera, cuando yo tenía dieciocho años y estaba en *Saved by the Bell*, había comenzado a trabajar como presentador fuera de la temporada, y me divertí al hacerlo.

La primera sugerencia me la hizo un ejecutivo de la NBC, de la cadena de *SBTB*. La difunta Linda Mancuso (que descanse en paz, después de perder su batalla con el cáncer hace pocos años) me dio esa primera oportunidad y le estaré eternamente agradecido por ello. Cuando me llamó para reunirnos, Linda fue elogiosa y me dijo: "Me encanta tu personalidad, Mario, y creo que serías un magnífico presentador para un proyecto en el que estamos trabajando".

El proyecto era un *reality* basado en la idea de hacer que los sueños de los niños se hicieran realidad. El espectáculo se llamaría *Name Your Adventure* y se transmitiría el sábado por la mañana al igual que nuestra serie. Cuando ella me preguntó si estaría interesado en ser el presentador, me sentí lo bastante intrigado como para aceptar el trabajo. Por supuesto, mi enfoque en general era en mi carrera como actor. Pero esta era la oportunidad de interpretarme a mí mismo —y no a A. C. Slater— y explorar otra faceta paralela a la actuación que parecía hecha a mi medida.

*Name Your Adventure* estaba programado para ser educativo y entretenido al mismo tiempo, algo que llama "edu-entretenimiento". El reto consistía en encontrar nuevas formas de introducir casualmente los elementos educativos. En consecuencia, aprendí a investigar por mi cuenta para abordar todos esos hechos divertidos, una habilidad que me serviría mucho en los tiempos venideros. Nuestro formato incluía aparecer en la casa del adolescente que hubiera tenido suerte en ese episodio y, junto con nuestros guías y expertos profesionales, proporcionar las herramientas para que ese chico emprendiera la aventura de sus sueños. Subimos montañas, nadamos con tiburones, y arreamos ganado en Montana. Probablemente lo más destacado que hicimos en las tres temporadas fue cumplir el sueño de un adolescente para entrevistar a Bill Clinton, el presidente de los Estados Unidos. Además, los diferentes deportes de acción eran lo mío, y tuve la oportunidad de practicarlos al lado de nuestros atletas invitados. Fue muy posiblemente mi trabajo favorito.

*Name Your Adventure* fue la primera experiencia que me hizo pensar en ser presentador, que no es actuar propiamente, y que podía abrirme otras puertas como artista. Tuve otros pequeños trabajos como presentador a partir de ahí, relacionados con la franquicia de *Saved by the Bell*, y descubrí que ser presentador estaba en armonía con esa parte de mí que prefería seguir siendo humilde. ¿Qué otro trabajo te permite sentirte deslumbrado a propósito? Por ejemplo, a mediados de los años noventa, NBC me contrató para eventos especiales relacionados con el partido de las Estrellas del baloncesto de la NBA en Phoenix, Arizona, una larga cumbre de fin de semana con deportistas de primer nivel y celebridades que participaron en las fiestas y funciones de caridad, tanto en el concurso de clavadas como en el partido en sí. Durante ese fin de semana, me sentí asombrado de pasar el tiempo con Will Smith. Era Will Smith, famoso por su participación en *Fresh Prince of Bel-Air*, de la NBC. Tal vez hayan oído hablar de él.

Will fue muy agradable y lleno de gracia. Por supuesto, su carrera estelar solo continuaría en ascenso a partir de ese momento, pero yo ya era una gran fan de él. De hecho, yo lo había seguido desde sus días de hip-hop como el segundo integrante de DJ Jazzy Jeff & The Fresh Prince, y me encantaban dos de sus canciones de rap, "Parents Just Don't Understand" y "Summertime". Will estaba con su grupo de amigos de Filadelfia, pero no fue "excluyente" en modo alguno, como pueden serlo ciertas celebridades cuando están con sus séquitos. Después de ese fin de semana, cada vez que Will y yo nos encontramos, su rostro se ilumina, al igual que el mío.

Después de presentar eventos como el del fin de semana de las Estrellas de la NBA, comencé a pensar que me veía haciendo más cosas como esta. Hubo momentos durante otros trabajos más pequeños como presentador cuando miraba alrededor mío y tenía que pellizcarme. Les decía a los amigos que estaban conmigo: "Dios mío, ¿pueden creer que me paguen por hacer esto?".

Mi amigo Juancho vino conmigo al fin de semana de las Estrellas de la NBA de 1994 en Minneapolis, y mientras yo estaba trabajando, recibí la noticia de que me habían invitado a una fiesta en la casa de Prince.

Si nunca han oído hablar de las fiestas legendarias de Prince, permítanme decir que la invitación era exclusiva, es decir, solo para mí. Nadie cruza la puerta sin tener que esperar en la fila y antes de ser registrado a fondo.

—No te preocupes, Juancho —le prometí a mi amigo—. Estás conmigo. Los dos entraremos.

Solo mirando a la gente que esperaba en línea era una especie de Quién es Quién de nombres famosos de los años noventa. Increíble. Hicieron a Magic Johnson esperar en la fila. Cuando todos entramos finalmente, fue como estar en un sueño, en una gran discoteca. Había atletas y bellas modelos, personajes de las noticias, y, por supuesto, estrellas de la música, el cine y la televisión.

—¿Qué te parece, Juancho? —le pregunté, pero él estaba literalmente estupefacto como para responder.

—Ya sabes —dije en voz baja—, no puedo creer que estemos en la casa de Prince. ¿Qué demonios estamos haciendo en su casa con todas estas personas famosas? ¿Es esto increíble o qué?

—Increíble —dijo él finalmente.

¡Por cierto; Prince hace fiestas como si estuviéramos en 1999! Fue alucinante. La fiesta seguía en su apogeo y Prince decidió hacer un concierto a las dos de la mañana. Había un ambiente extraordinariamente íntimo, y lo vimos cantar durante tres horas completas. Piensen solamente en salir de fiesta con todos sus nuevos amigos y escuchar todas las canciones favoritas de Prince, básicamente en la sala de su casa. Y ver salir el sol cuando llegas a tu casa. Fue algo increíble.

La mejor manera de tener una idea del surrealismo de esa noche es ver la hilarante figura de Prince en interpretada por Dave Chappelle para su show. En él, Prince le sirve uvas a Charlie Murphy (hermano de Eddie Murphy) y luego lo reta a un duelo de baloncesto que ellos llaman Los Blusas contra los Pieles. Juancho y yo nos reímos mucho varios años después, cuando lo vimos en *Chappelle's Show*. Pueden verlo en YouTube para tener una idea de lo que era una fiesta con Prince, y les prometo que se reirán a carcajadas.

Como es lógico, me encantó ser presentador después de todas estas experiencias. Pero una vez terminé con *Saved by the Bell* y cumplí veinte años, mientras buscaba papeles sólidos de actuación en proyectos como *Breaking the Surface,* no podía ver todavía que estuviera labrándome una carrera significativa como presentador. Esto fue, hasta que me encontré con una serie de puntos de quiebre que poco a poco me hicieron pensar dos veces.

—¿Cuánto mides? —me preguntó mi agente por teléfono un día en 1999.

Era una pregunta extraña. Yo tenía veintiséis años, así que desde hacía un buen tiempo tenía la misma estatura, y estaba bastante seguro de que mi agente sabía la respuesta:

—Cinco pies con once pulgadas.

¿Por qué me había hecho esta pregunta tan extraña? Había un papel en una nueva serie de televisión de Chuck Norris, *Sons of Thunder*, que se suponía que iba a ser un subproducto de *Walker, Texas Ranger* y era perfecto para mí. Los productores tenían que preguntarme mi estatura, pues yo haría una prueba contra Chuck Norris.

—Di que eres más bajito —me aconsejaron.

¿Por qué? Bueno, tal parece que a Norris no le gustaba que nadie fuera más alto que él.

Los productores me aconsejaron: usa zapatos planos para que parezcas aún más bajito.

Me fue muy bien en la prueba y pensé que había conseguido el papel de un duro policía de Dallas. Pero resultó que mi estatura seguía siendo alta. Así que no conseguí el papel. Parece que Chuck Norris puede ser un tipo duro, siempre y cuando sea más alto que tú.

Aun así, yo solo quería trabajar. No podía darme el lujo de trazar un plan y decir: "Quiero trabajar con Steven Spielberg, Francis Ford Coppola, o solo con los directores de mayor renombre". Mi único objetivo era trabajar constantemente. Teniendo en cuenta la ética laboral que me inculcaron durante toda la infancia —básicamente, la mentalidad de un rebuscador— yo no iba a despreciar ninguna oportunidad que se me presentara. Pero incluso si mis prioridades se venían abajo en algunas ocasiones, yo quería ser bueno en lo que lo hacía, por lo que era importante trabajar en proyectos que me desafiaran y me llevaran a un nivel superior.

El problema no era encontrar *cualquier* tipo de trabajo. Pero conseguir trabajos que me permitieran crecer como artista era un asunto diferente.

A veces me perdí de conseguir un papel codiciado simplemente por mi aspecto. Puede que yo haya hecho una audición y ellos estuvieran dispuestos a verme, pero era más una curiosidad de su parte. En ese caso, yo podía saber por lo general que no iba a conseguir el trabajo. Por ejemplo, si estoy haciendo una audición para interpretar al hijo de una familia, y los papeles de la mamá y el papá ya han sido escogidos y se parecen a los padres de *Family Ties*, yo no parecería ser su hijo, sin importar lo mucho que los impresione en la lectura.

Para mí, verificar la realidad —algo cierto para muchos de nosotros en el mundo del espectáculo—, es que cuando vas a una audición, puedes ser el mejor actor de todos, pero eso no es ninguna garantía de que te den el papel. Puedes opacar y superar a cualquier otro candidato, pero algunas veces eso no importa; tal vez seas un poco demasiado viejo, un poco demasiado alto, o demasiado bajito. No eres lo bastante caucásico, o parece que no estuvieras relacionado con el reparto existente. Cualquiera que sea el caso, no vas a conseguir el papel si no encajas con todas esas variables e intangibles. Rara vez sabes exactamente por qué. Así que muchos factores entran en juego y hay muchos elementos que están más allá de tu control. Esto para no hablar de ciertas políticas, incluso del nepotismo (en caso de que el productor tenga un sobrino para tu papel). Mil y un factores pueden ignorarte a ti y a tu probabilidad de conseguir ese trabajo.

"Eres tan bueno como tu último trabajo", es un cliché que es cien por ciento verdad. Y cuando tu último trabajo es algo tan específico como Greg Louganis en una película para la televisión, o algo tan cristalizado en la memoria pública como A. C. Slater, eso significa que es aún más difícil conseguir un buen trabajo, porque los directores de casting y los productores no te pueden ver como alguien diferente a eso.

¿Qué haces entonces? En mi caso, llegué a un punto de quiebre y empecé a pensar cómo veía la labor de un presentador en general. A mediados de 2001, cuando empezó el nuevo milenio, yo tenía casi veintiocho años. La televisión por cable y las cadenas estaban en auge, y había más oportunidades que nunca para que los grandes presentadores dejaran su huella. El empresario que hay en mí dijo "¿Por qué no?", y la parte creativa que hay en mí se dio cuenta de que ser un presentador me desafiaría a crecer y aprender. Y justo cuando estaba llegando a esa conclusión, el universo me dio un golpecito en el hombro para hacerme saber que yo iba en la dirección correcta.

En realidad, el golpecito en el hombro fue real. Llegó, una vez más, en un momento en que yo estaba listo, o mejor, cuando tenía sed de aprender. Ese codazo hacia adelante me lo dio el Maestro Jedi de la presentación, Dick Clark, que tenía muchas cosas que enseñarme.

Dick Clark no solo subió la escalera del mundo del espectáculo para dejar su marca como el presentador de *American Bandstand*, que se emitió durante treinta años a partir de 1957, sino que en mi opinión, ayudó a construir la escalera hacia el estrellato para que todo tipo de artistas se convirtieran en estrellas. Probablemente no había un campo de los medios de entretenimiento en que Dick Clark no hubiera participado: radio, TV, programas de juegos y de música, eventos en vivo, programas de entrevistas, comedias, ofrecer una plataforma para estrellas de cine, y mucho más. Él estaba en todas partes y era amado por lo que era, y por la manera como te hacía sentir incluido —en calidad de espectador— en la gran fiesta de la cual él era el presentador. Mientras escribo esto, no hace mucho tiempo que falleció, pero lo extraño todos los días y a veces me pregunto si la víspera de Año Nuevo volverá a ser lo mismo sin él detrás del micrófono en Times Square.

Trabajar con Dick Clark fue la experiencia más influyente y decisiva de mi vida. Más allá de lo que aprendí como presentador, la orientación de Dick modificó todo lo que yo pensaba y había planeado para mi futuro. Por ejemplo, él me animó a centrarme más en ser una personalidad y una marca, en lugar de ser solo un actor/intérprete. Para nosotros, las personas creativas, no es fácil dar este salto, pero el hecho de haber logrado estudiar la arquitectura de Dick Clark Productions me hizo pensar en mí mismo, en Mario Lopez, como un negocio.

Como uno de los co-presentadores de este nuevo espectáculo llamado *The Other Half* —presentado como la versión masculina de *The View*— yo tenía un asiento al lado de Dick Clark, quien asumía los puntos de vista más anticuados y sabios de Barbara Walters, y yo ofrecía un contrapunto desenvuelto como el joven soltero con opiniones frescas sobre diversos aspectos.

Danny Bonaduce, de *The Partridge Family*, también estaba en el programa, aunque parecía mayormente preocupado por ser divertido, sin prestarle atención a nada más. Completando el elenco estaba el Dr. Jan Adams, un cirujano plástico que, por desgracia, estuvo vinculado posteriormente a las cirugías que le ocasionaron la muerte a la mamá de Kanye West. Sin embargo, este tipo de no escándalos o tragedias no se presentaron durante la emisión del programa.

Al filmar el primer par de episodios, me di cuenta de que yo estaba dirigiendo el programa con la tarea de pasar de un segmento a otro, haciendo las transiciones, tratando de mantenernos a flote y centrados. Dick Clark apreció eso. Aunque no estaba produciendo oficialmente el programa, cuando se involucraba con cualquier cosa, él sacaba a relucir su experiencia incomparable.

Nuestro grupo al aire se llevaba bien. Yo era quizá más tradicional que el resto del elenco y creo que Dick se identificaba con eso. Esto fue en la misma época en que empecé a cultivar un carácter un poco más espiritual. Mis puntos de vista estaban cambiando como hombre, y además ser un poco más conservador que en mis días más jóvenes y desenfrenados, yo quería ser consciente de cómo podían verse mis posturas. ¿Significaba eso que yo estaba fuera de peligro en términos de cometer errores tontos en mi vida personal? No, pero yo estaba empezando a madurar.

Como una nota premonitoria, *The Other Half* se estrenó el 10 de septiembre de 2001, un día antes de que nos despertáramos con la noticia de los ataques terroristas y el mundo cambiara para siempre. De hecho, algunos de nosotros ya estábamos en el estudio a las cuatro de la mañana, hora de la Costa del Pacífico, listos para salir al aire, cuando vimos aterrorizados los reportes en tiempo real. Después de ese día, yo diría que las bromas livianas del programa se hicieron más serias por un tiempo. Creo que reflejamos el estado de ánimo del país, y tuvimos una audiencia para un total de tres temporadas, pero no más.

Durante este tiempo, Dick no solo me tomó bajo su ala, sino que también nos hicimos amigos. En varias ocasiones me invitó su casa, además de salir a cenar y a asistir a eventos sociales con él. Dick era un magnífico contador de historias, tenía muchas anécdotas del espectáculo para compartir, y un museo virtual de recuerdos de Hollywood en su casa. Como por ejemplo, la puerta de baño firmada que Michael Jackson le había regalado por alguna razón, o las prendas de ropa enmarcadas, los álbumes y letras de los Beatles o los regalos de Elvis. Dick dijo que Elvis una persona increíble, —el tipo de hombre rico, que no dudaría en regalarte un Cadillac—, pero que "no era la herramienta más afilada del cobertizo".

Hablamos acerca de inversiones económicas y de la manera como Dick había diversificado sus intereses en los últimos años. Al parecer, era dueño de todas las tiendas Krispy Kreme de donuts en el Reino Unido, así como de una isla en algún lugar cerca de Malibú, California.

Guau.

Como mentor, Dick fue directo y el vendedor más grande de todas sus creencias. "Mario", me dijo al principio de nuestra amistad, "cuando eres un presentador y tienes una buena personalidad y la gente te quiere, todo lo que tienes que hacer es ser agradable, que la gente se identifique fácilmente contigo, y ser tú mismo. Esto es difícil para algunas personas, pero es fácil para ti. Tendrás una longevidad mucho mayor en este negocio. Los actores van y vienen, y están sujetos al capricho y en detrimento de un escritor y un director. Pero si comienzas a verte a ti mismo como una marca y te centras en crear oportunidades para ti y en producir, entonces podrás estar aquí por mucho tiempo".

Él era muy persuasivo. "Muy bien", estuve de acuerdo, "eso me gusta. Me convertiré en el Dick Clark latino". Obviamente, lo dije en broma. Pero también lo decía en serio. Lo que realmente quería era ser el típico presentador estadounidense, pero con un toque adicional.

Sin embargo, antes de casarme con la idea de ser solamente un presentador, mi camino hacia ese altar estaba a punto de dar algunas vueltas más complicadas.

Presionen retroceder.

Unos años antes de hacerme a la idea de dar el paso para ser presentador con todas mis fuerzas, el rumbo de mi vida personal también había cambiado como resultado de uno de esos eventos anteriores como presentador. Era 1998 y me habían contratado para presentar los premios de Miss Teen USA. 'N Sync, con Justin Timberlake, hizo el show de ese año, y fue también su primera aparición en la televisión. Los otros reporteros del certamen fueron Ali Landry y Julie Moran, que en esa época trabajaban en *Entertainment Tonight*. Cuando vi a Ali, inmediatamente la reconocí gracias a un comercial de Doritos del SuperBowl de 1998 que se había emitido ese año.

Llevaba una camiseta con una falda larga, y pasó a mi lado con su perro Cosmo, un shih-tzu. No había ninguna duda de que era toda una belleza, pero también tenía un aspecto dulce y parecía recién salida de una granja. Y también era caliente. Ali se detuvo, me miró con mi sudadera negra, camiseta y zapatillas deportivas negras marca Adidas, mi atuendo antes del programa. Le devolví la mirada y sonreí.

No era el momento ideal para involucrarme con una persona desconocida. En ese momento, yo estaba muy comprometido con tener lo que consideraba un "tiempo agradable" y sin compromisos en el mundo de las citas. Había otro asunto, como descubrí durante las conversaciones coquetas que tuvimos el fin de semana: ella tenía novio; era un mariscal de la NFL, o algo por el estilo.

Pero sin duda alguna, la atracción era mutua y no tuve problemas en decirle, después de un par de cócteles, que estábamos hechos el uno para el otro. Después de concluir el concurso y de que el fin de semana casi había terminado, los productores hicieron una fiesta y todo el equipo de producción asistió. Sintiéndome algo profético, llevé a Ali a un lado y le dije:

—Me voy a casar contigo, para que lo sepas.

—Tengo novio —me recordó.

Desestimé su comentario.

—Está bien, no soy celoso y, además, no es mi problema.

Y entonces me acerqué a su madre, que estaba con ella ese fin de semana, y le dije lo mismo: que iba a casarme con Ali.

¿En qué estaba pensando yo? Ella era una chica muy dulce, y de repente, el mundo se detuvo y Ali lo era todo para mí. Pero yo no sabía nada acerca de ella, un hecho que pronto se convertiría en un importante punto de discordia.

Pasó algún tiempo antes de que lograra convencerla para ir a cenar. La situación no había mejorado mucho. Pero yo lo estaba intentando sin darme por vencido; Ali aún no estaba disponible y seguía con su relación, a pesar de que tenía dificultades. Fui atrevido en nuestra primera cita, y no tuve miedo en decirle que yo quería que fuéramos "nosotros dos". Ali parecía interesada pero contenida al mismo tiempo, una actitud de "chica de al lado" que me gustaba. Pasamos el rato y nos besamos por primera vez ese fin de semana, y poco después empezamos a salir.

Ahora presionen adelantar. Todos estamos atrapados. Así que Ali y yo salimos durante seis años. Eso rompió todos mis récords. Pensé que ella era *la* chica. Si yo escribiera los criterios de lo que quería en una esposa y una madre —en ese entonces—, ella parecía cumplir con todos. Ali era modelo, así que tenía buen estilo y sabía cómo vestirse. Además, era católica, muy motivada, ambiciosa, trabajadora, pero también encantadora e inocente al mismo tiempo.

Yo podría haber estado mirando muchos criterios que tendían a ser superficiales. Pero fue culpa mía. Y poco después, sentí que ella parecía estar cambiando. Al igual que muchas chicas que vienen de pueblos pequeños, Hollywood parecía estar cobrándole un precio. En el fondo, me pregunté si ella seguía siendo la misma sureña dulce y bella de la que me había enamorado. Los cambios eran sutiles, pero sus intereses sonaban más materialistas, y ella parecía más preocupada por la imagen que por la esencia, por cosas que a mí no me importaban. Nuestras pláticas se basaban menos en nuestros intereses comunes, y más en su presión para que yo fuera de *cierta manera*, me vistiera de cierta manera, y actuara de cierta manera.

Hollywood nos cambia a todos, sobre todo si estamos tratando de triunfar en el mundo del entretenimiento; era solo cuestión de saber si estábamos cambiando de la misma manera. Esto no era culpa suya, pero me confundió.

Habíamos roto un par de veces durante los seis años de noviazgo, pero yo no estaba dispuesto a terminar con ella para siempre. Siempre volvíamos. Cuando finalmente nos reconciliamos después de la última ruptura, ella me dio el ultimátum. O seguíamos adelante y nos casábamos, o ella me dejaría.

Opriman pausa. ¿Qué debía hacer yo? ¿No era esta una señal de que yo tenía que crecer y tomar mi vida en serio, y que esta era mi oportunidad? O, ¿estaba confundiendo yo el pensamiento de que mi resistencia era simplemente el temor de no estar genuinamente preparado? Todo hombre debe crecer y evolucionar, pero el ritmo realista de esa evolución es un punto crucial. Yo no sabía la diferencia entre confiar en mis instintos y cuestionar mi miedo. Mis instintos me gritaban que no tenía necesidad de apresurarme, mientras mi voz más crítica vociferaba que comprometerme y formar una familia era una decisión valiente. Mis instintos me habían metido en problemas en el pasado, así que acepté que era hora de crecer y comprometerme. A pesar de que dudé, esa voz que hablaba duro añadió: "¿Vas a pasarte la vida buscando la ilusión del alma gemela perfecta, o esperando encontrar un trato mejor?". Esa voz podría ser grosera. Pero me llegó. Finalmente, concluí que sería un pendejo si dejaba pasar lo que probablemente era una oportunidad y una mujer maravillosas.

Es evidente que yo era un pendejo. Iba a cumplir treinta años y pensaba que todos mis primos y amigos tenían parejas y estaban criando a sus hijos. Ciertamente, no soy alguien que siga a los demás, pero simplemente pensé; bueno, debo tener algún problema. ¿Por qué no tengo los mismos deseos que mis amigos y familiares cercanos? ¿Yo era afortunado con las chicas, pero tenía mala suerte o era poco realista cuando se trataba de una relación a largo plazo? Además, la gente me presionó y me dijo que ella era perfecta para mí y que hacíamos una gran pareja. Pero no sabían que Ali y yo teníamos una relación de uno a uno, y no habían vivido mi experiencia de seis años. Ellos no lo sabían todo. El consejo más específico que recibí fue el de un amigo, quien me dijo que me alejara: "Mario, los ultimátum se hicieron para ponerte a prueba. Aléjate, hombre, aléjate. Así es como te atrapan. Sorprendentemente, las mujeres a veces pueden ser mucho más intrigantes que los hombres, así que ten cuidado", me advirtió él.

Bueno, eso no me ayudó en nada. La presión de ambos lados me angustió. ¿Cómo descifrar adecuadamente mis sentimientos? ¿Cómo podía expresarme claramente con el amigo adecuado, con alguien que me pudiera guiar con sabiduría?

Presionen adelantar una vez más. Déjenme confesar ahora: la siguiente lección es que cuando tus instintos comienzan a hablarte, debes ser lo suficientemente valiente para escuchar, y lo suficiente lúcido para actuar a partir de lo que te dicen. Por supuesto, yo no estaba preparado para comprometerme de todo corazón. Pero yo no quería oír, pues quería que el cuento de hadas fuera real y que mis instintos estuvieran equivocados. Pasé por alto dos hechos muy importantes: que no estaba enamorado de Ali de la manera que ella se merecía como futura esposa, y, obviamente, dada toda mi resistencia, que no estaba listo para sentar cabeza.

La lección, en retrospectiva, era que yo no albergaría nunca más ese tipo de sentimientos. Debería haber compartido con ella mi vacilación nerviosa. Era injusto con Ali no decirle con dignidad lo que yo sentía, porque ella estaba comprensiblemente lista para un compromiso serio y para el matrimonio. Tampoco me di cuenta de que sin importar lo increíble o maravillosa que sea una persona, si no estás listo, no tiene sentido tratar de prolongar esa relación.

Cuando dicen que la sincronización en el tiempo lo es todo, no creo que se aplique a algo más que al efecto que produce en las relaciones. Bueno, tal vez el tiempo sea lo más importante para que un avión aterrice en un portaaviones, pero después de eso, en estrecho y segundo lugar, están las relaciones. Ha habido muchas mujeres maravillosas en mi vida, pero yo no estaba listo, por cualquier razón, para una relación a largo plazo.

El problema con el paso del tiempo es que la gente cambia. En lo que a mí respecta, Ali había cambiado. La realidad era que yo ya no estaba enamorado ni listo, y confundí mi falta de preparación con la sensación de que no estaba siendo valiente y que todos mis recelos no eran más que temores. ¿Qué debe hacer un hombre en esta situación? Lo peor de todo: le propuse matrimonio. Compré el anillo, anuncié el compromiso oficial y lo hice como un zombi.

Ahogué mis aprensiones incluso durante mi propuesta. Una vez más, simplemente tenía miedo, ¿verdad? Tenía que ser valiente, me dije en repetidas ocasiones. Si esto era lo que Ali quería, era mi responsabilidad comprometerme. ¿Valía la pena alejarme y perderla? No. Entonces… podría casarme con ella. Sé que era una lógica defectuosa para esa ocasión, pero esa fue la lógica absurda a la que recurrí para tomar mi decisión de seguir adelante. Ahora sé que la cosa "más varonil" que podría haber hecho era confesar mis dudas y asumir las consecuencias de romperle el corazón, pero esa no fue la elección que hice.

Luego, perdí la razón e interpreté el papel de un soltero reformado. No sólo viajé a Luisiana a proponerle matrimonio, sino que fui incluso más allá al pedirle la mano a su padre, esperando que con la bendición de la familia, yo estuviera a la altura de mi nuevo papel como novio. Su familia era muy tradicional, y con todas las peripecias emocionales por las que había pasado yo, esperaba que esto nos hiciera comenzar con el pie derecho. Fue el pie izquierdo el que me metió en problemas.

Mi amigo Joe organizó mi despedida de soltero, con su jet privado y todos mis primos, que estaban planeando hacer un viaje de pesca en Cabo San Lucas, México. Joe me dijo: "Oye, no te preocupes. Me encargaré de todo. Anda por tus primos. Iremos a todos los lugares increíbles en mi avión: Cabo San Lucas, Puerto Vallarta, Acapulco y Cancún". Fue una oferta muy generosa y mis camaradas estaban listos para la aventura.

Mi despedida de soltero coincidió con las vacaciones universitarias de primavera, así que era muy distinto a un viaje de pesca. Comenzamos visitando los lugares más movidos aquí en los Estados Unidos y MTV estaba grabando en muchos de esos lugares, así que ya se pueden imaginar las multitudes que atraían. Luego visitamos todos los balnearios de México rodeados de lujos. Joe organizó toda la fiesta de ensueño de principio a fin. Pero, ¿qué pasaba con nuestras mujeres? ¿Aprobarían esto?

Todos mis primos estaban casados o comprometidos, por lo que era natural que se preguntaran: "¿Vamos a contarles a nuestras esposas o novias acerca de este viaje?".

Mi respuesta fue: "Sí, seamos honestos y contémosles. ¿Con quién se van a enojar? Es una despedida de soltero".

Sin embargo, todos estuvieron en desacuerdo conmigo. Un rotundo: "No, no podemos decirles se escuchó entre mis amigos y primos". Uno de ellos señaló con firmeza: "Si les contamos esto, mi mujer se escandalizará. Así que votemos".

Al final, ganaron ellos y todos decidimos guardar silencio. Yo tenía otro dilema: no podía decirle nada a Ali. Una vez más, en términos retrospectivos, sé que esto fue incorrecto. Las etapas iniciales de una relación se deben construir sobre una base de confianza. Y la confianza empieza por decir la verdad, incluso cuando es difícil, y sobre todo cuando lo es. Los hombres maduramos más despacio que las mujeres, y me imagino que Ali estaba pensando en nuestra relación con más madurez que yo en ese momento. Borren eso. Estoy *seguro* de que así fue.

Dicho esto, no vi ningún problema en contarle nuestros planes a mi prometida, pues era *mi* despedida de soltero. ¿Qué le importaba a ella a dónde me iría yo? Sin embargo, ahora tenía que mantener la boca cerrada. Votamos por no decirle nada a nadie y nos comprometimos con la mentira piadosa de que haríamos un viaje de pesca en mi despedida de soltero. No habíamos planeado ser malos, pero el grupo acordó por unanimidad que sus novias y esposas se estresarían innecesariamente si se enteraban de nuestro verdadero destino.

Fue una fiesta sin parar de cinco días. Baste decir que mi rato agradable fue un poco demasiado bueno, porque me embriagué y fui un poco demasiado amable con una joven que estaba en algún lugar universitario durante las vacaciones de primavera. ¿Qué estaba pensando yo? ¡En ese momento, tan poco como fuera posible! Tal vez yo había racionalizado eso hasta el punto de pensar que toda esa escena desenfrenada era un rito de paso que tenía que experimentar. Ya saben, ¿cuando estás en Roma... y? La verdad es que solo recuerdo haber sentido vagos instantes de culpa durante esos cinco días. La realidad comenzó a instalarse, sin embargo, cuando llegó el momento de regresar a casa. A medida que pasó el tiempo, vi que la excusa de una frenética fiesta de soltero no estaba bien. La culpa, obviamente, era mi inmadurez e incapacidad para mantener mis prioridades en perspectiva.

Una vez que asumí la responsabilidad por mis sentimientos, reconociendo lo mal que había manejado mis decisiones, un rayo me golpeó con la verdad: yo no estaba enamorado. Los pensamientos acudieron a raudales pero fue demasiado tarde. Mi recelo salió a flote y supe que debería haber terminado con ella antes de desviarme.

Todo se hizo muy claro de repente. Pero, como un idiota, hice lo que haces cuando te das cuenta de que has cavado un agujero para ti mismo. Seguí cavando, diciéndome a mí mismo, ah, lo que sea, esta es mi última cana al aire, y todavía no estoy casado por lo que no importa, es una última indiscreción juvenil antes de dar un paso adelante y convertirme en un hombre casado. Con ese tipo de auto-justificación culpable, regresé y todo pareció normal al principio. Twitter y otras redes sociales no estaban de moda, por suerte, así que lo que pasó allá, se quedó allá —o eso creía yo—, seguimos con los preparativos y nos casamos como estaba previsto. Caminé formalmente por el pasillo y dije: "Sí, acepto". Pero en mi corazón y en mi alma, yo estaba gritando, "¡No, no puedo! ¿Qué estoy haciendo?".

Cuando estaba en el altar y miré hacia abajo, vi a mi mamá y a mi papá con los ojos secos. No vi lágrimas. Ninguna emoción. Por el contrario, cuatro años antes, cuando mi hermana Marissa se casó con Kailee Wong —el *linebacker* de Stanford, que comenzó su aventura en la NFL jugando para los Vikingos de Minnesota y luego con los Texans de Houston— vi que mis padres estaban visiblemente emocionados, con lágrimas y expresiones de gran alegría. En mi boda, sus expresiones estaban en blanco.

En la recepción, Ali y yo hicimos las rondas, pero nunca hablas realmente en tu boda. Es decir, salvo cuando llegó el momento del baile tradicional con mi mamá. Salimos juntos a la pista y ella tomó mis manos entre las suyas, me miró a los ojos, nos acercamos para que nadie pudiera oír, y me susurró al oído: "Espero que sepas lo que estás haciendo, mijo. Voy a orar por ti". Mamá sabe más que nadie, y ella sabía que yo no estaba listo.

Ali y yo no tuvimos la oportunidad de irnos de luna de miel, porque yo estaba filmando un piloto en esa época y tenía que hacer otro trabajo en Nueva York. Con ese viaje pendiente, volví a Los Ángeles a tiempo para verme en medio de un gran problema. Ali había averiguado todo acerca de mi despedida de soltero. Me llevó a la recámara y me mostró las fotos que su hermana había descubierto. Una de nuestras paradas no planeadas en nuestra gira de despedida de soltero fue en una fiesta de vacaciones de primavera de la LSU (Universidad Estatal de Luisiana). La hermana de Ali tenía muchos amigos en LSU y una de sus amigas me tomó una foto en South Padre Island, Texas. Mi mentira quedó al descubierto. South Padre Island estaba muy lejos de donde yo le había dicho que estaría. No solo eso, sino que yo estaba en el escenario de la fiesta como una estrella de rock, en medio de chicas ligeras de ropa, y ciertamente no estaba pescando en Cabo. Le confesé todo, pero de nada sirvió. Ali estaba enojada.

Comprensiblemente, se sintió humillada, aunque Ali parecía más preocupada por cómo la haría aparecer a ella que por nuestra relación y por resolver las cosas. Me pidió que me fuera, y así lo hice. En ese momento, no estábamos a punto final de romper con nuestra relación, sino más bien de dormir separados y enfriar las cosas antes de encontrar la manera de resolver nuestra situación.

En ese corto periodo de tiempo, ella no se contuvo de decirles a muchas personas que yo era un sinvergüenza. Pero tal vez "sinvergüenza" no haya sido la palabra. Todo comenzaba a ser muy claro. Algo estaba muy mal en nuestra relación y teníamos que arreglarlo de inmediato.

Luego tuve una epifanía. No quise salvar nuestro matrimonio. No había cimientos. Finalmente reuní el valor para decirle: "Lo siento. No puedo estar en este matrimonio. No es justo para ninguno de los dos". Fue algo increíblemente difícil y doloroso para ambos. Le dije: "No debería haberme casado y no quise hacerte daño. Lo siento". Ella estaba dolida y enojada, y con razón. Y así, dos semanas después de decir, "Acepto", fuimos a la Iglesia Católica para anular nuestro matrimonio.

Asumo toda la responsabilidad por no ser lo suficientemente maduro para reconocer mi propio corazón en esta relación, y por permitir que las presiones externas afectaran mis decisiones. He aprendido mucho de todo esto, y no fue un consuelo para Ali ni para mí en medio de este lío. Yo no estaba preparado y mi corazón no estaba en ello; así de simple. Y yo sabía que si alguna vez conocía a alguien por quien valiera la pena subir al altar, me aseguraría de hacerlo con todo el corazón.

Después de que Ali y yo nos separamos, lo que más lamenté de todo fue que no pudiéramos encontrar un espacio para la amistad. Casi todas mis exnovias y yo nos hicimos amigos después de que nuestras relaciones amorosas terminaran. Después de todo, el cuidado mutuo no debe terminar porque ya no eres su pareja, así que, ¿por qué no ser amigos? La vida es demasiado corta para tener rencores o albergar resentimientos. Esa es una lección que se aprende con la madurez.

La otra consecuencia fue recuperar la confianza en mis propios instintos, no solo con respecto a las relaciones, sino también la próxima vez que me encontré con una nueva avalancha inesperada de oportunidades laborales, ninguna de ellas relacionada directamente con ser presentador.

Hay momentos en los que tienes que ser exigente en la vida y tener cuidado de no sobrepasarte. Si haces demasiadas cosas en el mundo del espectáculo, puedes arriesgarte a quedar sobreexpuesto. Pero cuando cumplí los treinta años, decidí empezar a aceptar todo tipo de oportunidades. Hacer esto se convierte en un imán para más oportunidades, siempre y cuando trabajes duro y lleves un ritmo. Y la primera propuesta que recibí fue *The Bold and the Beautiful*.

¿Qué dije? "¡Sí!".

Hacer telenovelas es difícil. Tienes que memorizar una gran cantidad de diálogos cada día y rodar escenas enteras en una sola toma, o tal vez en dos. Y todo sucede a la velocidad del rayo. Es como hacer teatro, pero con una cantidad anormal de diálogos, sin ensayos, y con un ritmo muy rápido. Hay algunos actores fabulosos que trabajan en telenovelas, que afinan su oficio diariamente, haciendo que todas esas tramas telenovelescas parezcan reales y emotivas a un mismo tiempo. Justo lo que me recetó el médico en ese momento. Por desgracia, solo tenía un contrato de un año, porque no sabían qué hacer con mi personaje al final de mi contrato, así que no lo traerían de vuelta. Simplemente desapareció. Eso me molestó. Afortunadamente, yo había conseguido una oportunidad para hacer otro programa después del final de esa telenovela: *Nip/Tuck*, con Ryan Murphy.

"¡Sí!". Me sentí animado. Ryan Murphy es un brillante escritor, director y productor, que ha realizado *Glee*, *American Horror Story*, y películas con grandes estrellas como *Eat Pray Love*, con Julia Roberts. Poco después de mi primer año en la telenovela, él me ofreció un papel realmente genial en *Nip/Tuck* para el que muchas personas habían hecho una audición: Dr. Mike Hamoui. Se suponía que mi personaje despertaba los celos de uno de los médicos protagonistas del programa, porque el personaje que interpretaría yo era más joven, listo, hábil y estaba en mejor forma. Era la primera vez que aparecería desnudo en una película. Y nada menos que en una escena con otro hombre en el vestuario de una ducha. Estábamos completamente desnudos y de pie; sin taparrabos o un calcetín para cubrir nuestras partes íntimas. Ni una hoja de plátano. Nada.

Durante la producción, la desnudez tampoco fue precisamente un asunto breve. Rodamos durante casi ocho horas. Permanecí mojado todo ese tiempo porque estábamos en la ducha. Me extrañó que no me diera una neumonía.

El otro actor era Julian McMahon, y llegas a conocer bastante bien a un tipo cuando estás desnudo y a su lado durante ocho horas. Después de casi una hora, nos olvidamos de nuestra desnudez, casi como si estuviéramos en un vestuario real. Mi personaje se convirtió en un papel recurrente durante un par de temporadas, lo que me dio la oportunidad de hacer un trabajo que fue realmente genial, atrevido, y *hip*, que estaba asociado con un espectáculo fenomenal.

Mi vida amorosa no se vio afectada, pero yo estaba tratando de decir "¡sí!" con menos frecuencia a las relaciones complicadas mientras me dedicaba a mi trabajo, a mi régimen de boxeo, y l propósito de consolidarme a mí mismo como una marca, tal como Dick Clark me había animado a hacerlo. Si eso suena como si me estuviera convirtiendo en un monje, será mejor hacer una aclaración. Simplemente acepté que el hecho de no estar comprometido tenía sus ventajas.

Durante una visita a Las Vegas en esa época, cuando había ido simplemente para relajarme un poco, me encontré inesperadamente con una estrella mega-pop, que deberá permanecer en el anonimato. Extrañamente, la sorpresa y la espontaneidad del encuentro no fue lo que ocurre normalmente en Hollywood. Básicamente, teníamos amigos en común en Las Vegas, y yo, que tenía ganas de fiesta, me encontré hablando con ella, disfrutando de conocerla como persona. Pronto empezamos a tomar unas copas, y como ambos éramos solteros, bebimos más, nos reímos mucho, y luego bailamos más y más hasta que soltamos las riendas de la precaución. Como suele decirse, una cosa llevó a la otra, sin duda alguna.

Esa fue la noche en que me acordé de los consejos que solían darme mis primos acerca de no beber demasiado si existía la posibilidad de ser amoroso en una noche determinada. Por desgracia, me acordé de este consejo demasiado tarde. Y, maldita sea; mis primos estaban en lo cierto. A partir de entonces he predicado el evangelio: si estás con una mujer, no bebas demasiado, porque nunca se sabe cuándo serás llamado a "cumplir con tu deber". En definitiva, en este aspecto, puedo informar que salí avante, con mis facultades restauradas por así decirlo, aunque no estuviera al tope de mis capacidades, o exactamente a la altura de mis parámetros. Pero, ¿cuáles son las probabilidades de que la única vez que los consejos de mis primos resultaron ser ciertos, sucedieran la misma noche en que tuve una oportunidad con una estrella del pop completamente deseable? Con todo, sin embargo, la pasamos bien y ella era totalmente impresionante. Y mejor aún, ella y yo conservamos una amistad que nos hacía sentir bien cada vez que nuestros caminos se cruzaban de nuevo.

¿Qué tiene el baile que sea tan poderoso? Bueno, a juzgar por la siguiente serie de oportunidades inesperadas, yo diría que no es una cosa, sino todo.

En el espíritu de decir "¡sí!" en 2006, justo después de empezar mi papel de cuatro años como estrella invitada recurrente en *Nip/Tuck*, me negué a decirle "no" al personal de casting de ABC que me había insistido para participar en *Dancing with the Stars*.

Era la tercera vez que me habían contactado. Yo siempre los había rechazado por varias razones. Por un lado, no me gustaba la ropa que llevaban los concursantes; parecían un poco extravagantes, y hasta cursis. Por otro, el baile no era necesario para mí. Claro, yo tenía un poco de ritmo y era conocido por seguir rápidamente las coreografías, así que confiaba en mis habilidades, pero todavía no sentía eso.

Una preocupación, como lo comenté con mi agente y mánager, era que si yo estaba tratando de establecer mi reputación como presentador, eso podría desdibujar las líneas para ser visto como un concursante. Era así como trataba de pensar yo, siendo consciente de mi marca.

Pero cuando me lo pidieron esta tercera vez, mi madre, una ferviente seguidora después de ver las dos primeras temporadas de *Dancing*, decidió interpretar el papel de mamá; tanto le gustaba el programa.

—M*ijo* —comentó ella—, escucha, te lo han pedido de nuevo. Hazlo por favor. Tienes que hacerlo.

Una vez más, mi agente y mi mánager no estaban tan seguros y no creían que fuera el momento adecuado. Pero sí era el momento oportuno, pues no tenía mucho trabajo. Y mientras pensaba en ello, mis instintos serían contrarrestando con un "¿Por qué no?". Además, las madres saben mejor.

En *Dancing*, el público te llega a ver como una *persona*, y como una personalidad de la televisión. En lugar de trabajar en contra de mi marca, me di cuenta de que esta era una plataforma sumamente útil para que el público conociera otra parte de mí, entre ellas, la del ex luchador competitivo, ahora convertido en boxeador amateur. ¿Yo podía moverme? *¡Sí!* ¿Podía bailar? *¡Sí!* ¿Podía incluso ganar? Estábamos a punto de averiguarlo.

Los rumores afirmaban que las celebridades habían hecho el programa por una de dos razones: para revelar su carisma y personalidad distintiva, o para mostrar sus mejores pasos de baile. Mi sensación es que la primera razón era arriesgada. No importa qué tan adorable sea tu personalidad, si no puedes bailar, de todos modos los espectadores te criticarán. Tampoco es un concurso de atletismo; es de baile y, por supuesto, hay que estar en forma suficiente para hacer los movimientos. Así que el acondicionamiento físico es una ventaja, pero las claves son el ritmo, la pasión, y la técnica. Ciertamente, yo tenía el ritmo y la pasión en mi ADN. En cuanto a la técnica, tenía la esperanza de recordar los fundamentos, lo suficiente para no avergonzarme a mí mismo.

Después de pensarlo, le dije a mamá que sí, que iba a participar el programa por ella. Una vez, más sus instintos positivos prevalecieron, como lo revelarían las próximas semanas.

En el programa, las celebridades concursantes hacen pareja con bailarines profesionales y experimentados. Los productores me emparejaron con una encantadora chica ucraniana de origen ruso, llamada Karina Smirnoff, como el vodka. Era su primera temporada en el programa y, al igual que cualquier concursante, no sabía muy bien en qué se estaba metiendo. Esta bailarina increíblemente talentosa no conocía las presiones de la TV, algo completamente nuevo para ella. Karina adoptó la filosofía de "fingir hasta lograrlo" y no tardó en tener éxito en la serie gracias a sus cualidades, pues era inteligente, cosmopolita, muy viajada, y muy divertida.

Nos llevamos bien desde el primer momento y hacíamos una gran pareja, algo en lo que los espectadores parecían estar de acuerdo. Cuando conocí a Karina, sus rasgos oscuros y su belleza exótica me detuvieron en seco. Sentimos una química instantánea cuando bailamos. Aprendimos nuestras rutinas con facilidad y no tardamos en perfeccionarlas. Como dijeron los jueces del programa, fuimos una de las parejas de baile más sólidas que habían visto hasta la fecha. Después de nuestro cha-cha, el juez Bruno Tonioli me dijo: "Nunca he visto caderas moverse así. Es como si tuvieras una batería en los pantalones".

Karina y yo obteníamos las puntuaciones más altas todas las semanas. De repente, recibí una verdadera avalancha de atención por parte del público como nunca antes. En poco tiempo, mi cara apareció en la portada de muchas revistas y me invitaron a los principales programas de entrevistas. No podía creer en todas las personas que eran fans del programa. Fue impresionante y, a veces abrumador.

En verdad, sin embargo, mi participación en *Dancing with the Stars* me permitió llevar todas mis facetas a un primer plano, como intérprete y simplemente como persona. Estar ante las cámaras y mostrarles a millones de espectadores lo que yo era fue liberador. Sí, ahora podía reconocer que era un niño de mamá, que era la razón por la cual yo estaba haciendo el programa, por mi mamá y por los valores familiares que me importaban. Hasta ese momento, toda esa historia de salir directamente de Chula había permanecido en la sombra. Y ahora era parte de mi imagen pública. Los espectadores valoraron el hecho de que yo tuviera también el máximo respeto por mi pareja. Creo que cada vez que tienes la oportunidad de estar frente a treinta millones de personas, dejarás una impresión en ellos. A veces es buena, a veces es mala, pero no puedes evitar el hecho de causar una impresión duradera si todas esas personas te están viendo semana tras semana. Afortunadamente para mí, fue una impresión positiva.

Karina y yo continuamos liderando el puntaje hasta llegar a la final de la competición. Yo estaba trabajando a toda máquina, entrenando muy duro para ser el mejor bailarín de ese programa. La final fue entre dos parejas, mi equipo contra el de Emmitt Smith. Emmitt Smith, un ícono del fútbol, no era solo el corredor de pases de todos los tiempos en la NFL, sino que también había jugado para los Cowboys de Dallas, el equipo de Estados Unidos por excelencia. Cheryl Burke, su compañera, había empezado a hacer gala de todos sus recursos cuando llegamos a la instancia final.

Esto no era una pelea de tres asaltos, nada como recibir un puñetazo en la cara en un ring. No era como el boxeo en absoluto, ni tampoco era como estar en la línea de una yarda con Emmitt Smith. Si acaso, era como tener una audición final frente a treinta millones de espectadores y saber que los ganadores serían elegidos por su popularidad, más que por sus habilidades para el baile.

En última instancia, la mayoría de los votantes le dio el triunfo a Emmitt, quien fue galardonado con el codiciado trofeo de la bola de espejo, y lo más importante, con la gloria. No hay forma de endulzar la decepción. Algo extraño sucede cuando lo das todo, especialmente con la motivación competitiva que hay en mí y después de la intensidad del entrenamiento y el amor que recibimos todo el tiempo de los votantes. Al mismo tiempo, conseguir el segundo lugar no era ningún motivo para disculparse. En cualquier caso, el programa cambió por completo mi vida a partir de ese momento. Más tarde, después de los primeros cien episodios de *Dancing with the Stars*, los fans y los jueces votaron para elegir al mejor el bailarín de todos los tiempos: ¡Quedé en primer lugar!

Siempre estaré en deuda —como si ya no lo estuviera—, con mi madre. De no haber sido por ella, nunca habría participado en el show, y ninguno de nosotros podría haber pronosticado el efecto dominó que tendría en mi carrera. Después de todo, fue un nuevo día y un nuevo amanecer en la programación, y no había otra plataforma en esa época que pudiera haberme dado una audiencia de esa magnitud. Las compuertas se abrieron. Primero fue un atractivo contrato de desarrollo para la cadena televisiva, y luego *Holi-*

*day in Handcuffs,* una película de la semana para ABC Family, que se convirtió en la película de vacaciones con más alto rating de la historia y todavía se transmite cada temporada de Navidad. También conseguí un piloto para CBS, y aunque no fui escogido, me permitió la oportunidad de trabajar con el gran Sean Hayes (de *Will & Grace* y muchas otras) y con Todd Milliner, un talentoso escritor, productor, y actor. Después de *Dancing with the Stars,* también recibí ofertas para trabajar como portavoz, patrocinador, y constantemente recibí solicitudes de apariciones.

Junto con un gran agradecimiento a mi madre, también tengo que agradecer realmente a mi pareja Karina, porque ella fue parte de la magia. Ah, y el baile no se detuvo después de que la música terminó. Cuando el programa concluyó, Karina y yo salimos casualmente durante casi dos años. Éramos probablemente demasiado parecidos en algunos aspectos —dos personas apasionadas y artísticas— y esto a veces puede hacer que una relación sea volátil. Pero también nos divertimos mucho, razón por la cual estuvimos juntos durante tanto tiempo. En última instancia, éramos demasiado combustibles en pareja para durar y, —contrariamente a los rumores que circularon hacia el final— la verdad es que los dos sabíamos que nuestro cha-cha-cha nos había llevado tan lejos hasta donde estábamos destinados a ir.

Además, la sincronización en el tiempo fue tal que, a los treinta y cinco años de edad, yo estaba a punto de recibir otra oportunidad increíble, que llegó directamente de la nada.

A principios de 2008, Mark Schulman, mi manager, me dejó un mensaje para devolverle la llamada de inmediato. Cuando lo hice, la conexión no era la mejor y todo lo que pude oír fue "... Broadway".

El muñequito vaquero de mamá.

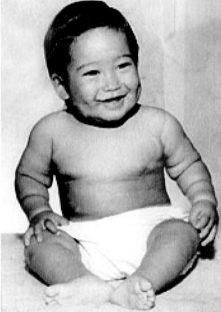

Esos rollos de grasa que he
mencionado.

Mejillas gordas y peinado liso.

Las primeras señales de amor
por el "mullet".

Modelando en Chula Vista.

Mi mamá no sabía que yo era
demasiado joven para Las Vegas.

Mi hermana Marisa y yo
(no hemos cambiado en
nada).

MARIO LOPEZ
"KIDS, INC."
REPRESENTED BY
INTERNATIONAL ARTISTS

Mi primera fotografía de rostro.

Presumiendo mi elegancia.

Camino a la
"feria de bíceps".

Pasaba mucho tiempo en las
colchonetas de lucha.

Me veo guapo en esta foto promocional de la serie *Saved by the Bell*. NBC/Getty Images

Con mi amiga Elizabeth Berkley durante el rodaje de una película derivada de la serie: *Saved by the Bell: estilo hawaiano.*

NBC/Getty Images

Posando con Mark-Paul Gosselaar y Dustin Diamond en los primeros días de *Saved by the Bell*. NBC/Getty Images

Me costaba mucho trabajo mantener el "mullet", y dedicaba demasiado tiempo al pelo y al maquillaje.

¡Qué linda, Tiffani!

Mi papá hizo algún tipo de comentario sucio.

Mi mamá y yo viajando con estilo.

Adam Larkey/Getty Images

Karina Smirnoff y yo sonriendo ampliamente en *Dancing with the Stars.*

Vince Bucci/Getty Images

Con Eva Longoria en los Premios ALMA 2007, mostrando cómo se hacen las cosas.

Actuando en un escenario de Broadway, durante mi participación en *A Chorus Line*.

Co-presentando *The View* en 2014.

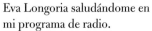

Eva Longoria saludándome en mi programa de radio.

FOX /Getty Images

Con los jueces de *The X Factor*: Demi Lovato, Paulina Rubio, Kelly Rowland, y Simon Cowell.

Viendo quién sigue aún en la competencia en *The X Factor*.

*Arriba:* Con George Lopez cuando el set de *Extra* estaba en Universal Studios Hollywood.

*Izquierda:* Con mi papá durante la sesión de fotos para la portada de la revista *Fitness RX*.

*Abajo a la izquierda:* Manny Pacquiao, uno de los mejores boxeadores de todos los tiempos.

*Abajo a la derecha:* Aquí hay un tipo que sabe de "branding": Donald Trump.

Y el Oscar es para…

Respetuoso del código de vestimenta de los Premios Emmy.

Un brindis con Moët en los Golden Globes.

Jennifer se ve increíble en los premios Grammy. No estoy seguro de que me guste mi traje.

*Arriba a la izquierda:* Noche de la alfombra roja con Julia Roberts, un ícono de Hollywood.

*Arriba a la derecha:* DeGeneres es genial. ¡He estado en el programa más que cualquier otro invitado hasta la fecha! ¡Gracias, Ellen!

*Izquierda:* Copresentando con Kelly Ripa.

*Abajo a la izquierda:* Oscar De La Hoya, dios del boxeo y buen amigo.

*Abajo a la derecha:* En una ceremonia para mi organización favorita: Boys & Girls Club of America.

Con Lisa Gregorisch-Dempsey, productora ejecutiva de *Extra*, celebrando que ganamos un premio Emmy al mejor noticiero de entretenimiento.

El premio Emmy siendo mostrado en *Extra*.

En la playa en México,
después de proponerle
matrimonio a Courtney.

La boda perfecta en México. Gia
ayudó con los pétalos de rosas.

El Sr. y la Sra. Lopez.

Mi vida
glamorosa
como papá.

Mi maravillosa madre.

Gia y Dominic en Pascua.

Mi perro Julio, en busca de un regalo.

Tres generaciones de hombres Lopez.

La familia de Marissa y la mía de vacaciones: es lo que sabemos hacer mejor.

Mark Schulman, quien tiene una extraña semejanza a una mezcla entre un joven Billy Crystal y un joven Jon Cryer —a pesar de que está convencido de que es igual a Mark Wahlberg— llevaba varios años ayudándome a organizar mi carrera. Mark suele ser directo conmigo, pero esta vez yo tenía que asegurarme de haber oído bien. ¿Le había oído decir que me habían propuesto un papel en Broadway?

Mark hizo una pausa y me dijo con total naturalidad:

—Así es.

Y no se trataba de un papel cualquiera; era el papel del director Zach, en uno de los musicales más emblemáticos de la historia de Broadway: *A Chorus Line*. Me acordé de cada recital de danza y de todas las producciones escolares y piezas teatrales en vivo que había hecho. Estar en Broadway era como un sueño que no te atreves a reconocer, porque es como decir: "Un día voy a escalar el Monte Everest". "Un día voy a estar en Broadway", se convirtió ahora en un sueño que estaba a mi alcance.

¿Conocen el refrán de que las buenas noticias viajan rápido? Bueno, en el instante en que acepté la oferta de firmar un contrato para presentar esta obra por seis meses, comencé a ir de un lado a otro, sintiéndome a la vez emocionado y nervioso, y luego me trasladé a Nueva York.

Empecemos con la emoción. ¡La ciudad de Nueva York! Si tienes dinero en tu bolsillo y un trabajo decente, esta ciudad es tu sueño. Y como yo no tenía una relación formal, estaba listo para una ciudad que es el paraíso de las citas. Todos los días conoces personas, y las calles y restaurantes están llenos de gente sin importar adónde vayas. La ciudad vibra con una energía que es como de otro mundo en comparación con mi vida relajada en Los Ángeles.

Me encanta la falta de artificio que hay en Nueva York. Todo el mundo hace que sea genuino y real. Por todas partes hay personajes. Además de su pavoneo pintoresco, los neoyorquinos también son consumidores apasionados de entretenimiento y cultura. Vi esto de primera mano cuando el musical me consiguió un departamento padrísimo en todo el corazón de Times Square. El Teatro Schoenfeld estaba en la calle 45, a solo un par de cuadras de mi departamento.

¿Por qué me sentía nervioso? Porque esto era completamente diferente a lo que yo había hecho antes, y todos en el mundo teatral lo sabían. La exitosa reposición había mantenido su popularidad desde 2006, y la decisión de traerme para interpretar a Zach (como un reemplazo) fue un golpe de suerte. Resultó que Bob Avian, el director de la obra, había estado hablando con mi agente sobre otro actor que no estaba disponible, de modo que mi nombre surgió como una posibilidad. Bob Avian me había visto en *Dancing with the Stars* y confió en su instinto de que en calidad de actor, yo podría interpretar al intenso Zach. Por lo que había visto, él pensó que yo podía estar a la altura como bailarín, y él sabía por mi trayectoria que yo tenía habilidades decentes para el canto. Avian le informó a toda la prensa de entretenimiento que estaba tan seguro de que yo era ideal para el papel, que ni siquiera me hizo una audición. Es cierto. Pero todo el mundo en Broadway, supuestamente sin yo saberlo, estaba conteniendo el aliento. ¿Yo valía la pena el riesgo? Tendría que cumplir con las expectativas y prometerme a mí mismo que lo haría.

Desde el instante en que llegué a Schoenfeld y vi a todos los rincones detrás del escenario y percibí la atmósfera acumulada de olores de casi cien años de producciones teatrales, me sentí como en casa. Todos los integrantes del elenco eran estrellas. Todos eran increíblemente talentosos; sabían cantar, bailar y actuar con un nivel de habilidad que era humillante. Lo mismo puede decirse de la compañía del musical que estaba ensayando, lo que me permitió ponerme al día con ellos antes de debutar como Zach. ¡Qué privilegio y honor estar entre estos profesionales como parte de la familia de *A Chorus Line!* No solo me ayudaron a mejorar mi nivel, sino que también me validaron como artista polifacético, haciéndome saber, "Tú puedes con esto, Mario", y que estaba a la altura suficiente como para pasar el rato con ellos. El elenco fue solidario y elogioso a medida que nos preparábamos para la fecha de mi debut.

Pero no fue pan comido. Los primeros días en que aprendí la coreografía, me acordé de *Kids, Incorporated*, cuando la coreógrafa me gritaba por no hacerlo como ella quería. Sin embargo, Bob Avian y el resto del equipo de producción tenían una fe absoluta en mí y nunca expresaron preocupación, pero esto me hizo sentir más nervioso. Y también me hizo trabajar aún más duro. Los horarios de la obra eran agotadores. El musical en sí es intensamente físico. Cantas, bailas, actúas sin parar, y no hay interrupciones. Por si esto fuera poco, *A Chorus Line* hacía ocho presentaciones a la semana con solo un día de descanso. El nivel de exigencia era increíble, y me sentía extenuado.

El 15 de abril, cuando salieron las reseñas después de mi debut en Broadway, casi todas fueron muy entusiastas. Incluso los críticos de teatro más despiadados me dieron su apoyo a regañadientes, diciendo que además de que mi interpretación era bastante buena, mi energía era una adición bienvenida a la obra. Por supuesto, todos los que habían apostado a que yo tendría éxito se sintieron muy emocionados. Esta experiencia me brindó muchas satisfacciones, pero tengo que decir que cuando algunos actores y yo fuimos a tomar unas copas en Joe Allen para concluir mi primera semana en el musical, sentí que había hecho el rito de pasaje, y que ya era uno de ellos.

Como probablemente sabrán acerca de mí y de mi crianza, nunca le hice el quite al trabajo duro o a la realidad de que siempre

hay que martillar mientras el hierro está caliente. Así que con todas las oportunidades que recibí para trabajar como presentador
mientras estaba en Nueva York, saqué tiempo para eso sin hacer
preguntas. Además, la mayoría de las sedes de los medios de comunicación estaban a poca distancia del distrito teatral. Y luego,
para complicar mi vida aún más, a mediados de mi participación
en Broadway, conseguí una gran oportunidad para aparecer como
presentador en *America's Best Dance Crew*, el nuevo programa de
MTV, que los aficionados llamaron *ABDC*. Era un programa caliente, muy popular en MTV, y una gran oportunidad para mantener activa mi carrera como presentador. Para hacer posible todo
esto, tuve que tomar un vuelo nocturno a Los Ángeles una vez por
semana. Aterrizaba, hacía el programa, y regresaba a Nueva York
en otro vuelo nocturno. Se hicieron preparativos para que yo fuera
directamente a mi primer programa después de aterrizar, y ese día
teníamos dos. Así que yo no estaba durmiendo prácticamente. Algún funcionario de producción se las arregló para que una escolta
policial me acompañara al condominio o al aeropuerto, pues mi
tiempo era muy apretado. No sé cómo lograron darme un trata-
miento presidencial, pues de lo contrario, no habría sido capaz de
hacer malabares con todo eso. Una vez en mi departamento, dor-
mía una hora, me levantaba, hacía una sesión matinal, volvía a mi
casa, trataba de hacer otra pequeña siesta, y esa misma noche tenía
que participar de nuevo en el musical. Justo cuando estaba recuperando el aliento, la semana se iba volando y tenía que hacerlo todo
de nuevo. Esto se prolongó durante varias semanas.

Finalmente tuve una especie de tregua, pues estaría un tiempo
en Nueva York y me sentía muy entusiasmado, planeando la visita
de tres primos con dos de sus parejas. Antes que nada, yo estaba
emocionado de ver a mi primo Chico, que también era mi ahijado. Me decía Nino, la abreviatura de *padrino*, y además de que

viera el musical, yo quería mostrarle la ciudad como si fuéramos dos turistas.

Chico, cuyo verdadero nombre era Emilio, no siempre había tenido una vida fácil. Era el hijo de la hermana de mi mamá. Mi tía lo tuvo cuando solo tenía diecinueve años y ella murió durante el parto. Todo el mundo quedó devastado y una nube oscura se cernió sobre la familia por mucho tiempo. Los médicos dijeron desde un comienzo que debido a todas las complicaciones durante el parto, era muy probable que Chico sufriera muerte cerebral o fuera disfuncional, pero él sobrevivió. Sin embargo, tenía algunos problemas de desarrollo, sobre todo en la parte física. Por ejemplo, no podía mantener el equilibrio por mucho tiempo y se caía a menudo, pero era muy inteligente y agudo. Chico, que era unos cinco años menor que yo, había crecido con la idea de que su madre había muerto porque los médicos le habían suministrado un tipo de anestesia equivocada en la sala de partos, y que el hospital le debía una gran suma de dinero, que le pagaría cuando él cumpliera dieciocho años. Siempre vio ese dinero como un faro de esperanza que resolvería muchos de sus problemas. Cuando finalmente se lo dieron, se sintió decepcionado. Había pensado tanto en ese pago y esperado tanto tiempo, creyendo que nunca más tendría que preocuparse por el dinero. Pero no era suficiente para darle una independencia financiera. No era la panacea para curar las heridas más profundas o para compensar las pérdidas que el dinero no puede comprar. Durante esa época, yo había estado lejos y muy ocupado, pero me había sentido preocupado por él, para ser honesto, y quería hablar con Chico para cerciorarme de que todo estuviera listo para que viniera a visitarme. Ya habíamos hablado de que él viniera con mis primos Alex y Chica, y sus respectivas parejas, y todos ellos se alojarían en mi departamento. El resto de la planificación estaba en mis manos.

Unos días antes de que se llegaran como estaba planeado, llamé a Chico para concretar los detalles.

—¿Vas a venir? ¿Estás emocionado? ¿Recibiste billete de avión?

—Sí, sí. Estaré allá, Nino. Tengo ganas de verte.

En vez de contarle nuestro itinerario, decidí darle una sorpresa y hacerlo cuando llegara.

Pero resulta que todos llegaron, menos Chico.

¿Qué había pasado? Miré confundido a cada uno de mis primos.

—¿Dónde está Chico?

—Amigo —explicó Alex—, se echó para atrás. No sé. Simplemente no vino; no nos llamó ni nada.

Agarré mi celular para llamarlo, pero no pude contactarme con él. Entonces pregunté:

—¿Quién estuvo con Chico la última vez?

Alex había estado con él a principios de esa semana.

—Sí, me lo llevé de compras, para conseguir el traje que iba a usar aquí en Nueva York.

La conclusión unánime era que simplemente había decidido no venir. Pero yo sabía que se trataba de algo más serio cuando Alex añadió:

—Estoy preocupado por él. Parece raro últimamente.

Los otros empezaron a explicarme que Chico estaba bebiendo mucho y que había recibido un par de multas por conducir bajo los efectos del alcohol. Sin importar lo que estuviera pasando, pensé que una parte de eso se debía a su inmadurez. Yo no habría adivinado nunca que su comportamiento imprudente era un grito desesperado en señal de ayuda.

Al cabo de un par de semanas, me dieron la noticia de que Chico se había suicidado. Compró una pistola y se pegó un tiro en la cabeza. No dio ninguna explicación. No dejó ninguna nota.

Nada tenía sentido. Yo lo había sentido bien cuando hablamos por teléfono un par de semanas antes. Se suponía que iría a verme a Nueva York. Y luego, así nomás, decidió que no. Su vida había terminado.

Cuando alguien está tan abatido que no puede ver la luz, siempre te cuestionas a ti mismo y tratas de pensar en lo que podrías haber hecho. Me pregunté continuamente: ¿Qué habría pasado si él hubiera venido a visitarme a Nueva York? ¿Y si hubiera visto que el mundo no se limitaba a Chula Vista? ¿Si hubiera visto que el mundo no era tan pequeño, y que él no estaba solo? Él habría estado en Times Square. ¿Hubiéramos ido a Central Park y a todos los museos? *¿Y qué si…?* Si él hubiera podido venir a Nueva York, habría visto los edificios altos, sentido la energía, y comprendido que había algo más. Si hubiera estado en la ciudad donde todas las personas están un poco solas, pero también juntas en esta vida, tal vez eso habría hecho una diferencia. Pero nunca lo sabré.

Su muerte me hizo un llorar durante varios días. Aún tengo dificultades para estar en paz con eso, porque sé que fue algo muy absurdo. Seis años después, todavía no he borrado su número de mi teléfono celular. No me atrevo a hacerlo.

Algo sobre el hecho de que Chico haya dejado este mundo me hizo querer vivir de una manera más plena y consciente. Otro gran punto de inflexión en mi vida y un momento para reforzar una lección duradera fue este: vivir el ahora por todo lo que vales, porque tu vida lo amerita todo.

Hacia el final de mi papel en Broadway, empecé a sentir una sensación de soledad que no tenía nada que ver con estar solo o no. La cierto es que yo tenía grandes amigos en la Costa Este que estaban a mi alrededor y que me mantenían ocupado, como Noah Tepperberg, que dirigía los clubes más populares de la ciudad y estaba conectado también con los mejores restaurantes. Siempre acompañado de modelos y de gente apuesta, Noah me invitaba a todo tipo de actividades divertidas y fiestas interesantes. Pero yo sabía que estaba forzando mis propios límites, quemando los dos extremos de la vela. La ironía de tratar de no estar solo es que terminé saliendo más, algo que solo me hizo sentir perdido en la multitud en lugar de estar menos solitario. Tal vez yo sentía nostalgia del ritmo más lento de Los Ángeles o de la vida en familia que tanto me gustaba de Chula.

No me malinterpreten, me encantó estar en el escenario y ser parte de mi familia de *A Chorus Line*. Pero después de la última llamada a escena, volvía a mi camerino para quitarme el maquillaje y me daba cuenta de que yo no quería ir a beber al distrito teatral ni a los clubes en los sectores *uptown* o *downtown* de Manhattan. Me sentía extrañamente vacío por dentro. Simplemente, no tenía el mismo deseo por la vida nocturna que cuando era más joven. ¿Qué me estaba pasando? ¿Me estaba volviendo viejo? No quería sentar cabeza necesariamente y comprar una cortadora de césped y un juego de palos de golf, pero ir un poco más despacio no me pareció una mala opción. "Ir más despacio" tal vez no era la meta. Tal vez lo que quería yo era aceptar la madurez y probar un nuevo enfoque.

Aunque todavía no sabía qué era eso, sentí un nuevo deseo de estabilidad que no sería raro para alguien con casi treinta y cinco años. La idea de sentar cabeza, solo un poco, era atractiva en cierta medida. No quería estar necesariamente en una relación completamente formal, pero tal vez yo estaba listo para tener una pareja de verdad. Yo no estaba pensando en absoluto en el matrimonio. Yo había estado en ese camino antes, y las cosas no habían salido bien.

Si yo pudiera esperar haber aprendido de los errores del pasado, supongo que mi anhelo de algo más —de algo con sustancia— era una buena señal de madurez. La otra señal de crecimiento, estoy feliz de decirlo, fue que comencé a pensar en lo que tenía para ofrecer en términos de compañerismo. La seguridad financiera era una cosa, pero en cuanto a la estabilidad, ¿quién sabía dónde estaría yo luego de pasar de un trabajo a otro? ¿Y el compromiso? ¡Me cuesta recordar esta palabra!

Fue entonces cuando —no mucho tiempo antes de terminar mi contrato en *A Chorus Line*— tomé la decisión, de una vez por todas, de comprometerme con lo que quería hacer. En otras palabras, yo iba a comprometerme de lleno a ser un presentador. No puedes hacer todo tipo de cosas durante todo el tiempo y hacerlo todo muy bien. Por supuesto, seguí diciendo "¡sí!" a las oportunidades que suponían retos para mí en nuevas áreas, pero había llegado el momento de poner todo sobre la mesa y aprovechar el momento para hacerme un nombre como presentador.

Cuando lograra tener éxito en eso, podría entonces tratar de resolver el rompecabezas de las relaciones a largo plazo. No era que yo hubiera renunciado a la idea de que un día iba a estar listo para ese tipo de compromiso. Pero por el momento, no era mi prioridad.

¿No dicen por ahí que siempre encuentras lo que más necesitas sólo cuando dejas de buscarlo? Pues bien, después de unos cuantos puntos más de quiebre, yo habría de darme cuenta de lo cierto que era esto.

# CAPÍTULO 7

# ¿ASÍ QUE CREES QUE PUEDES SER PRESENTADOR?

Alguna de las mejores instituciones educativas de este país debería hacer un poco de investigación académica acerca de si los presentadores de televisión nacen o se hacen. Yo no sabría la respuesta. Bueno, sé que algunos presentadores real y verdaderamente parecen haber nacido para el trabajo, mientras que otros adquieren sus habilidades como presentadores en otros ámbitos antes de agarrar el micrófono. Y hay otros que parecen caer en ambas categorías, que es donde creo que encajo yo. Para mí, los componentes de ser presentador se dieron de forma natural, como descubrí a los dieciocho años después de mi primer trabajo como presentador en *Name Your Adventure*. Y luego, como presentador de muchos eventos y programas, he tenido que aprender continuamente habilidades y trucos nuevos e importantes del oficio. Contrariamente a la opinión popular sobre lo que constituye a un gran presentador, no basta simplemente con disfrutar de la atención y tener el don de la palabra.

Por esa razón, los actores no siempre son los mejores presentadores. En la lista de cosas que tuve que aprender "a la brava" cuando estaba empezando como presentador, es de vital importancia interesarse en otras personas y evitar que toda la conversación gire alrededor de ti. Cuando *eres* el producto que has estado vendiendo durante toda tu vida, que tiendes a ser demasiado egocéntrico. Yo lo llamo un "riesgo laboral", porque la verdad es que cuando estás en el mundo del espectáculo, tienes que estar en alerta constante en cuanto a tu apariencia, a lo que dices, y a la manera como te ven los demás. Al mismo tiempo, como un presentador, necesitas entremezclarte de maneras interesantes y entretenidas, ya que a veces te pueden llamar simplemente para llenar el aire, por lo que necesitas tener algún material original.

Lo que creo que me ayudó en las presentaciones anteriores, cuando cubrí deportes o presenté concursos de belleza y así sucesivamente, y más tarde, cuando fui co-presentador de un programa de *talk show* con Dick Clark antes de cumplir treinta años, es que me encanta tener una plataforma para ser yo mismo. También era genial tener un trabajo que te pagara por ser tú mismo. Por suerte, toda mi vida he sido fiel a mi esencia, y estoy contento de ser como soy. Así que ser presentador se me dio de una forma natural, ya fuera en fiestas privadas y eventos nocturnos, o, como descubrí más tarde, en la televisión nacional y en programas de radio sindicados. Otra ventaja que tengo es que soy una persona realmente curiosa, y esta cualidad se presta para entrevistar a la gente y conducir un programa. Debido a esa curiosidad, al deseo de aprender y de conocer a otras personas, he sido un mejor oyente de lo que pudiera haber sido en un principio. Y, tal vez debido a las reuniones familiares en nuestra casa durante mi infancia, la mayoría de las veces pienso como un presentador, y me quiero asegurar de que todo el mundo esté pasando un buen rato. "Mi casa es su casa" me sería muy útil.

Para mi sorpresa, he visto presentadores en la televisión que no se interesan en hacer que sus invitados se sientan cómodos, y algunos ni siquiera escuchan la respuesta del entrevistado antes de pasar a la siguiente pregunta, o a otros presentadores que no tienen preguntas de seguimiento preparadas porque no han estado escuchando. Después de ver ese tipo de ejemplos, aprendí lo que *no* debía hacer, y me prometí no ser así. Mi actitud cuando estoy entrevistando a alguien es que no se trata de mí, sino del entrevistado. Si hay una cualidad que he aprendido que sea realmente importante, es que la humildad es lo que hace a un gran presentador. Para nosotros, los ex niños actores que crecimos con toda esa atención, ser humilde no es necesariamente fácil. Es por eso que, en retrospectiva, valoro todos los trabajos que no obtuve, porque me enseñaron a ser humilde, o al menos a poner los pies en la tierra, y con suerte, a ser auténtico. *Dancing with the Stars* demostró ser un curso intensivo en conservar mi humildad. Y, de nuevo, me puso en el radar de muchos productores que buscaban presentadores para atraer a una gran audiencia, y al mismo tiempo me ayudó inesperadamente a conseguir un lugar protagónico en un musical de Broadway.

En realidad, un par de años antes de interpretar el papel de Zach en *A Chorus Line*, ya me había dedicado a encontrar el trabajo adecuado como presentador del que pudiera apropiarme. La realidad, a medida que exploraba el mercado, era que no había muchos programas de entretenimiento y de noticias que fueran presentados diariamente, en los que yo me viera como presentador por un tiempo, y en los que el contenido encajara bien con mis habilidades. Aunque soy adicto a las noticias y podría haber buscado trabajo como presentador de noticias, yo me había formado en el entretenimiento y era allí adonde mi corazón me guiaba. Pero cuando mis representantes de talento averiguaron si alguno de los mejores programas de noticias de entretenimiento estaba contratando personal, solo uno de ellos —*Extra*— respondió que podrían tener una posibilidad para su edición de fin de semana. La suerte quiso que *Extra* fuera mi opción número uno. Me gustaba el formato, la manera como estaba armado el programa, y la forma en que mantenían los segmentos especiales frescos y un poco diferentes de la competencia. Obviamente, yo tenía una buena dosis de experiencia como presentador en esa época, pero sabía que tendría que aprender mucho acerca de cómo conducían el programa de entretenimiento de fin de semana. Me llamaron para hacerme una prueba; afortunadamente les gusté, y a mí me encantó todo acerca del programa.

La gran noticia que recibí cuando participé en *A Chorus Line* era que yo podía continuar como corresponsal de *Extra* en la ciudad de Nueva York, haciendo entrevistas para el programa de fin de semana. El estudio estaba en la Calle 44, a un paso de mi casa y del teatro. Aunque esos meses fueron locos y dormí muy poco —luego de participar en una obra de Broadway, volar de ida y vuelta a Los Ángeles para ser presentador de *America's Best Dance Crew* de MTV, y de mi trabajo con *Extra* en Nueva York—, me encantó la oportunidad de probarme a mí mismo. Finalmente, después de desempeñarme como corresponsal, hice la transición oficial para ser co-presentador de *Weekend Extra*.

Simplemente leía un teleprompter la mayor parte del tiempo. El reto consistía en hacer que pareciera coloquial y animado. A veces había problemas técnicos y yo tenía que improvisar, lo que me hacía sentir a veces como Will Ferrell interpretando a Ron Burgundy, improvisando sobre la marcha. Pero yo no tenía que pensar mucho ni hablar y bromear largamente con Tanmika Ray, la dulce, agradable y enérgica copresentadora. Nos llevábamos muy bien, nos divertíamos, y simplemente teníamos que informar sobre las noticias del fin de semana sobre el mundo del entretenimiento.

A diferencia de otros trabajos como presentador que había realizado en el pasado, yo no tenía que dar opiniones inteligentes o de relleno en esos breves momentos en que había problemas técnicos. Esto no se debía a que los productores ejecutivos estuvieran en contra de que mostráramos nuestra personalidad, sino más bien porque muchos espectadores actuales tienen poca capacidad de concentración —y muchas opciones de interés para sus ojos— que si no manteníamos el ritmo frenético, la gente podría cambiar de canal. Ese fue un aspecto totalmente nuevo en la curva de aprendizaje que yo no había comprendido plenamente antes.

Cuando Lisa Gregorisch-Dempsey —la productora ejecutiva senior de *Extra*— me llamó por primera vez para hablar acerca de la posibilidad de que yo trabajara de tiempo completo como presentador, fui muy consciente de que ella tenía las riendas del poder y que todo lo que ella decidiera sería fundamental para mi carrera. Anteriormente, Mark McGrath, excantante de la banda Sugar Ray, había sido elegido como presentador del programa de lunes a viernes. Yo tenía la idea de que él estaba pensando volver a la música y que podría renunciar a su empleo. Así que yo quería una oportunidad. Cuando me reuní con Lisa, le dije eso con claridad, pero ella no estaba convencida. Ella es increíblemente fuerte e inteligente, y no se anduvo con rodeos. Lo diré de esta manera: posteriormente, le di a Lisa Gregorisch-Dempsey el apodo cariñoso de "Carmela", en homenaje al personaje de Edie Falco en *Los Soprano*. En ese momento de nuestra discusión, Lisa quería mantenerme como presentador durante el fin de semana, tal vez porque no creía que yo estaba listo para la emisión diaria, o tal vez porque pensaba que mi "onda" era demasiado joven. Pero, muy rápidamente, tal vez a medida que la abeja obrera que había en mí trató de ir más allá en mis funciones como presentador de fin de semana, debo haberle demostrado que podía hacerlo bien en los trabajos más importantes. Finalmente, poco después de marcharme de Nueva York y de regresar a Los Ángeles, me pidieron ser el único presentador del programa *Extra* que se transmitía todos los días. ¡Y de tiempo completo!

Aunque esto sucedió muy rápido, la aventura para encontrar mi lugar como presentador había comenzado realmente casi ocho años antes, cuando Dick Clark me retó a concentrarme en este tipo de oportunidades. No solo encontré ese lugar, sino que supe de inmediato que era allí donde yo debía estar. De inmediato sentí un ambiente familiar en *Extra*, que reflejaba el profesionalismo de todos los que eran parte del equipo; todos sentimos el impulso de ir más allá del llamado del deber, hacernos ver bien mutuamente, y crecer juntos como programa. No mucho después de trabajar como presentador en 2008, nos quedó pequeño Victoria Studios, donde estuvieron ubicadas nuestras oficinas mientras trasladábamos nuestro estudio y locación para filmar al fabuloso Grove, un centro comercial al aire libre con tiendas, restaurantes, y sitios de entretenimiento en el corazón de Hollywood, donde aún se encuentra el Mercado del Agricultor, famoso en todo el mundo. Como uno de los dos programas producidos por Warner Brothers y arrendado a NBC Universal Television —junto con el programa de entrevistas *Ellen* con la sensacional y única Ellen DeGeneres— *Extra* tuvo un período tal de crecimiento que tuvimos que mudarnos una vez más.

Y así fue como llegamos a nuestro sitio actual en Universal Studios Hollywood. Imagínense trabajar todos los días en un estudio de cine legendario, que es también un parque temático con atracciones y entretenimiento, ah, y que es la sede de Universal City Walk, que cuenta con algunas de las mejores tiendas, cines y restaurantes del planeta.

Ser presentador de *Extra* fue definitivamente el trabajo soñado que yo había estado buscando, una posición privilegiada que me permitía estar a la vanguardia de las noticias del entretenimiento en el mejor programa del sector. Recientemente celebramos nuestro vigésimo año al aire, cinco de los cuales (que pronto serán seis) conmigo como presentador. Cada día es mi propio *Name Your Adventure*!

De hecho, uno de los grandes momentos que tuve en mis primeros días como presentador de *Extra* fue que es muy agradable ser un fan y emocionarse así como se lo permiten los niños, ya sea detrás del micrófono en la alfombra roja, cubriendo las mejores entregas de premios como los Oscar y los Grammy, el estreno de una película o una gala benéfica. ¿Por qué ocultar la emoción? Eso no significa ser uno de esos fans aduladores. Más bien, es mostrar un poco del amor que expresarías naturalmente cuando tienes la oportunidad de conocer a muchas de las personas más increíbles del mundo.

¿Hay momentos en los que admiro tanto a alguien que me siento nervioso al entrevistarlo? La respuesta es no, al menos en los últimos años. La única vez que me puse realmente nervioso al conocer a una celebridad fue mucho tiempo antes de ser un presentador, cuando yo era un niño y conocí a Hulk Hogan. Él era mi fuente de inspiración, una figura que yo amaba y quería emular durante todos esos años, por lo que incluso ahora que soy adulto siento un cosquilleo retrospectivo cuando lo veo. "¡Ahí está el Hulkster!". ¡Yo era afiebrado por Hulk!

Aprendí que lo que ayuda a no sentir nervios es que un presentador tiene que ser una especie de experto en seguir de cerca los mundos de la televisión, el cine, y la música. Por eso, cuando me he encontrado con todas esas personas que estaban en la cima de sus carreras, me he preparado para estar en la cima de la mía. Una parte de esto se dio de forma natural, pero yo tenía que perfeccionar el trabajo preparatorio de saber qué preguntar con antelación, si mis preguntas estaban relacionadas con detalles biográficos, con eventos ligados al pasado, o con proyectos actuales.

Por ejemplo, si ustedes tuvieran la oportunidad, ¿qué le preguntarían a su actor, estrella de rock, o celebridad favorita? Luego de perfeccionar mi enfoque con los años, he sentido la emoción de hacer eso todos los días y he tenido conversaciones fascinantes en el proceso. Otra preferencia personal que he descubierto es tratar de no hacer entrevistas per se, sino de tener conversaciones genuinas. Es ahí donde el hecho de ser un admirador— pero al mismo tiempo un par— puede ser útil. Tal vez porque he estado tantos años frente a las cámaras, y porque la gente famosa que entrevisto sabe que me crié en este ambiente, me tratan como a uno de los suyos. Cualquiera que sea el caso, ellos se sienten cómodos conmigo y, aquí entre nos, terminan divulgando mucho más de lo que probablemente quieren en nuestras entrevistas.

Esto supone un gran valor añadido para los espectadores, porque ese tipo de enfoque le permite a la audiencia concentrarse en los detalles y emociones que no percibirían en otras entrevistas, a menos que, por supuesto, sean entrevistados por personas de la talla de Matt Lauer, o de la gran Barbara Walters, quien es una de las mejores en invitar a las celebridades a abrirse y ser ellas mismas.

La otra característica como presentador que es una habilidad que se aprende es entender el reloj. Una celebridad, ya sea en medio de la promoción de una película, un disco, o un libro, solo tiene un tiempo determinado y no puede hablar con todo el mundo. Además, nadie en la industria del entretenimiento tiene tiempo para platicar simplemente, por lo que la labor del presentador es hacer que la conversación transcurra de una manera rápida, amable con las celebridades, pero también significativa. Todo el mundo aprecia el esfuerzo y no es una casualidad que a las estrellas les encante *Extra* precisamente por eso, lo que, por supuesto, hace que sea mucho más fácil cuando las vemos en giras de prensa para películas, en la alfombra roja, o en el estudio donde grabamos diariamente el programa. Hay unos pocos programas importantes de entretenimiento que monopolizan las ondas, pero gracias a Internet y a tantos canales por cable, se ha producido una avalancha de personas que tienen acceso a micrófonos, dispositivos de grabación y cámaras fotográficas, alegando que necesitan fragmentos de sonido para promover un proyecto. Por lo tanto, los publicistas de las celebridades, tienen mucho cuidado y escogen cuál presentador y qué evento o programa tendrá un mayor valor promocional. Hay tantos eventos y programas domésticos de entretenimiento que la gente puede confundirse. Esto para no hablar de toda la prensa internacional. Mi punto es que a los publicistas y a las celebridades les encanta *Extra,* y eso hace que mi trabajo sea fácil. ¿O, debería decir, *más fácil?*

Uno de los lugares comunes que se oyen con frecuencia en Hollywood es que las estrellas más grandes son por lo general las más agradables y atentas con los medios del entretenimiento. Yo había oído esto cuando comencé a trabajar como presentador de medio tiempo, pero no lo confirmé hasta que lo hice de tiempo completo. Efectivamente, las estrellas principales, —bien sea que las haya conocido en eventos o entrevistado para *Extra*— no sólo son agradables y tienen con frecuencia los pies en la tierra, sino que tienden a ser generosas con su tiempo. Por otra parte, *son* actores, así que tal vez están actuando bien. No importa lo uno o lo otro, ¿verdad? Si son lo suficientemente inteligentes para fingir ser agradables, entonces se merecen su buena reputación. El reto que tiene un entrevistador con las estrellas más grandes es aprender a ser una especie psicólogo y saber lo que tiene que ofrecerles para que las estrellas estén dispuestas a hablar él. Si puedo hacer una pregunta en la que una celebridad dé una respuesta en la que no haya pensado nunca, o cuente una historia que le encante, eso es ganar por partida doble.

Anteriormente, mientras aprendía los gajes del oficio, a veces era reacio a hablar con las superestrellas que más admiraba por temor a que por alguna razón fueran pesados, pues eso me decepcionaría por completo. ¿Cómo haría mi trabajo, que es mostrar lo mejor de ellos si hubieran echado por tierra la imagen que yo amaba de ellos? Esto sucedió muy pocas veces y no pude ver de nuevo la película o escuchar la canción que me encantaba. Afortunadamente, la mayoría de las personas a las que siempre había querido conocer resultaron ser incluso más agradables de lo que yo imaginaba. Me hicieron sentir como un admirador aún más ferviente cuando eso sucedió.

Tom Cruise, Will Smith, Denzel Washington, Hugh Jackman, y Sandra Bullock son el epítome de personas genuinas realmente agradables y amables con su tiempo, algo que digo por experiencia propia. Hay un secreto que descubrí al cabo de un tiempo acerca de cómo las principales estrellas caminan por esa línea delgada entre aferrarse a su privacidad y estar disponibles para las entrevistas. ¿Cómo? Haciéndose cargo de la entrevista de la manera más honesta y magistral posible. En calidad de presentador y entrevistador, te hacen sentir tan especial como quieres que ellas se sientan.

Al Pacino es un ejemplo de esto. Sus papeles icónicos como Michael Corleone en *Godfather* o Tony Montana en *Scarface*, son suficientes para que cualquier persona sea un admirador suyo, y son apenas dos películas de una larga lista de éxitos a lo largo de su carrera. Él es más que una estrella y un ícono para mí. No solo estuvo la altura de mis expectativas, sino que fue el primero en hablar conmigo en la alfombra roja.

—Oye, Mario. ¿Cómo estás? —me dijo con su acento italiano de Nueva York mientras se acercaba a mí.

—Guau —respondí—. ¿Sabes quién soy?

—¿Estás bromeando? Me encantó el programa que hiciste con Dick Clark, —dijo Al—. *The Other Half.*

—¿De veras? —dije—. Eso fue hace años.

Los dos nos reímos y yo no podía creerlo creer. Ese fue ciertamente un gran momento en mi vida como presentador de televisión. Y a medida que la conversación giró hacia él, platicamos como viejos amigos. Es una persona muy cálida, y era evidente que no era pretencioso. Esto hizo que yo lo admirara aún más, y él me dio una gran entrevista.

Cher es otro ejemplo; déjenme contarles. Cher, que también es un ícono, es una de las estrellas más multidimensionales que iluminan el mundo del entretenimiento. La admiro como artista, porque nunca se ha limitado a un solo ámbito. Ella dice le "¡sí!" al trabajo: desde su programa de televisión de música y variedades, a todo lo que ha hecho como cantante e intérprete de conciertos, en lo que sigue teniendo éxito, a todos sus papeles en películas inolvidables. Al igual que Pacino, ella también se acercó a mí en un evento reciente antes de que yo comenzara a hablar con ella. Me preguntó casualmente con su voz tan peculiar: "Oye Mario, ¿qué pasa? Acabo de verte en HGTV. Has 'renovado tu garaje' ".

Eso fue muy gracioso. De todas las cosas en las que ella podía haberme visto... ¡HGTV convirtiendo mi garaje en un gimnasio! ¡Qué casualidad! Después de eso, Cher y yo podíamos hablar de cualquier cosa y de todo. Pero eso es lo que hacen las grandes estrellas: también hacen su tarea.

Por otra parte, todos tenemos días malos, incluso las celebridades más exitosas. Y algunas de las estrellas más famosas pueden ser simplemente idiotas, aunque nunca he podido saber por qué. Tienen tantas cosas que otras personas no tienen, por lo que uno creería que deberían ser agradecidas y llenas de gracia. No es tanto que sean groseras; es solo que si te desvías ligeramente de su tema de conversación preparada, actúan como si violaras su privacidad.

No hace mucho tiempo, yo estaba entrevistando a una celebridad cercana a Mila Kunis, y le pregunté algo inocente acerca de si estaba feliz de saber que Mila y Ashton Kutcher iban a tener un bebé. Prefería no hacer comentarios, me dijo con severidad, respondiendo de una manera que lo hizo parecer como si yo tuviera el descaro de preguntar sobre su felicidad por otras celebridades. Para ser honesto, he recibido miradas extrañas de algunas estrellas cuando les he hecho preguntas tan básicas del tipo, "¿Cómo estás?".

Parte del problema es la época en que estamos viviendo, cuando cada pequeño comentario puede ser magnificado un millón de veces en los medios sociales. Sin embargo, la reacción de "¿A qué te refieres con eso de cómo estoy?", o "¿feliz? ¿Quieres saber si soy *feliz?*" —en pocas palabras— puede desanimar a un presentador de entretenimiento.

Por supuesto, por lo que sé de la naturaleza humana, no todos los actores son extrovertidos y se sienten cómodos fuera de sus personajes. Muchos son tímidos o tienen inseguridades reales que les dan una vida interior de la que extraen sus actuaciones emocionales. Algunos utilizan su intensidad distante para forjar sus marcas. Recuerdo que pensé eso acerca de Ray Liotta cuando lo conocí en un campeonato de boxeo, donde Sergio Mora se enfrentaría a Peter Manfredo. La NBC me envió a cubrir las celebridades y personalidades que estaban allí como aficionados al boxeo. Ray estaba sentado en un lugar privilegiado, al lado del pasillo, en una esquina del ring, y le pedí un par de comentarios sobre la pelea.

Yo había sido un gran fan de Ray Liotta desde que era niño y lo vi en su papel estelar en *Goodfellas,* de Martin Scorsese. Así que, naturalmente, quería decirle eso, además de hablar de boxeo. Ray me miró con esos ojos azules intensos durante menos de un segundo y luego se negó, diciendo: "Lo siento. Realmente no hago ese tipo de cosas". Lo entendí, pero en realidad era una petición simple en un ambiente relajado que le habría granjeado la simpatía no solo mía y de la gente de la NBC, sino también la de todos los aficionados que veían el programa.

Me sentí decepcionado, como un solicitante de autógrafos que recibe un "no" de una celebridad. Aunque sé que las estrellas, al igual que todos nosotros, pueden tener días malos, después de todo Ray estaba bebiendo una copa y preparándose para ver una pelea emocionante. ¿Qué tan malo puede ser eso?

En ese sentido, tuve una experiencia reveladora cuando asistí a una recepción VIP en la que estaba Tiger Woods. Tiger y yo hablamos por un rato con algunos integrantes de un pequeño grupo en la sala, incluyendo a Darius Rucker, el cantante de Hootie and the Blowfish. Había muy pocas personas allí —no mucho más que quince—, así que Tiger no se vio asediado por los fans. Entonces, un amigo que estaba conmigo, pensó que sería fácil que yo le pidiera a Tiger que se dejara tomar una foto.

Inicialmente le dije: "No, no quiero pedirle una foto. Estamos bien aquí".

Pero mi amigo siguió insistiendo. Me recordó que Tiger me había visto hablar con Darius, por lo que yo podía pedírselo sin parecer un fan insistente. Yo podía pedirle una foto con nosotros dos, sin hacer un gran alboroto, como era de esperarse en una recepción como aquella.

¿Por qué no? Estuve de acuerdo y diplomáticamente me acerqué a Tiger y le dije lo mucho que significaría para mi amigo si nos tomábamos una foto rápida. Yo había sacado la cámara, estaba listo para la foto, y mi amigo estaba a mi lado. Eso nos habría tomado un par de segundos.

Tiger lo pensó y luego dijo:

—Mmmm, ya sabes, realmente no tengo ganas de tomarme fotos en estos momentos. Pero te diré algo, ¿qué tal un apretón de manos en su lugar.

¿En serio? Tardó más tiempo en decir eso que lo que habría tardado en comentar "Claro, tomémonos una foto, y muchas gracias".

Por un instante, me volví hacia él con una expresión confusa. Entonces me reí y le dije:

—Ja, ja. No te preocupes, hombre. Todo bien.

Sin embargo, eché humo por dentro. ¿Por qué un apretón de manos era preferible a una foto? ¿Acaso pensaba él que íbamos a sacar copias y utilizar su imagen con fines de lucro? ¿No quería él que tuviéramos un recuerdo suyo? ¿Quién sabe? Sé que cuando me di vuelta para irme, no pude evitar murmurar en voz alta sobre lo imbécil que era él. O algo por el estilo. No es que me hubiera sentido muy ofendido, pero fue una especie de ejemplo sobre una manera de no ser amable. Debo haber contado esta historia unas doscientas veces.

Poco después, cuando fue objeto de parodias y chistes en *Saturday Night Live* y otros programas nocturnos de televisión por la ruptura de su matrimonio, no me sentí mal por él, porque la venganza es dulce. Él perdió a todos admiradores en ese incidente, y no es que eso lo desvele. Aún así, no es difícil que una estrella caiga en desgracia, por muchas razones. Nadie recibe una recompensa por no ser una persona agradable, a pesar de tener días malos y de necesitar privacidad.

Dicho esto, no me pagan en *Extra* por calificar a las estrellas por sus niveles de su amabilidad o falta de esta, por lo que como presentador, he aprendido a trabajar con cualesquiera que sean las necesidades o deseos de la celebridad. Y si esa persona no me da un trato cordial y no me dice algo como, "Oye, Mario, anoche te vi presentando *X Factor*", pues no hay problema. Endurecer el pellejo es de mucha utilidad para un presentador. He descubierto que esto es especialmente cierto en las giras de prensa, o *junkets*. Hay una estrella de la música, de la que no diré el nombre, quien le dejó en claro al publicista que no quería hablar conmigo directamente, aunque yo estaba sentado solo a dos pies de distancia. La estrella preguntó: "¿Puedes decirle a Mario que quiero hablar de mi nuevo álbum?". Luego, el publicista me dijo: "Mario, él quiere hablar de su nuevo álbum". "¡Así será!", respondí a dos pies de distancia, como si no pudiera oírlo.

He descubierto que para la mayoría de los presentadores, las celebridades más difíciles son por lo general las que están atrapadas en el peldaño medio de la fama, lo que la industria llama los de la Lista B. No es que sean groseros, (aunque a veces pueden serlo), pero en el fondo te tratan, como presentador, de una manera desdeñosa al estilo de "¿Cómo es que te llamas?". Los de la Lista B pueden ser tan duros como los de la Lista C, y en los eventos de premiación se quejan de que no recibieron una recompensa, —que está llena de diversión gratuita—, y terminan saliendo con tres. También hay otro grupo que tiene una mala reputación entre los presentadores: las estrellas de *realities*. Algunos de estos famosos recién ungidos tienen malas actitudes. Puedes notar su actitud de "¿Sabes quién soy?" en el instante en que llegan con su sentido no ganado de tener derecho a todo, y que muchas veces es palpable. En ocasiones, me he encontrado a mí mismo pensando: ¡Amigo, me sorprendería si hablo contigo el año que viene!

El conocimiento que me ha ayudado a poner todo esto en perspectiva es que, como presentador, la mayor parte del tiempo no pienso en mí como una celebridad, y tampoco puedo hacerlo; es parte de seguir siendo humilde y de tener los pies en la tierra. No tengo delirios de grandeza cuando las celebridades que entrevisto son mucho más famosas que yo. Eso sucede luego de entrevistar a algunas de las figuras más grandes e influyentes en Hollywood día tras día. Algunas de las personas que entrevisto son tan famosas que no pueden salir de sus casas sin ser acosadas por los fans o los paparazzi. Cuando se presentan para ser entrevistadas en *Extra*, llegan rodeadas por personal de seguridad y por un séquito. Tengo algo de eso, sin duda, pero al estilo Chula Vista. Sin embargo, en comparación, los paparazzi raramente me acosan y mis días no están atiborrados de explorar lugares seguros para tener cenas tranquilas. Y estoy más que agradecido por eso.

—¿Así que tienes una queja con Russell Crowe? —empecé a decir, a modo de preámbulo para una entrevista con George Clooney durante una gira de prensa en la temporada de premios.

Siempre súper relajado y amable conmigo, Clooney es un tipo

completamente a la antigua, un Clark Gable de hoy en día. Admiro el hecho de que haya sido no solo un actor de televisión, sino también de haber tenido que pagar un precio, que realmente alcanzó la fama cuando tenía ya treinta y tantos años.

—¿Yo? No, él es quien tiene la queja —respondió George con una carcajada, recordándome que Russell Crowe lo había criticado por querer ser como Frank Sinatra.

Este fue uno de esos innumerables casos en los que la investigación puede hacer que una entrevista sea exitosa, o arruinarla. Para mí, la investigación es tan importante como la "peluca". Leo todo lo que puedo sobre los proyectos, los productores, directores, escritores, actores y actrices, y todo lo que puedo encontrar con el fin de estar listo para hacer preguntas alejadas del tema durante las entrevistas programadas y no programadas por igual. Investigo la historia de los romances de las celebridades, su estado civil actual, ya sean solteros, casados, si acaban de romper, de tener un bebé, o de una situación "complicada". De Wikipedia a *Entertainment Weekly*, de las revistas deportivas y musicales a las obras periodísticas más serias, trato de buscar en la Red y en los quioscos de periódicos para leer todo lo que pueda, absorber tanta la información de interés como sea posible, y luego tener una simple conversación. Se trata por lo general de historias que ya han sido cubiertas por la prensa, y si las traigo a colación, no es como si estuviera haciendo chismes. De hecho, las celebridades ya han hablado con la prensa y están en su mayoría dispuestas a hacer comentarios que a lo mejor no se han reportado antes. Si he hecho mi tarea y leído la información, la retengo, como por ejemplo, la historia acerca de la queja que Russell Crowe tenía con Clooney.

—Bueno, ¿y qué pasó contigo y con Leonardo DiCaprio en México? —La historia que yo había leído sostenía que, mientras estaban en México, Clooney y sus amigos jugaron un partido de basquetbol muy intenso contra DiCaprio y sus compañeros, que eran más jóvenes. Al parecer, estos estaban hablando basura y siendo maleducados, por lo que Clooney y sus amigos los reprendieron—. George, ¿cuál es la verdadera historia? —le pregunté.

George dijo:

—Sí, los amigos de Leo estaban siendo un poco bocones y fanfarrones.

Agregó que fue muy divertido derrotar al equipo de DiCaprio. Clooney y sus amigos mayores ganaron tres partidos, y en uno de ellos, los barrieron once a cero.

Sí, he aprendido que la investigación es muy valiosa. Y si no estás preparado, estarás invocando la vergüenza. Como ejemplo de esto, una vez fui a hacerle una entrevista personal a Ben Affleck, después de perderme la proyección de la película protagonizada por él. Mi excusa era que yo había estado atrapado en el tráfico de la noche a causa de un accidente grave, razón por la cual no había visto la película. Pero el estudio envía copias y yo podría haber hecho el esfuerzo de verla, salvo que otra serie de eventos desafortunados se presentaron esa noche. En lugar de ser honesto, opté por improvisar; en otras palabras, por "fingir".

Aquí tienen una pista acerca de lo que sucedió: Ben Affleck es un ávido jugador de póquer, y yo creía que él probablemente descubriría mi mentira.

Empezamos a hablar de póquer, irónicamente. Eso estuvo bien, o eso me dije mientras trataba de comportarme con calma, todavía nervioso y avergonzado. Con una avalancha de confianza, abordé el tema de la entrevista al sentarme frente a él y decirle: "¡Un gran trabajo en la película!".

Ben asintió y esperó a que yo dijera lo que me gustaba específicamente, y entonces supe que él jugaba muy bien al póquer como para dejarse engañar. Mi monólogo interior podría haber estado impreso con una burbuja que dijera: "Me está leyendo. Él me está leyendo. ¡Él puede ver que estoy mintiendo!". Por supuesto, él hizo un gran trabajo, pero yo no lo sabía porque no había visto la película. A pesar de que fingí, haciendo suficientes preguntas generales y esperando que no descubriera mi mentira, no estuve seguro de salirme con la mía.

No fue un desastre, pero sí un momento difícil e incómodo. En pocas palabras: no hice bien mi trabajo y la entrevista no fue la mejor. A partir de entonces, convertí en una política no hacer entrevistas si no había visto el proyecto con anterioridad.

Debo señalar que una habilidad indispensable para los presentadores es aprender a hacer preguntas que sean algo más que "pelotas suaves". Después de todo, se trata de noticias del entretenimiento, y la capacidad de abordar una controversia puede conducir a una gran atención en los medios sociales y a un aumento en la audiencia. Esto significa que parte de mi tarea consiste en revisar las preguntas que *debo* hacer durante una entrevista, en general para los productores.

A pesar de que tratamos de hacer que parezcan espontáneas, muchas de las preguntas que ustedes ven hacer a los periodistas en la televisión no son pensadas en ese momento; y aunque están bien planificadas, a veces son aburridas. Los productores de *Extra* a menudo elaboran las preguntas que quieren que yo haga, y luego me apropio de ellas. Durante una preparación reciente para la alfombra roja, por ejemplo, me pidieron hacer un comentario relacionado con *The Bachelor*, el *reality* de televisión. El programa y el comentario no tenían nada que ver con la ceremonia de premiación, pero era de actualidad. Al parecer, el ganador de *The Bachelor* había afirmado que él no creía que una versión gay de la serie fuera una buena idea. Los medios de comunicación se habían aferrado a eso y estaban haciendo muchos comentarios. Por lo tanto, cuando entrevisté a las celebridades en la alfombra roja, no sólo tuve que preguntarles por la entrega de premios, las películas, y sus atuendos, sino también acerca de ese comentario. Los productores normalmente me piden que aproveche la oportunidad, porque no es fácil poder entrevistar a algunas de estas celebridades de la Lista A, y esos comentarios podrían ser utilizados en otra historia.

Ayudar a generar contenido provocativo para el programa es parte de mi trabajo, y no creo que eso sea malo. Simplemente, algunos días es fácil, y otros días es incómodo. Mi preferencia personal es hacer solo preguntas sobre el tema en cuestión y no apartarme de él. Sin embargo, esa no es la realidad. Puede ser complicado preguntar algo salido de la nada que obviamente tiene la intención de generar controversia. Imagina que te están reparando tu auto y el mecánico te pregunta por tu ropa interior. Es tan fuera de lugar como eso. Así que cuando tengo que hacer estas preguntas, me siento en una posición muy extraña. A veces, las celebridades te lanzan una mirada, como diciendo, "¿Qué? ¿Estás hablando en serio?".

Aunque no me gusta, siento la presión de los productores porque quieren este tipo de comentarios. Y quieren algo relevante para la que podría ser la gran noticia del día. Por supuesto, hago todo lo posible para preguntar con delicadeza a fin de suavizar la situación, pero algunas preguntas son tan inesperadas que ninguna dosis de diplomacia puede aliviar la tensión. A modo de ejemplo, en otro pre-show en un premio reciente, tuve que hacerles una pregunta incómoda a todas las personas de color. Mis productores querían que yo captara su reacción a la última polémica de Madonna que circulaba por toda la esfera de Twitter, en la que ella se refería a su hijo blanco, como "mi pequeño 'N…'", usando una palabra despectiva para referirse a las personas de raza negra.

Así que estoy en la alfombra roja y viene Oprah, que ha sido nominada a un Screen Actors Guild Award por su trabajo en *The Butler*. Llevaba un tiempo sin verla, pero la admiro por un sinnúmero de razones, entre ellas su meteórico ascenso a la estratosfera superior como presentadora. Mientras se acerca a mí, noto su gran sonrisa y soy muy consciente de que mis productores quieren que le pregunte, "¿Cómo te sientes acerca de que Madonna haya utilizado la palabra 'N…' para referirse a su hijo? Ella dijo que lo hizo de una manera amorosa, ¿pero es aceptable?". ¡Eso sí que es una posición incómoda! Todo el mundo está en un estado de ánimo alegre y solo quiere hablar de su película y de los premios, ¡pero los productores quieren que yo les pregunte eso! Y, obviamente, me están presionando al respecto. Y estoy hablando con Oprah, y la estoy felicitando por la película, deseándole un feliz cumpleaños y hablando de algunas fotos en las que ella parece con la primera dama. Estoy tratando de hacer una pequeña charla antes de lanzar la bomba.

Y luego tengo que hacerle la pregunta, porque mis productores me están mirando con los ojos muy abiertos. Así que se la hago. Y la mirada de asombro en su rostro es dolorosa. Debe ser la primera vez que ha oído hablar de eso. Sus ojos se vuelven realmente grandes. ¡Yo, literalmente, le estoy dando la noticia a Oprah!

Y luego ella la procesó. Justo cuando empezó a responder, Oprah dijo amablemente, "¿Sabes qué, Mario? Pasemos a la siguiente pregunta. Esta es un poco demasiado delicada. No siento que este sea el lugar adecuado para ello, y yo no quiero decir nada al respecto". Qué más puedo decirle a ella, salvo, "Está bien, respeto eso. Entiendo. Gracias". Y luego le hablé de inmediato acerca de su película.

Hablando de sentirme incómodo y raro. Lee Daniels, el director de la película, estaba de pie allí, y casi puso los ojos en blanco y dijo: "¡Ay, la siguiente! ¡Vamos, Mario!". Y sentí ganas de gritar, "¡Oigan, no quiero hablar de estas cosas! Mis productores están tratando de obtener algunos comentarios polémicos".

La verdad es que todos los programas de noticias del entretenimiento hacen esto. Lo mismo ocurre con los medios de noticias locales y nacionales que cubren el mundo del entretenimiento. Todos los medios de comunicación buscan momentos noticiosos. Pero ya se pueden imaginar cómo me debo sentir mientras le pregunto a cada persona gay por su reacción a *The Bachelor* y a cada persona de color por su reacción al comentario de Madonna. *Uff.*

Ningún programa es perfecto; es televisión. Por lo tanto, siempre cometemos errores y metemos la pata. Los errores humanos me parecen divertidos cada vez que estamos en la alfombra roja. En los Oscar, estás destinado a permanecer detrás de unos setos, lo cual es raro. Todas las entregas de premios alimentan el frenesí pero los Oscar les ganan a todos. Ahí es donde realmente no nos dan ningún espacio, y estamos parados alrededor de un seto espinoso, literalmente aplastados junto a él, de pie durante cuatro horas seguidas.

También estás inevitablemente al lado de alguien de *USA Today*, *The Hollywood Reporter*, o de alguna revista francesa, con la alfombra roja a tres pies delante de ti, y detrás de un seto inclinándote hacia adelante. En cierta ocasión, una rama me atravesó el esmoquin y me pinchó en la entrepierna mientras trataba de hablar con Tom Hanks. No es divertido. Los espacios son muy estrechos y nos aprietan como sardinas. A menudo hay empujones y los ánimos se caldean. Recuerdo una vez que nuestro productor Jeremy Spiegel tuvo un altercado con una persona de una revista francesa, justo delante de Kevin Spacey y Jack Nicholson. Kevin Spacey hizo las veces de árbitro y trató de calmar las cosas. Dijo: "Oigan, chicos, tómenlo con calma". ¡Las celebridades estaban calmando a los productores y reporteros! Me sentí como si estuviera en un episodio de *Jerry Springer*.

Por otra parte, cada vez que hay drama en la alfombra roja es emocionante. Creo que la tensión se acumula debido a que todas las "personas *cool*" llegan al final y tienes muy poco tiempo para hacer tus preguntas. Todo el mundo en la fila espera a todas las grandes estrellas: Brad Pitt, Angelina Jolie, Sandra Bullock, Oprah. Todas esas personas llegan en el último minuto, y lo hacen al mismo tiempo. Nos quedamos con un enigma: Sandra Bullock no quiere esperar a que Julia Roberts termine su entrevista contigo, y Brad Pitt y Angelina no esperarán a nadie. Y entonces, terminas confundido. Es un asunto delicado. Nunca quieres ignorar a nadie para hablar con una estrella más famosa. Siempre trato de ser respetuoso, terminar mi conversación y de pasar a la siguiente persona cuando puedo hacerlo. Y esperar que todavía esté ahí. No me gusta ignorar a nadie; creo que es cruel e innecesario.

Todas las otras ceremonias de premiación —los SAG, los Globos de Oro, los Grammy— tienen una plataforma en la que podemos estar de pie, así que tenemos un poco más de espacio y todo es mucho más civilizado. Sin embargo, la regla general es que todos los grandes nombres llegan a la alfombra roja a última hora. Si se trata de los Grammys, inevitablemente, Paul McCartney, Jay-Z y Beyoncé llegarán justo al final. Es por eso que tengo que permanecer empinado y estar preparado.

Ustedes ya saben que mi mamá siempre quería mantenerme ocupado para que no tuviera tiempo de meterme en problemas. Trabajar como presentador de tiempo completo para *Extra* con Carmela Soprano (nuestra productora ejecutiva) me mantiene a raya, y es una especie de versión adulta de mantenerme muy, muy, muy ocupado y alejado de problemas.

Y siendo fiel con decirle "¡sí!" a las propuestas, acepté la oportunidad de presentar *X Factor* con Simon Cowell y compañía. Debido a mi horario en *Extra*, ellos sabían que yo no podría ensayar el programa antes de grabar. Pero, en lo que resultó ser una prueba de fuego, confiaron en que yo era un presentador que podría hacer un gran programa sin tener que ensayar. Hice literalmente todos los episodios de *X Factor* sin ensayar. Y estamos hablando de un gran programa que se graba en los estudios de CBS TV. Hablando acerca de un curso intensivo en todo tipo de desafíos como presentador, salvo que todo fue tan exacto como un reloj debido a la precisión de Simon Cowell. Contrario al crítico mordaz que parece ser, Cowell es realmente súper agradable cuando llegas a conocerlo; un verdadero caballero. Es, de lejos, el mejor juez en la historia de los programas de concurso de talento.

Cowell dirige con mucha firmeza y eficacia y tiene un gran personal que trabaja para él. Desde el punto de vista de un empresario, Simon Cowell es también un modelo a seguir. Es amable, inteligente, justo y aecesible para sus empleados y admiradores por igual.

Hablamos mucho de música cuando estamos descansando. Me encantó tener la oportunidad de preguntarle: "¿Quién crees que sea la versión americana de los Beatles?". Le dije que mi elección eran los Eagles. Él estuvo de acuerdo conmigo, y piensa que tal vez Aerosmith se lleva con mucho el segundo lugar. Por supuesto, él piensa que las mejores bandas son del Reino Unido, y es difícil discutir con él cuando piensas en gigantes como Led Zeppelin, los Rolling Stones, y Black Sabbath. Una de las cosas que me sorprendió de él es todo el apoyo que te da. A veces me dejaba mensajes en mi teléfono cuando pensaba que el programa había sido excelente y que yo había hecho un gran trabajo. Él es ese tipo de persona. Eso me encanta, pues se trata de un jefe que se mantiene infinitamente ocupado para sacar el tiempo y hacer este tipo de cosas. Si bien es cierto que tiene más dinero de lo que sabe en qué gastarlo, no creo que el dinero sea lo que lo motive. Le encanta descubrir talentos y ofrecer una plataforma para que el mundo reconozca a artistas nuevos y prometedores; le encanta ser una presencia que anima a la gente a creer en sí misma y a trabajar por sus sueños.

Si alguna vez me preocupa sobrecargarme de trabajo, solo tengo que mirar a Cowell. Aunque lamenté cuando *X-Factor* fue cancelado, he vivido lo suficiente para saber que este tipo de cosas se agotan. Mantengo los dedos cruzados para poder trabajar en cualquier programa que Simon Cowell desarrolle en el futuro. Y no puedo esperar a hacerle una entrevista sobre eso en *Extra*.

En el mundo de los medios de entretenimiento, creo que la labor más ardua para un presentador en es trabajar en una gira de prensa o *junket*.

Un *junket*, como se le conoce en Hollywood, es un evento diseñado para llevar la mayor cantidad de medios posibles a un lugar y cubrir el lanzamiento de cualquier cosa que se esté haciendo o promoviendo. En el mundo del cine, los *junkets* les permiten a los grandes estudios la oportunidad de utilizar el poder y la influencia que tienen los actores y directores más celebrados para ayudar a promover una película. Hay estrellas consideradas como las más rentables, pues tienen la capacidad de atraer la mayor cantidad de interés público, algo que se verá reflejado en la taquilla. Ellas son indispensables una vez que los engranajes de publicidad se han puesto en movimiento.

Un *junket* dura apenas un día y por lo general se lleva a cabo en un hotel de cinco estrellas en una gran ciudad, o en varias. Se planea con precisión militar cuando una película se ha terminado y está lista para ser enviada a un "teatro cerca de usted". Así, los *junkets* son organizados estratégicamente para congregar a los medios de comunicación en las principales ciudades de todo el mundo, y los periodistas acuden de todas partes para adular a las estrellas de la película y hacerles preguntas redundantes en una entrevista.

Para películas como *Transformers* y otras animadas como *Ice Age*, los estudios pueden gastar más de un millón de dólares en el par de días que dura un *junket*. ¡Imagínense eso! Esto para no mencionar que gastan esta misma cantidad de dinero en otras ciudades y países si piensan que la ubicación aumentará el valor promocional. Vi un *junket* para *Fast Five* en Brasil, y Tom Cruise hizo su *Mission: Impossible-Ghost Protocol* en Dubai. A veces, los estudios les pagan incluso los costos de viaje a la prensa cuando quieren captar realmente la atención del momento. Cuanto más dinero esperan que recaude la película, más dinero gastarán en su promoción. ¿Por qué? Porque avivar las llamas de la emotividad a través de los medios de comunicación contribuye a crear el zumbido y el entusiasmo que permitirá que la película, el disco o el libro que estén lanzando, tenga un gran despliegue. El hecho de no tener éxito en la semana inaugural puede arruinar un gran proyecto. Se trata de un momento de grandes riesgos, y un *junket* exitoso es extremadamente importante.

En los hoteles de lujo donde se llevan a cabo normalmente los *junkets*, varias plantas permanecen cerradas al público. *Extra* suele tener su propia habitación en el hotel, y utilizamos nuestro equipo de camarógrafos; en otras ocasiones, la película tiene sus propios equipos de camarógrafos, asignados a cada una de las estrellas participantes. Veamos por ejemplo el caso de la increíble película *12 Years a Slave*. En ese *junket*, caminé por el pasillo del hotel y vi los nombres de Chiwetel Ejiofor, Brad Pitt, Michael Fassbender, Paul Dano, Lupita Nyong'o, y Steve McQueen escritos en pedazos de papel y fijados a sus respectivas puertas. Las entrevistas con las estrellas o con el director tienen lugar en el interior de esas habitaciones, mientras que afuera de ellas hay tres o cuatro sillas donde los periodistas esperan en fila para tener cuatro minutos con la estrella. El equipo que organiza el *junket* utiliza literalmente un cronómetro, y cuando tu tiempo termina, te sacan de la habitación y hacen pasar al próximo reportero.

En comparación con otras personas que esperan en fila, me imagino que mi experiencia en este tipo de eventos es un poco diferente, porque conozco a muchas de las estrellas antes de estas entrevistas increíblemente cortas. Cuando entro y veo a la estrella sentada y esperando a ser entrevistada, varias cosas pasan por mi cabeza: me pregunto qué tan cansada estará; espero no olvidar mis preguntas; tener el tiempo suficiente para hacer todas las preguntas de mi lista; y, lo más importante, realmente espero que podamos reírnos y hacer que el proceso sea indoloro y divertido para ambos.

Hay un equipo de cámaras allí, dos sillas, y los grandes personajes. El mismo día que entrevisté a George Clooney en un *junket* para la película *The Monuments Men* (y que le hice esas preguntas sobre su juego de basquetbol con DiCaprio), también entrevisté a Matt Damon y a Cate Blanchett, que son grandes actores y apasionados por el trabajo que hacen fuera de su zona de confort. Ese fue el mismo evento en el que conocí y entrevisté a Bill Murray por primera vez. Él es tan agradable y divertido en persona como lo es cuando encarna a todos sus personajes. Bill Murray, por cierto, es mucho más alto de lo que uno se imagina. Mide casi seis pies y cuatro pulgadas. Fue a nuestra entrevista vistiendo pantalones y camisa rosados, y una barba incipiente. Después de charlar un poco sobre su papel en la película, señaló que se alojaba en la casa de George Clooney para el junket.

—George es un gran tipo —dije asintiendo.

Bill Murray se encogió de hombros y replicó, con un brillo en sus ojos:

—Salvo que es un tramposo compulsivo en el baloncesto.

Hmmm. Tomé nota mental: recuerda volver a preguntarle a Clooney sobre la historia con DiCaprio.

—¿En serio? —le pregunté a Murray.

Según Bill Murray, George Clooney no es bueno para el basquetbol. Al parecer, estaban jugando uno contra uno y Murray podría haber derrotado fácilmente a Clooney, pero, "decidí dejarlo ganar porque yo era su invitado y quería ser amable".

Ya se pueden imaginar su actitud inexpresiva mientras decía esto. Tengo que decir que Bill Murray es un tipo que sigue sus propias reglas en Hollywood, incluyendo el hecho de no tener un agente o un mánager. Si quieres proponerle una película a Bill Murray, tienes que llamar a un número 800. Eso se aplica para todos los que quieran hablar con él. Al parecer, dejas una dirección donde pueda recoger el libreto. Y si lo lee y le gusta, te devuelve la llamada. Así es como consigues a Bill Murray para una película. Todo el mundo —incluyendo a Steven Spielberg y Martin Scorsese—, tienen que llamar a ese número 800. El favoritismo no está permitido.

Otros *junkets* que recuerdo especialmente incluyen las entrevistas con Jennifer Lawrence, que es una de esas estrellas jóvenes y maravillosas llenas de autenticidad. Ella es adorable y con los pies completamente en la tierra. Quedó impactada al verme durante un *junket* para *Winter's Bone* porque era una gran aficionada a *Saved by the Bell*. Saltó de su silla y trajo a sus hermanos a la habitación para que me conocieran. Supongo que sus parientes también eran grandes aficionados a *Saved by the Bell*. ¿Cómo no amar a una estrella que puede ser también una admiradora?

Tengo que decir que esa actitud es la más común. La mayoría de la gente del mundo del espectáculo que ha obtenido algún tipo de reconocimiento trabaja muy duro en lo que hace, así que ¿por qué no encontrar maneras de hacer que el trabajo sea divertido? Ciertamente ese es el ambiente que me gusta crear como presentador. No hace mucho tiempo fui presentador de un especial sobre Katy Perry que se produjo a causa de mi relación comercial con Clear Channel. Este proyecto se iba a transmitir por la cadena CW. El especial incluyó su concierto en vivo, el cual era presentado como una especie de "Behind the Music", de VH1. Katy y yo estuvimos dos horas juntos, y, cuando ella no cantaba, hacíamos preguntas para la entrevista. No me parecía un trabajo en absoluto. La he tenido muchísimas veces en *Extra* y también en mi programa de radio, uno de mis trabajos más emocionantes y recientes. Katy Perry es una de las más grandes estrellas del pop en el mundo, y puedo decir honestamente que tiene los pies en la tierra. Siempre me toca los hoyuelos cuando nos vemos, y me ha dicho que su madre y su abuela me aman.

Los cumplidos de Jennifer Lawrence y de Katy Perry son realmente halagadores. También es bueno saber que tenemos una relación lo suficientemente cómoda, que hace que sea fácil reanudar la conversación la próxima vez que surja una oportunidad para otra entrevista.

Como alguien que ha subido los "peldaños de la escalera" y como un observador externo, me siento fascinado por la forma como la celebridad puede cambiar o no a las personas a medida hacen su camino hasta las filas de la fama en Hollywood. Veamos el caso de Taylor Swift. Recuerdo haberla visto presentarse en los carnavales de ciudades pequeñas y luego en grandes ferias estatales. Ella ha logrado seguir siendo la chica que conocí.

Bruno Mars es un fenómeno que al parecer pasó rápidamente de la oscuridad a la fama, aunque rara vez sea el caso; la mayoría de las estrellas trabajan duro durante muchos años antes de triunfar. Me senté a su lado en una pelea en Las Vegas justo antes de que él se preparara para actuar en el espectáculo de medio tiempo en el SuperBowl de 2014, que se celebrará en el Estadio MetLife en Nueva Jersey. Él dijo: "Rayos. Sabes que soy un chico de Hawái. No puedo creer que vaya a estar en medio de ese frío. Mi voz podría congelarse". Bruno sigue siendo auténtico, con los pies en la tierra, y es solo un chico más. Es generoso y le encanta hablar de la gente talentosa que conoce y que recién comienza a surgir, como sus hermanas, quienes están formando una banda respaldada por él. Bruno es "el paquete completo". Se preocupa por ser una persona justa, además de ser un gran artista. Es raro encontrarme con un talento que me haga frenar en seco. Bruno Mars es uno de ellos.

Eva Longoria es un ejemplo fabuloso de una estrella que he tenido la alegría de ver surgir de la nada hasta llegar a la cima y no cambiar en lo más mínimo. Probablemente debería señalar que somos los mejores amigos. Una pregunta que escucho todo el tiempo de los fans es, "¿Cómo es que nunca has salido con Eva Longoria? Serían la pareja perfecta. ¡Ustedes dos podrían ser los Kennedys latinos!".

Es una pregunta divertida, porque la conozco desde hace muchos años y nuestra amistad siempre ha sido platónica. Conocí a Eva cuando llegó a Los Ángeles en su pequeño Ford Escort, directamente desde San Antonio. Ella y yo tenemos más o menos la misma edad, los dos somos de origen mexicano, y compartimos ideas similares sobre la vida. Nos llevamos bien. Ya sea por cuestiones tiempo o por el hecho de haber sentido que ella era más como una hermana que un interés potencial en asuntos de amor, nunca hemos explorado esa posibilidad romántica. Dicho esto, ella siempre fue como una estrella de rock para mí; bonita, inteligente, apasionada y sexy. Hemos bromeado diciendo que es mi equivalente femenino: ella tiene la misma energía, motivación, concentración, y lo mejor de todo, el mismo sentido del humor que yo. Todo el tiempo nos reímos a carcajadas.

Mientras Eva crecía en Hollywood, pasando de aspirante a actriz a una de las protagonistas de *Desperate Housewives* a productora y estrella influyente e importante, no cambió sus valores o sus prioridades y sigue siendo esa mujer divertida y encantadora que conocí con su pequeño Ford de cinco puertas. Eva se preocupa por su cultura y su comunidad, de la cual se ha convertido en una voz muy fuerte; su activismo me hace sentir verdaderamente orgulloso de considerarla una amiga.

En el pasado, los fans acostumbraban suponer que cuando aparecíamos juntos en fotos en muchos medios sensacionalistas, éramos de hecho una pareja, pero eso nunca ha sido cierto. Solíamos llamarnos y reírnos histéricamente acerca de los rumores que podíamos generar. Que esta sea una lección para no confiar en lo que leen en la prensa rosa. En ocasiones, hemos trabajado juntos, incluyendo la presentación conjunta de los premios ALMA en una ocasión, y siempre estamos buscando oportunidades para hacer más cosas juntos.

De hecho, ser presentador me ha ayudado a reclamar una plataforma para hacer más cosas con el fin de crear oportunidades para los latinos en la industria del entretenimiento, y tengo que darle el crédito a Eva por su liderazgo, así como al apoyo de muchas personas. No solo porque compartimos un apellido, sino porque soy cercano a George Lopez y a Jennifer Lopez, que son líderes de esta causa. JLo, la superestrella en cada nivel y yo, trabajamos en NUVO, que es un canal para los latinos modernos de Estados Unidos. Es un canal en inglés, pero con un toque latino. Ya hay toda una nueva generación, que quiere unos medios que sean *cool* y estén en la "onda".

George Lopez y yo hemos trabajado juntos en su programa y en otros proyectos. Es un gran tipo y completamente talentoso como cómico. En la última temporada de *X Factor*, tuve la oportunidad de acompañar a la hija de George y ahora es mi mejor amiga, probablemente porque logró tomarse fotos con One Direction cuando fueron al programa. Cualquier cosa que George o Jennifer me piden que haga, estaré ahí para ellos. Y estoy seguro de que cuando yo les pida algo, ellos también estarán ahí para mí.

¿Podemos hacer una diferencia juntos en la creación de oportunidades que siguen cerradas para nuestros colegas de origen latino? Bueno, creo absolutamente que podemos hacerlo.

Si ustedes me preguntaran qué es lo que más me gusta acerca de ser el presentador de *Extra* y sobre mi labor como presentador en general, diría que es la oportunidad de aprender y crecer cada día. Es por eso que cuando me preguntan si echo de menos estar frente a las cámaras como actor —aunque no descarto decirle sí a la actuación o trabajar en otros roles semejantes— creo que necesito aprender mucho más antes de cumplir con mi ambición de ser el Dick Clark latino.

Recientemente me preguntaron si alguna vez me sentiría tentado de buscar nuevamente oportunidades que me saquen de mi zona de confort, así como lo hice en *A Chorus Line*. La respuesta es que siempre estoy abierto a las posibilidades que me permitan continuar mi viaje en el mundo del entretenimiento. Pero, qué tanto debería alejarme de mi zona de confort, es un asunto que haría bien en considerar. Cuando era más joven, tuve la oportunidad de participar por ejemplo en el mundo de la música como parte de una banda juvenil que contaba con *Auto-Tuning*, bailes y mega tours. Pero aunque eso sonaba muy emocionante, la rechacé porque estoy de acuerdo con Clint Eastwood, quien dijo una vez: "Un hombre tiene que conocer sus limitaciones". La diversidad como intérprete en el mundo del espectáculo ha sido increíblemente gratificante para mí, pero también he tratado de permanecer en mi línea. Pero, en cierta medida, he cumplido mi sueño musical cuando toqué la batería en mis primeras épocas. Cuando recibí ofertas, mis instintos me dijeron que me concentrara en mi actuación y no me distrajera con ambiciones musicales. Algunos actores pueden desempeñarse a la perfección en la música, y a algunos músicos les va bien como actores. Pero aquellos que pueden inspirar respeto en esos ámbitos diferentes tienden a ser pocos y a surgir de vez en cuando.

Tal vez haya visto muchas cosas desde la "silla grande", pero sé que a veces puedes subestimar lo que tienes y aspirar a algo más, aunque esto es como estirar la mano para agarrar la barra del trapecio y fallar cuando no hay una red. Y cuando caes, lo haces con fuerza. Y eso es todo.

Una vez dicho esto, si tuviera que hacerlo todo de nuevo sabiendo lo que sé ahora, habría salido aún más de mi zona de confort y atrevido a alcanzar unos sueños que me hubieran permitido elevarme aún más como un joven audaz en un trapecio volador. La mayor parte de lo que me detuvo fue preocuparme por lo que sucedería si fallaba y lo que tal o cual persona pensarían de mí. ¿Habría sido valiente si pudiera hacerlo de nuevo? No, yo no sería temerario. Pero trataría de sentir menos miedo. El miedo es lo que te impide ser fiel a lo que eres en realidad. Un consejo personal: no temas lo que otros piensen de ti. No temas los malos resultados. Sigue hacia adelante en la vida con aplomo.

El hecho es que me encanta lo que hago y donde estoy. Mi vida es un sueño hecho realidad; tan increíble que tengo que pellizcarme con frecuencia. Pero lo que hago no es lo que me hace feliz. Mi felicidad tiene que ver con el amor que me rodea, con las personas que me aman, y con aquellas a las que amo. Ellas son la razón por la que hago todo esto.

¿Saben algo? Esas son las historias que vienen a continuación. He guardado lo mejor para el final.

# CAPÍTULO 8

# MAZZA

Poco antes de salir del elenco de *A Chorus Line*, un nuevo miembro del reparto —o por lo menos eso pensé —llegó justo a tiempo para cambiar mi vida para siempre. A pesar de que ninguno de nosotros tenía la menor idea de eso cuando nos conocimos.

Déjenme preparar el escenario para ese momento. Yo estaba literalmente al lado izquierdo y detrás del escenario, calentando antes de la función de esa noche. Como recordarán, era el verano de 2008 y mi participación en el musical estaba llegando a su fin. En esa época, yo estaba concentrado no solo en hacer malabarismos con mi tiempo en Broadway, sino también con mis horarios frenéticos en las dos costas trabajando con *ABDC*, de MTV, y con mis incursiones como presentador en *Extra*, que consumían todo mi tiempo.

A los treinta y cinco años, finalmente sentí que sabía quién era y lo que quería; y no era frecuentar los clubes y estar en la escena. Habían pasado unas semanas desde la tragedia de perder a Chico, mi primo y ahijado cuya vida había sido tan difícil, y yo había estado pensando en tratar de apreciar más la vida que tenía por delante. Pude verme a mí mismo haciendo espacio para compartir con alguien más, con alguien que compartiera sus valores e intereses conmigo, además de su pasión. En ese estado de reflexión, estaba empezando a pensar que yo estaba listo, tal vez por primera vez en mi vida, para ese tipo de relación. Para algo real y duradero.

Aun así, no era una prioridad. Y es por eso que no presté mucha atención mientras calentaba y escuché nuestro director de escena decirme que quería presentarme a una actriz que se uniría al reparto, para participar en el coro y en la danza, haciendo varios papeles pequeños, que implicaban bailar sin parar, cantar y actuar. Cuando terminé de estirar las piernas, miré hacia arriba y vi a una sorprendente y hermosa mujer delante de mí con grandes ojos cafés y cabello largo y oscuro. Era curvilínea, atlética, y con el cuerpo de una bailarina.

En ese momento, una campana sonó en mi cabeza. Durante algunas semanas, yo había oído hablar de una chica que se iba a unir a la obra. Según dijo Nick Adams, compañero de reparto y un talentoso y polifacético artista de Broadway que interpretaría el papel de asistente de mi personaje en el musical: "Te va a gustar mucho esta chica. Es tu tipo de mujer. Despampanante, italiana, exótica. La amarás". Pero no mencionó su nombre.

Mientras sonreía y me preparaba para saludarla, me imaginé que debía ser la chica que Nick había mencionado. Con la mano extendida y una sonrisa radiante con hoyuelos y todo, le dije:

—Encantado de conocerte. Soy Mario.

Ella extendió su mano para estrechar la mía y dijo con toda naturalidad: —Hola Mario, me llamo Courtney.

¿Hmm? Pensé que si ella era italiana, tendría un nombre exótico como Francesca o Isabella.

Así que dije:

—¿Courtney? ¿Eso es todo?

—Sí, eso es todo. —Ella se encogió de hombros.

—Bueno, pensé que tendrías algún nombre italiano —me reí, pensando si acaso Nick me había informado mal—. Eres italiana, ¿verdad?

Ella me confirmó que sí, y me dijo su apellido: "Mazza".

A lo que respondí:

—¿Por qué Courtney?

—¿Qué quieres que te diga? Nací en los años ochenta —replicó.

Guau, sí que era descarada. Era evidente también que no estaba impresionada por mi pobre intento de entablar una conversación, y realmente parecía no prestarme atención en absoluto. Y entonces, como no pude pensar con la rapidez suficiente en otra cosa, le hablé de cosas irrelevantes mientras regresaba a mis rutinas de estiramiento y de calentamiento, pues necesitaba sudar el alcohol que había bebido la noche anterior.

—Ah —le dije con una sonrisa—. Creo que tuve una noche más dura de lo que pensaba. —Ella no dijo una palabra, y se limitó a mirarme fijamente, así que seguí hablando—. Sí, no sé cómo será esta noche. Podría ser difícil para mí. —Aunque era un comentario flojo, tenía que romper el hielo de alguna manera. Todo lo que pude hacer fue repetir que me agradaba conocerla y decirle—: Bienvenida a bordo.

Supe que Courtney Mazza debía tener una ventaja real cuando me miró, levantó una ceja y aclaró:

—Ah, ya he participado en este musical. ¿No lo sabías? Eres tú el que debe recibir la 'bienvenida a bordo'.

Y luego se alejó sin mirar atrás.

¡Oh, no!

Sí, antes de mi llegada, Courtney, había estado aparentemente en esta producción, pero había renunciado para participar en otra obra llamada *Cry-Baby*. Y ahora que estaba de vuelta, yo no tenía mucho tiempo para ganarme su simpatía.

No sé exactamente por qué me sentí tan intrigado. Había algo en ella. Era indudable que quedé impresionado al verla en el musical. Tenía apenas veintitantos años, era tremendamente talentosa y lo hacía todo: bailaba, cantaba y hacía que diferentes personajes cobraran vida con la calidad actoral de una verdadera profesional.

A medida que pasaban los días, seguí intentando hablar con

ella. Trataba de platicar con ella, de bromear, de ser dulce, re-
flexivo o de mostrar interés en las noticias; cualquier cosa con el fin
de abordar un tema de conversación que fuera de su interés. Ella
era calmada y no se comportaba como si esto le interesara mucho,
ya que su enfoque no estaba en mí. Pero insistí, tratando de no ser
tan obvio como para ser un perdedor total.

Para ser honesto, empecé a sospechar que ella me estaba igno-
rando a propósito. Mi ego no me dejaba creer que yo no le gustara,
así que me convencí a mí mismo de que su actitud sarcástica era
solo una estratagema, que todo eso de "no estoy interesada en ti",
era parte de su estrategia táctica para robarle el corazón a un hombre. Después de todo, cuando rechazó mi invitación para ir a tomar una taza de café, literalmente me dijo que no estaba interesada
en mí. No importaba si era una artimaña o un desinterés genuino.
Sin embargo, su actitud distante funcionó, porque me intrigué aún
más. En las pocas ocasiones en que me las arreglé para llamar su
atención y hablar con ella, siempre fue muy perspicaz.

Por ejemplo, un día llegué al teatro sintiendo los fuertes efectos
del *jet-lag* y pasé a su lado mientras nos dirigíamos hacia los
vestuarios.

—Ah —le dije—. Hoy me siento un poco lento.

—No te preocupes. No te estoy checando —replicó ella con un
brillo en los ojos, y completamente impasible.

Courtney me estaba matando. Yo no podía creer que, además
de todas las otras cosas que me gustaban de ella, también fuera
chistosa. Me parece increíblemente sexy que una chica sea chistosa. Por lo general, termino siendo el comediante en una relación.
No es que tuviéramos una relación, pero me encantaba que ella
fuera inteligente, rápida, chistosa e insolente, los cuatro "grupos
de alimentos" de una mujer perfecta.

Una tarde, algunos de nosotros salíamos del teatro después

de una función de matiné, yo iba caminando a su lado y, le dije en broma:

—¿Sabes qué? 'Courtney' no me funciona. Necesitas un nombre que coincida contigo; ya sabes, que sea italiano y exótico. —Como yo llamaba a la mayoría de mis amigos por sus apellidos o les ponía apodos, le dije—: ¿Qué tal si te llamo por tu apellido? Voy a llamarte Mazza.

—Que te chinguen —dijo ella, pero con una sonrisa—. Para que lo sepas, no me gusta 'Mario'.

¡Estábamos mano a mano!

Bueno, ya saben lo que dicen en las comedias: si funciona una vez, tienes que usarlo hasta que se agote. La próxima vez que me acerqué a ella, le dije por supuesto que Courtney era un lindo nombre, pero que no era fácil de decir, que tal vez era demasiado caucásico. Ella sacudió la cabeza y se esforzó para no sonreír. No es que yo estuviera pensando en enamorarme o en tener una relación real en ese momento, pero si alguna vez íbamos a superar el "No, no estoy interesada", yo tenía realmente problemas para verme a mí mismo saliendo con una Courtney. Sin embargo, Mazza funcionaba para mí, y ella se rió de su nuevo apodo.

¡Progreso! Habíamos avanzado hasta bromear. Y si yo tenía alguna reserva sobre mi interés en ella, quedé prendado en el instante en que me hizo reír. Ella se había adueñado de mí. Pero había ese pequeño detalle de que se negaba a salir conmigo. Tantas veces le propuse que saliéramos, que eso también se convirtió en una broma. Todos los días en el trabajo, yo le decía: "Oye, ¿cuándo vas a salir conmigo?". Obviamente, ella tenía novio. ¿Por qué no habría de tener uno? Era increíble.

Le pedí a Nick, quien la conocía desde antes, que hablara con Mazza y averiguara si había alguna esperanza de que saliera conmigo. ¡Qué ironía! El mismo Nick que interpretaba a mi asistente en la obra, y el primero que me habló de ella, ahora tenía la tarea de ayudarme a descifrar el código para conseguir una cita con Mazza. ¡Así que tuvo que ayudarme! Lo siguiente que supe fue estábamos en medio de una comedia de Shakespeare de errores —o de una trama del antiguo *Saved by the Bell*— con Nick como el intermediario, y con todo tipo de estrategias devolviéndose en contra mía. Cada vez que Nick le decía que yo quería salir, ella no cedía. Él se enteró de que Mazza llevaba varios años —tal vez diez—, con el mismo novio y, por lo que yo intuía, su relación probablemente se debía más a la costumbre que al amor.

Seguí tratando de persuadir a Mazza. No sé si ella y su novio habían tenido una pelea o qué sucedió, pero ella sucumbió finalmente. Me gusta pensar que se debió a mi encanto y a mi apariencia despampanante, pero probablemente lo hizo debido a mi presión, que rayaba en el acecho. No del todo, por supuesto, pero sin embargo, ese tipo de estrategia no es la manera de conseguir una cita. Sin embargo, puede haber sido lo que la llevó a aceptar mi invitación.

Se podría pensar que yo habría organizado mi horarios el día que planeamos salir juntos, pero yo tenía una reunión de negocios justo antes de verme con Courtney Mazza, por lo que habíamos quedado en encontrarnos. No se trataba de una mera reunión: yo iba a hablar con Katie Couric. Katie y yo nos estábamos riendo y pasándola muy bien, y perdí la cuenta del tiempo. Cuando vi la hora, me excusé y llamé a Mazza.

—Lo siento mucho, pero no puedo salir de esta reunión. Por favor perdóname, voy a llegar un poco tarde a nuestra cita.

—Olvídalo —dijo, y me ignoró.

Le pedí disculpas de manera enfática y luego, después de una semana más o menos, se calmó y accedió a darme otra oportunidad. Esta vez llegué temprano. Yo la estaba esperando. Se veía increíble mientras se acercaba, pero también vi que no estaba sola.

Venía con Nick. Él era gay, por lo que no sería una competencia en nuestra primera cita nocturna. Era una jugada inteligente. Yo no estaba pensando en hacer ningún "avance" ni nada, así que salimos los tres y la pasamos bien.

Mientras más conocía a Mazza, más me gustaba. Después de nuestra primera cita, ella bajó la guardia un poco. Empezamos a salir más y más. Pero ella también estaba lidiando con ponerle fin a su larga relación. Y, por mi parte, en ese momento me quedaban apenas unas cinco semanas antes de tener que regresar definitivamente a Los Ángeles.

Lo último que yo quería con Courtney Mazza era comenzar algo y tratar de mantener una relación a larga distancia después de marcharme. Yo había estado en esa situación y sabía que no funcionaría. En lugar de ello, decidí vivir el momento y disfrutar de la compañía realmente maravillosa de esta chica. Decidimos que íbamos a pasarla bien, siempre y cuando ella quisiera salir, y luego tomaríamos caminos separados.

Comíamos un bocado aquí, bebíamos algo allá después de la función, pasábamos nuestro día libre en un museo o pedíamos comida para llevar y nos quedábamos en mi departamento, donde parecíamos encontrar muchas cosas para entretenernos mutuamente. Muy pronto, pasamos todos los días juntos y me sentí tan cómodo que le di la llave de mi departamento en Times Square. Cuando hice esto, reconocí prácticamente que ella ya tenía la llave de mi corazón. Pero yo no quería echar a perder la sencillez de lo que teníamos.

A medida que se acercaba el momento de mi partida, solo podía sentirme agradecido por el tiempo tan íntegro y agradable que habíamos compartido, tan diferente de otras épocas, cuando yo estaba de fiesta, salía y me sentía un poco perdido y solitario. Qué suerte tuve de haber conocido a Mazza y que, gracias a Nick, así como a mi propia persistencia, hubiéramos llegado a conectarnos de una manera tan profunda y real. El hecho de que todo fuera a terminar cuando yo regresara a Los Ángeles —y ambos lo sabíamos—, no podía opacar el tiempo increíble y valioso que habíamos pasamos juntos. Aunque soy romántico, yo tenía suficiente experiencia en la vida en esta etapa para saber la diferencia que hay entre lo que se supone que es para siempre y lo que es fugaz. No iba a engañarme a mí mismo al pensar que nuestro tiempo juntos podía ser algo para siempre.

La mera logística hacía inviable cualquier otra posibilidad. Yo tenía que regresar a Los Ángeles cuando terminara mi contrato de seis meses. Y después de cumplir su compromiso con *A Chorus Line,* Mazza comenzaría a trabajar de inmediato en otra obra de Broadway. Guau. Ella iba de una obra a otra; tres espectáculos seguidos. Cuando llegó el momento de despedirnos, no fuimos demasiado dramáticos pero nos deseamos lo mejor. Sin embargo, Mazza no estaba muy emocionada con su nuevo trabajo, porque era en *The Little Mermaid*, de Disney, y creo que podría haber deseado algo un poco más atrevido. Sin embargo, se trataba de una valiosa oportunidad para cualquier persona y le recordé: "¿Estás bromeando? Has trabajado toda tu vida en esto y estás en Broadway, trabajando al nivel más alto". No era una obra de Shakespeare, pero..., ¡Dios mío!, continué, "Hay personas que darían cualquier cosa por estar trabajando como tú".

Mazza se limitó a sonreír y luego miró hacia abajo. Era demasiado talentosa para no tener mucho trabajo, y yo sabía que estaría bien sin mí. Probablemente me olvidaría en una semana o algo así.

El trabajo consumió todo mi tiempo cuando regresé a Los Ángeles, y durante las primeras semanas mi vida retomó su ritmo y todo se precipitó hacia adelante, como siempre. Excepto que me faltaba algo. Yo extrañaba a Mazza. No puede ser, pensé. Hablábamos por teléfono y nos manteníamos en contacto, pero nunca discutimos o insinuamos querer nada más el uno del otro. Ninguno de los dos mencionó la posibilidad de viajar para vernos. Sin embargo, yo quería ver su rostro, y no solo escuchar su voz. Pero yo tenía toda la intención de seguir fiel a mi regla: no a las relaciones a larga distancia.

Skype salvó nuestra relación, ya que cuando platicábamos por video-chat, era casi como si estuviéramos juntos en la misma habitación. Fue genial poderla mirar a los ojos desde tan lejos. Ella comenzó a admitir que también me extrañaba mucho, y así, comenzamos a sentir un anhelo mutuo. Yo no quería echarla de menos porque sabía que sucumbir a la melancolía romántica de estar enamorado de alguien que estaba lejos era poco práctico. Ella vivía en Nueva York. Yo vivía en Los Ángeles. No se puede estar más lejos en los Estados Unidos. Para el caso, ella podría haber vivido en Mongolia. Incluso si ella viviera en un estado vecino, habría sido complicado.

Sin embargo, después de un tiempo nuestros video-chats por Skype no fueron suficientes. Pronto, no pude controlar mi deseo de estar con ella en persona. Así que finalmente le pregunté:

—Oye, ¿por qué no vienes a visitarme en tu día libre? Te conseguiré un boleto. Vamos. Sé que es un viaje rápido, pero te echo de menos. Sería muy bueno verte.

Sí, todo era muy romántico y apasionado y maravilloso y emocionante, y no tenía ningún sentido en absoluto. Aparentemente era una estupidez, pero en nuestros corazones era la perfección. Ella voló y estuvo literalmente veinticuatro horas conmigo, ni siquiera dos noches.

Aclaro y repito. Nos volvimos adictos el uno al otro y las cosas llegaron a un punto en que ella venía a visitarme casi cada dos semanas. Algo mágico sucede cuando tienes tan poco tiempo para estar juntos. Aprovechando al máximo cada minuto, estábamos en mi cama cuando le dije por primera vez que la amaba. Se sentía muy bien, a pesar de que la logística fuera tan complicada. El amor no puede conquistarlo todo, pero cuando un hombre se enamora, ha sido conquistado. Vernos personalmente una vez cada semana o algo así no compensaba lo mucho que yo la seguía extrañando el resto del tiempo.

Y entonces sucedió algo. Mazza llegó a una encrucijada con la obra en la que estaba trabajando. No era tan gratificante como había esperado por diversas razones, y no era feliz. Iba a renunciar.

—¿Por qué quieres retirarte? —le pregunté—. Las actrices que trabajan deben seguir haciéndolo. Todavía estás en Broadway, eres una protagonista en Broadway. ¡Es increíble!, ¿Por qué habrías de querer renunciar?

Eso es lo que me habría dicho a mí mismo o a alguien que amaba.

—Necesito un descanso.

Su plan era dejar la serie a principios del verano y tomarse el verano libre.

Comencé a pensar en los posibles escenarios. No podíamos seguir viajando de ida y vuelta cada dos semanas. Era agotador y no era justo para ninguno de los dos. Maldita sea. Me había prometido a mí mismo que no sería tan insensato como para involucrarme en una relación a larga distancia, y de alguna manera me encontré justo en medio de una. Le pregunté a Mazza:

—Bueno, si vas a tomar un descanso, ¿puedo convencerte de que lo hagas y pases un tiempo aquí en Los Ángeles? Déjame cubrir los gastos de tu departamento en Nueva York durante tres meses para que no tengas que preocuparte por eso. Vendrás acá y pasaremos el verano juntos. A finales del verano, sabremos si esto realmente va en serio. ¡Puede que no seas capaz de soportarme después de una semana! Además, lo de tu departamento ya está resuelto y de todos modos vas a darte un descanso, así que no te perderás de nada.

Hubo un breve silencio al otro extremo de la línea telefónica.

Pero ella accedió finalmente a aceptar la oferta para que nos diéramos una oportunidad.

Mirando ese verano en términos retrospectivos, recuerdo que todo fluyó como una danza, como si nos estuviéramos moviendo en sincronía con el ritmo que llenaba nuestros días con la risa y las pequeñas cosas que hacen que la vida sea dulce. Me acuerdo que ella percibió mis "manías" y empezó a reírse.

—¿Qué estás haciendo? —se rió de mí en el cine cuando saqué mi paquete de Twizzlers y lo puse debajo de la nariz. Me gusta oler cualquier cosa antes de comerla. ¿Qué tiene de malo?

Lo he hecho desde que era un niño. Ella pensó que eso era chistoso y se burló a partir de entonces. Pero esa fue una señal para mí. Esos son los pequeños caprichos que solo alguien a quien realmente le gustas llega a notar. Esa es la esencia de la que está hecho el amor.

Uno de los mejores momentos de ese verano fue presentársela a mis padres. ¡Todo el mundo la amó! Por supuesto, la presenté como Courtney, pero en poco tiempo, mi familia también empezó a llamarla Mazza.

Yo había cometido algunos de mis mayores errores en la vida al no seguir mis instintos. Y esta vez, solo necesitaba escuchar. Ustedes saben que a veces, cuando estás en una relación, pasa un tiempo para acostumbrarse el uno al otro, las cosas parecen un poco incómodas al principio y hay ajustes y todo lo demás. Pero en esta relación no hubo nada de eso. Parecía como si hubiéramos estado saliendo desde hace años. Fue muy cómodo desde el primer día, desde el principio. Estar con ella se sentía muy natural y apropiado. El verano pasó volando y al final de los tres meses le dije:

—No quiero que te vayas.

Y Mazza respondió:

—Bueno, yo tampoco quiero irme realmente.

—Yo no podría mudarme a Nueva York. ¿Puedes quedarte aquí? —le pregunté.

Ella me miró, sonrió suavemente —el tipo de sonrisa en la que no muestras los dientes— y dijo:

—Sí, Mario; me quedaré aquí contigo. ¿Por qué no?

Ella tuvo que renunciar a su departamento en Nueva York, y, para cualquiera que haya vivido en esa ciudad, ya saben que renunciar a un departamento codiciado es una perspectiva aterradora porque encontrar otro es sumamente difícil. Alivié sus preocupaciones cuando le dije:

—Si por alguna razón las cosas no salen bien, te buscaré otro departamento y me encargaré de eso y de que puedas empezar de nuevo.

Yo tampoco quería que ella renunciara a su carrera o se mudara a Los Ángeles por mí; tenía que ser únicamente una decisión suya. Yo tenía que estar cien por ciento seguro de que esto era lo que ella quería. Yo quería que ella estuviera en un punto en el que estuviera lista para hacer un cambio y asumir el riesgo, pero yo no quería sentir como si la estuviera coaccionando. Quería que ella se sintiera en paz para dejar atrás su vida en Nueva York y no pensar con nostalgia: "¿Por qué me vine para acá? No debería haber renunciado a mi carrera en Broadway. Todavía hay cosas que quiero hacer profesionalmente".

Soy un artista y sé que todo el mundo en mi campo tiene una lista de cosas o puntos de referencia que quieren lograr antes de retirarse. Yo no podría vivir con la idea de convencerla de renunciar a todo eso si ella no estuviera completamente segura. Y me sentiría culpable si ella se arrepentía de su decisión.

Dio la casualidad de que fue el momento perfecto para hacer la transición, y para que pasáramos un buen rato juntos en California. Ella había trabajado constantemente y pasado de un espectáculo a otro durante varios años. Había vivido su sueño de ser una exitosa cantante, bailarina y actriz en Broadway. Había tenido buenos papeles en grandes espectáculos y ya había logrado sin duda muchas cosas en su profesión. No tenía una actitud de "he estado allá, hecho eso", pero creo que se sentía cómoda con la idea de descansar un tiempo y estaba dispuesta a dedicar un tiempo a cultivar nuestra relación.

Era el momento adecuado para nosotros dos. Una vez más, no siempre se trata simplemente de encontrar una gran persona con la que te puedas conectar a un nivel espiritual, sexual y emocional; se trata de la gran persona que entra en tu vida en el momento adecuado. Parecía que los planetas se habían alineado en el momento indicado para Courtney Mazza y para mí. Ella se mantuvo fiel al plan y optó por no conseguir un agente y empezar a trabajar aquí. Podría haber buscado fácilmente trabajos en el cine y la televisión y conseguido papeles, a pesar de que ella quería crecer como persona de otras maneras. Pensé que se iba a sentir inquieta después de unos meses, pero no lo hizo, y fusionamos nuestras vidas sin problemas.

Yo no estaba asustado ni tenía ningún tipo de temores por comprometerme con Mazza. La única consecuencia de lo que pasó con mi primer matrimonio fue que me sentí reacio a casarme con mucha rapidez. Mi pensamiento era que no necesitaba casarme para ser feliz. Aunque eso estaba en conflicto con mis creencias católicas, yo creía que, personalmente, podría ser feliz con alguien e incluso tener una familia sin un contrato matrimonial. Después de todo, ¿acaso el compromiso no tiene lugar en el corazón más de lo que lo hace cuando firmamos en la línea punteada?

Ya fuera que pudiera argumentar bien o no estos puntos, yo sabía que no iba a casarme de inmediato; quería explorar nuestra nueva relación a fondo y con seriedad. Simplemente pensé que podíamos ser felices juntos. Ella podría ser mi compañera, mi pareja, y yo podría ser la suya. Ese era el plan, y su decisión de aceptar mi oferta para quedarse en Los Angeles funcionó como un cuento de hadas. La relación siguió creciendo y nuestro vínculo se hizo más fuerte a medida que pasaron los días, las semanas y los meses. Mi "sirenita" y yo hemos sido felices para siempre desde ese día.

¿Las mejores cosas de la vida siempre son planeadas? A veces. ¿Pueden suceder cosas sorprendentes cuando menos lo esperas? Sin la menor duda. Y de hecho, la historia de una de las bendiciones más increíbles en mi vida y en la de Mazza es la prueba de ello.

Debo mencionar que durante los primeros meses que vivimos juntos, Mazza y yo no teníamos ninguna prisa para tratar de formar una familia o apresurar las cosas. Estábamos enamorados —absolutamente—, pero apenas nos estábamos instalando y queríamos disfrutar el uno del otro. Por otra parte, tal como ya habíamos acordado, nos sentiríamos felices si sucedía algo. Ninguna de estas conversaciones cambió mi postura sobre el matrimonio. Nos sentimos muy bien el uno con el otro, y vimos que era un amor verdadero sin lugar a dudas. Sin embargo, yo no sentía que tenía que casarme para demostrarle a alguien que mi amor por Mazza era sólido. ¿Para qué cambiar las cosas si ya era una situación feliz? ¿Cambiaría eso si nos encontráramos esperando un hijo? No, en lo que a mí respecta.

Yo había hablado largamente con una amiga que estaba tratando de quedar embarazada. Era una situación extremadamente difícil para ella. Lo había intentado todo, pero por desgracia, nada parecía estar funcionando. Ella también es hispana, lo que me extrañó mucho, porque yo siempre había pensado que si mirabas a una latina por el tiempo suficiente, quedaría embarazada. Nunca oído hablar de una mujer mexicana que no fuera fértil.

Obviamente, yo sabía nada sobre el tema de la infertilidad. Como no había estado en esa situación, toda mi vida había pensado que las mujeres podían quedar embarazadas con facilidad y que había que tomar las precauciones necesarias si no queríamos que esto sucediera. Mi amiga me dijo muchas cosas, y compartió conmigo todas las pruebas y tribulaciones por las que había pasado en su intento por quedar embarazada. Yo escuchaba con atención mientras ella me explicaba alguna técnica o medicamento, un procedimiento o método. A medida que aprendía acerca de los entresijos de la obstetricia y la ginecología, yo le pedía a Mazza su opinión y le preguntaba qué pensaba ella.

No abordé muchos detalles específicos por respeto a la privacidad de mi amiga, pero le dije a Mazza, "Mi amiga tiene dificultades para quedar embarazada, está gastando mucho dinero en eso, y se está estresando y deprimiendo". No pensé que las cosas serían tan difíciles para mi amiga, pues era joven. Pero la realidad era preocupante para ella y su marido, pues además de los costos de un especialista en fertilidad, la necesidad de quedar embarazada puede monopolizar cada hora del día en tu proceso de pensamiento y crear incluso una tensión en la relación, si no se maneja adecuadamente.

Después de escuchar acerca de todo esto, empezamos a pensar en nuestra falta de prisa para que Courtney quedara embarazada, y nos preguntamos si podíamos tener este mismo problema. Hasta ese momento, nunca habíamos considerado la posibilidad de infertilidad; era lo último en la lista de nuestros pensamientos. Mazza y yo habíamos empezado pasivamente a hablar de tener una familia algún día. Ya sabes, tienes esas conversaciones acerca de lo mucho que quieres tener hijos, que no los quieres tener, que solo quieres dos, que quieres hijos pero que será mejor que sean lindos y no unos mocosos. Ambos coincidimos en que algún día queríamos formar una familia juntos. Y también decidimos que no tenía por qué ser a corto plazo.

Hablamos más sobre mi amiga y le dije a Mazza que ella me había dicho: "Si alguna vez estás interesado, deberías hablar con mi doctor y él podrá examinar a Courtney sólo para estar seguro, ya sabes, solo en caso, independientemente de lo que sea. Lo mejor es averiguar ahora si hay algo que tienen que hacer, o si hay algunas medidas preventivas que puedan tener que tomar".

Mazza coincidió en que era una buena idea y pedimos una cita. Ella iba a hacerse un control de todos modos, pero no había encontrado todavía un ginecólogo de confianza en Los Ángeles. Esto me pareció algo proactivo y los dos agradecimos la útil recomendación de mi amiga.

Cuando Mazza regresó de su cita, su rostro estaba pálido mientras nos encontramos en la puerta. Nada en absoluto podría haberme preparado para la noticia de que le habían descubierto algo desgarrador y alarmante.

Tenía tumores y quistes en los ovarios. Según los médicos, no podría quedar embarazada. Los dos estábamos en estado de shock. Nos habíamos sentido mal por mi amiga, solo para descubrir que nosotros también estábamos en circunstancias extremas. Podríamos haber intentado y fracasado durante años, y nunca habríamos sabido la verdadera causa si Courtney no se hubiera hecho su chequeo improvisado. La verdad es que, a pesar de nuestra falta de prisa para quedar embarazada, comenzamos a tratar de tener un bebé. No se lo dijimos a nadie porque queríamos que fuera una sorpresa.

Después de que Mazza me diera la peor de las noticias, nos tomamos unos minutos para procesar nuestra sorpresa y preocupación. Entonces le pregunté: "¿Qué sugieres que hagamos? "Bueno, me sugirieron una cirugía de inmediato". Sin embargo, los médicos no podían garantizar nada; debido al tejido cicatrizal derivado de este tipo de cirugía invasiva, ella podría someterse a una cirugía para que le extirparan los quistes, pero aún así era probable que nunca pudiera tener hijos.

Fue un gran golpe para ambos. Fue un momento difícil, pero

como lo sabe cualquier pareja fuerte, estos son los momentos en la vida que pueden llevar una relación al siguiente nivel y fortalecer el vínculo. Eso fue exactamente lo que hizo esta crisis.

Mis pensamientos se centraron principalmente en la salud y en el bienestar de Courtney. Yo estaba tratando de no ser egoísta y de pensar en los sueños de una familia que podrían ser destrozados. Era simplemente una noticia increíble, como recibir un fuerte golpe en el estómago luego de un gancho invisible. Me sentía mareado y con la cara roja. La cabeza me daba vueltas con muchos pensamientos diferentes al mismo tiempo. Todo lo que pude hacer fue decirle a Mazza, "Te amo, y vamos a salir de esto juntos".

Mazza me explicó con calma que el médico le había aconsejado extirpar los tumores a toda costa. Parecía un procedimiento bastante seguro si se hacía de inmediato. Imagínense si ella no hubiera ido a ese chequeo, o si hubiera ido al médico más tarde; habría sido peor. Las probabilidades habrían sido aún más pequeñas de que mi amada estuviera sana de nuevo.

Por más que traté de mostrarme animado ante Mazza, me sentí realmente triste y necesité pasar tiempo solo para deliberar. En el proceso, me hundí en un estado pasajero de depresión. Finalmente le dije: "Vamos a la cirugía de inmediato".

El reto realmente pareció empeorar cuando nos reunimos con el médico y nos dieron una serie de resultados que se centraron en el peor de los escenarios. "No sabemos, no sabemos, no sabemos", fue todo lo que nos dijeron. Me sentí muy impotente en ese momento. Quise decir: "Estamos pagando porque el título médico que hay en la pared dice que usted sabe".

Mazza se sometió a la operación tal como el médico le sugirió, y luego tuvimos que esperar. Ella fue la mejor paciente posible y se recuperó rápidamente de la cirugía, pero sentí cualquier cosa menos paciencia. Sin embargo, lo único que podíamos hacer era esperar a que Mazza se recuperara y ver si alguna vez quedaba embarazada. Los médicos reprodujeron su disco rayado: "No sabemos lo que va a suceder".

Mazza y yo decidimos dejar que la naturaleza siguiera su curso. Asumimos que las probabilidades eran astronómicamente bajas de traer a un hijo a este mundo, pero nunca perdimos la esperanza. Según la forma en que el médico describió las cosas, deberíamos saber que llegaría el momento de pensar en la adopción o en otras opciones.

Estábamos agradecidos, sin embargo, de que ella hubiera superado la intervención sin que se presentara ninguna consecuencia negativa y que estuviera sana. En muy poco tiempo, Mazza volvió a ser la mujer llena de energía y de pasión, y en un par de semanas logramos reanudar nuestra vida amorosa como antes. Teníamos mucho que agradecer.

Y luego, un poco después, llegué a casa después de una caminata para recibir una noticia impactante y que me cambiaría la vida. Cuando Mazza me oyó entrar, gritó desde lo alto de las escaleras:

—¡Estoy embarazada!

Quedé paralizado. ¿Me acababa de decir que estaba embarazada? Si así fuera, yo suponía que esos anuncios no sucedían como lo hacen en las películas. No. Courtney Mazza había hecho este anuncio estremecedor, de una manera tan pomposa como si hubiera gritado: "Oye, tu madre llamó".

La cabeza empezó a darme vueltas. ¿Se trataba de una broma? Sólo para estar seguro de que no, grité al subir las escaleras:

—¿Qué?

—¡Estoy embarazada!

Tuve que sentarme para no perder el equilibrio. Recuerdo incluso lo que llevaba puesto, y estoy seguro de que permanecerá grabado en mi mente para siempre: pantalones cortos rojos, zapatillas, y una diadema negra en la cabeza. Procesé la noticia y me puse de pie.

—Guau, ¿en serio? ¡Es increíble! Dios mío, ven aquí, quiero abrazarte en este instante.

¡Y lo hice! Nos abrazamos una y otra vez, y derramamos lágrimas de felicidad.

Fue un milagro, en desafío a las probabilidades. Al final resultó que, solo tres semanas después de la cirugía, Mazza había quedado embarazada, ¡en un momento en que ni siquiera lo estábamos intentando! Mazza es, obviamente, tan dura como un infante de marina, y al parecer tengo unos espermatozoides que nadan más rápido que Michael Phelps.

Nueve meses después —casi diez en realidad—, algo que sé gracias a la experiencia que he adquirido, nuestro milagro llegó en persona. No fue exactamente planeado, pero tampoco una casualidad. En realidad, fue como una intervención divina y ahora teníamos esta pequeña bendición: una niña, que pensábamos que nunca podríamos tener.

¿No es increíble? Milagroso pero cierto.


Poco después de que Mazza quedara embarazada, un amigo mío me preguntó si estaríamos interesados en hacer un *reality* documentando el hecho de ser padres por primera vez. Yo no estaba seguro de querer compartir este momento tan especial en nuestras vidas con cámaras siguiéndonos alrededor, pero pensé que era lo suficientemente interesante como para discutirlo con la futura madre.

Y ella dijo:

—Bueno, tal vez podría ser divertido. Podemos documentar

toda esa experiencia para más adelante. ¿Imagínate si tú y yo tuviéramos un documental bien producido de nuestros propios nacimientos?

Ambos decidimos que sería como grabar muchos videos caseros. Lo haríamos solo hasta que naciera el bebé.

—De acuerdo, vamos a hacerlo. No quiero promocionarlo ni nada, pero si alguien está interesado, y no hay estrés y conflictos, lo haremos —señalé.

Mi amigo Chris Abrego tiene una gran relación de trabajo con VH1, y luego de una sola llamada telefónica a esta cadena nos dieron un programa. No tuvimos que hacer un piloto de pruebas, pero podría haber sido la cadena equivocada para nosotros. Por un lado, Mazza y yo no somos dramáticos. Tampoco somos borrachos, no nos jalamos el pelo ni corremos persiguiéndonos desnudos por la casa. Queríamos plasmar algo positivo, divertido y gracioso. Pensé que la premisa era un tipo que no esperaba ser un papá. En última instancia, creí que el programa sería una especie de videos caseros geniales para mostrarle a nuestra bebé cuando ella creciera, producidos con una gran calidad. No fue tan malo para mí tener un equipo de filmación alrededor durante el embarazo de nueve meses y tampoco fue difícil para Mazza; ella es una artista e intérprete natural; además, ella es chistosa. Los equipos de producción que trabajaron en nuestro programa no fueron invasivos y, en general, fue una experiencia maravillosa.

Fue un gran trabajo de documentación. Estoy orgulloso de la forma en que resultaron las cosas. Las personas que vieron el programa quedaron encantadas. Ciertamente, obtuvieron su dosis de drama al final porque fue muy dramático cuando casi me perdí el nacimiento de mi hija. Yo estaba trabajando como presentador para una pelea en Las Vegas —tres semanas antes de la fecha prevista— y recibí la noticia de que Courtney podría estar entrando en trabajo de parto y que estaba siendo trasladada de urgencia al hospital. Sin perder un segundo, abordé el último vuelo de Las Vegas y regresé a Los Ángeles, corriendo directamente al hospital, donde me encontré a Mazza siendo preparada para una cesárea de emergencia, pues tenía algo llamado "placenta previa".

¡Quince minutos después, tuvimos una niña!

Mazza y yo habíamos hecho un juramento solemne de que no íbamos a averiguar el sexo del bebé con antelación. Yo le había rogado como un disco rayado, "Mazza, tienes que prometerme que no le vamos a preguntar por el sexo de nuestro hijo. Sin importar lo tentador que sea. Esperemos para averiguarlo. Será la mejor sorpresa el mundo".

Así que adoptamos esta actitud tradicional y el sexo de nuestro bebé fue una incógnita para nosotros. Mi teoría era que si Dios quería que supieras esto de antemano, habría puesto una ventana en el estómago de las mujeres.

Salí de la sala de emergencia esa noche para saludar a mis amigos, que también estaban esperando las noticias por varias razones: no solo nos apoyaron, sino que también habíamos hecho apuestas sobre el género y el peso del bebé. Habíamos reunido un fondo. Todos tenían que adivinar el sexo y el peso. El premio era de más de mil doscientos dólares. Salí corriendo y grité: "¡Es una niña!" Y cuando terminaron los aplausos, todos preguntaron: "¿Cuánto? ¿Cuánto pesó?".

Mi amigo Tuddy ganó. Tuddy, cuyo verdadero nombre es Rod, siempre está vestido con un cierto estilo que parece sacado de la película *Goodfellas*, de ahí su apodo. También le dicen así porque es *cool*. Tuddy ganó la apuesta, pues dijo que el bebé pesaría ocho libras y once onzas.

Mi hermana Marissa escogió el nombre. Yo quería el nombre de Francesca en un comienzo, porque quería decirle Frankie.

Pensaba que una niña llamada Frankie Lopez sería genial. Sin embargo, Mazza tiene una sobrina llamada Francesca, por lo que no quería otra persona en la familia con el mismo nombre.

—¿Y qué? —me quejé—. La otra Francesca vive en Chicago. No habrá ninguna confusión.

Mazza discutió conmigo; ella suele expresar sus puntos de vista con mucha pasión, y acordamos que Francesca sería su segundo nombre. Queríamos un lindo nombre italiano porque mi esposa es cien por ciento italiana. Obviamente, Lopez representa la parte hispana. Pensamos que Sofía o Lucía serían quizá buenos nombres. Ustedes ya conocen la rutina: todos en la familia ayudan a deliberar sobre cómo debes llamar a tu hijo. Tienen incluso libros enteros escritos con opciones de nombres. Pensé que Sofía Lopez sonaba bien. Me gustaba la idea de que tuviera un nombre bonito y al mismo tiempo un nombre *cool*. También me gustaba Lucía Lopez, pero me preocupó que sonara un poco como el de un luchador. "En esta esquina, pesando ocho libras y once onzas, está Lucía Lopez". Fue mi hermana quien mencionó el nombre de Gia.

—Siempre me ha gustado el nombre de Gia —dijo.

—Sí, ¿saben qué? Es un nombre genial —dije en voz alta para ver cómo sonaba—; Gia Francesca Lopez —sonaba como un hermoso barco de crucero. "Navegando a bordo del Gia Francesca… "Pensé que Gia Francesca Lopez sonaba lindo. Muy italiano y muy hispano, un nombre que captaba los orígenes de ambos.

Después del nacimiento de Gia, tuvimos un poco de miedo porque la enfermera pensó que nuestra bebé tenía un problema físico. Irónicamente, algunas de las enfermeras y los médicos que entregan los bebés no saben necesariamente mucho acerca de ellos además del procedimiento de ayudar en el parto. Ellos están capacitados para hacer varias pruebas de evaluación con el fin de detectar problemas de desarrollo, y se planteó la posibilidad de que algo hubiera salido mal, es decir, que la bebé tuviera una discapacidad.

La enfermera conjeturó, y fuimos bombardeados con un diluvio de información complicada y con posibilidades surrealistas. Tuvieron que hacer un montón de pruebas. Durante dos semanas, nuestra vida fue un infierno a causa de una conjetura no concluyente que hizo una de las enfermeras. Yo sé que ella simplemente estaba haciendo su trabajo, pero me hubiera gustado que lo hubiera hecho sin asustar y poner paranoicos a los padres. Ella estaba haciendo lo que debía, pero fueron las dos semanas más estresantes de mi vida.

Gia Francesca Lopez no tenía ninguna discapacidad, y no la habríamos querido menos. En realidad, mi hija tiene habilidades físicas y verbales avanzadas, y no hay manera de hacerla callar. Es hermosa, completamente inteligente, una niña buena, y completamente saludable.

No sería de extrañar que sea divertida y que quiera ser una artista. Es realmente un ángel, nuestra primera hija, nuestra Gia Francesca, una de mis mayores bendiciones hasta la fecha.

Hubo mucha alegría y gratitud en nuestra casa después del nacimiento de Gia. Pero la culpa católica comenzó a aflorar; esa voz insistente en mi cabeza diciéndome que necesitaba casarme. Además, yo quería que todos tuviéramos el mismo apellido. Esto llegó a un punto crítico cuando Mazza me dijo que había ido a llenar una de las recetas de Gia y el farmaceuta había detenido el proceso porque Courtney Mazza tenía un apellido diferente al de Gia, cuyo nombre legal es Gia Francesca Lopez. Teníamos que hacer algo al respecto, y rápido.

Ella me llamó y me dijo:

—Ya sabes, me dio tristeza tener que demostrar que yo era su mamá porque tenía un apellido diferente a nuestra niña. Tuve que mostrar mi identificación, pero ellos me siguieron molestando.

Lo primero que pensé fue que yo también quería que todos

tuviéramos el mismo apellido. Somos una familia, y yo quería algo tangible para demostrar que éramos inseparables. Yo amaba a Mazza, a nuestra hermosa hija, y la vida que estábamos construyendo juntos. Pero primero, yo tenía que dar los pasos.

¿Qué me estaba frenando? Nada. Ya era hora de que Mazza y yo nos olvidáramos de las etiquetas de novio y novia y nos convirtiéramos en marido y mujer. Era la madre de mi hija y yo quería que fuera mi esposa. Era el momento de atar el nudo. En ese mismo instante mi hice a la idea de que quería casarme con ella.

En lugar de proponerle matrimonio de inmediato, empecé a hablar de ello en términos generales, sin que fuera algo oficial. La verdad es que yo había sabido que ella era la mujer para mí casi desde el día en que la conocí. Sin decir todavía la palabra "M" (matrimonio), empezamos a hablar acerca de tener otro hijo más temprano que tarde. Sabíamos lo difícil que era y que nada estaba garantizado. De acuerdo con las opiniones de varios médicos, solo porque habíamos tenido éxito con Gia, no significaba que pudiéramos concebir otro hijo fácilmente. Estuvimos de acuerdo en que si nos íbamos a casar en una ceremonia, hablando hipotéticamente, no queríamos que Mazza caminara embarazada por el pasillo.

Las conversaciones hipotéticas terminaron durante nuestras vacaciones de Navidad después del nacimiento de Gia, cuando fuimos a Zihuatanejo, México. ¿Recuerdan la escena final de *Shawshank Redemption*, donde Andy describe su pequeño lugar en la playa? Esa fue la ubicación paradisíaca que yo había escogido para proponerle matrimonio. Salimos a dar un paseo por la playa. Tomados de la mano, simplemente estando juntos y tranquilos. El cielo estaba azul, el sol brillaba con fuerza, y un grupo de mariachis salió de la nada, tocando la música de mi juventud, mientras me puse de rodillas y le pregunté:

—Courtney Mazza, ¿quieres ser mi esposa?

Y como creo que ya lo saben, ella dijo que sí.

Exactamente un año después, el 18 de diciembre de 2012, nos convertimos en marido y mujer en una increíble boda de invierno en la Casa Aramara, en México. Mi gran amigo Michael Schultz, o Schultzy como me gusta llamarlo, organizó todo y fue absolutamente impresionante. Tanto la ceremonia como la recepción se llevaron a cabo al aire libre y el calor era intenso. Durante la emotiva ceremonia, no pude dejar de mirar por encima de mis padres, quienes esta vez tenían grandes y amplias sonrisas en sus rostros, mientras permitían que las lágrimas brotaran libremente. La boda comenzó alrededor de las tres de la tarde y se prolongó hasta las primeras horas de la madrugada. Todo el mundo tuvo el mejor momento de sus vidas sudando en la enorme pista de baile que habíamos instalado. El tequila y la bochornosa noche mexicana comenzaron a pasar factura y poco a poco, las corbatas desaparecieron de los trajes, los sacos fueron arrojados a las sillas, los hombres se subieron las mangas de las camisas; luego, alguien se quitó los zapatos; entonces las mujeres se recogieron el pelo, y antes de que lo supieras, todo el mundo en la fiesta de bodas había saltado a la alberca. Incluyendo a mi buena amiga Eva Longoria. Las bodas pueden ser estresantes, pero la nuestra fue como una gran fiesta y todos la pasaron muy bien. La Sra. Lopez y yo no podríamos habernos sentido más felices.

En medio de la planificación de las festividades de la boda, decidimos que debíamos tratar de tener otro hijo. Exhalamos un gran suspiro de alivio cuando lo concebimos inmediato. Pero poco tiempo después, Mazza y yo nos vimos en otra montaña rusa cuando ese embarazo terminó en un aborto involuntario. Sentimos todo tipo de preocupaciones y tristeza; pero muchas personas nos aseguraron que tener un aborto involuntario era mucho más común de lo que creíamos.

Nos sentamos juntos en el sofá, le agarré la mano, nos miramos, y le dije:

—No nos estresemos por esto. Me alegra que estés bien y con salud. Vamos a dejarlo en manos de Dios.

Creí que Mazza quedaría embarazada de nuevo cuando llegara el momento adecuado. Nos concentramos en Gia y en nuestra feliz familia.

A medida que el tiempo pasaba y Mazza no quedaba embarazada, nuevamente empezamos a pensar, bueno, tal vez deberíamos hablar con los médicos; tal vez deberíamos ver si algo está mal. Tuvimos toda clase de pensamientos: tal vez habíamos tenido suerte con Gia; tal vez deberíamos ensayar con tratamientos de fertilidad o con algo que pudiera mejorar nuestras probabilidades de tener otro bebé. Y apenas empezamos a explorar esas opciones —pero antes de hacer cualquiera de ellas— Mazza quedó embarazada.

Tal vez todo lo que Mazza necesitaba realmente era un anillo de bodas. ¡Al final, resultó que nuestro segundo hijo nació casi exactamente nueve meses después de casarnos!

Durante el embarazo, sugerimos varios nombres para nuestro futuro bebé, con opciones para nombres masculinos y femeninos. Por supuesto, pensé en lo bueno que sería tener un niño. Yo había crecido en una familia con un niño y una niña, y mi hermana y yo éramos tan unidos que me encantaba esa posibilidad. Sin embargo, me sentí tan emocionado como la primera vez.

En caso de que tuviéramos un niño, yo había decidido no hacerle la circuncisión. En primer lugar, creo que eso es innecesario y brutal en esta época. Si eres judío o se trata de algo que sea parte de un rito religioso tradicional, es diferente. Pero no hay ninguna razón para que el establecimiento médico promueva la necesidad de un procedimiento que es traumático. No estamos viviendo en una época en que una persona se bañe una vez cada dos semanas, creando un ambiente tóxico donde un hombre podría ser propenso a una infección en esa parte de su anatomía. Ningún médico con quien he consultado cree que la circuncisión sea necesaria en nuestra época.

La segunda razón por la que me oponía tanto es porque no estoy circuncidado y, francamente, creo que eso sería confuso para un hijo. Mi esposa no discutió esto conmigo porque, claramente, ella se dio cuenta de lo apasionado que soy acerca de este tema. En un matrimonio, tienes que escoger tus batallas con cuidado. Aquí está un pequeño secreto para ustedes, y es divertido: Mazza nunca había visto un pene no circuncidado antes de ver el mío; se sintió intrigada, fascinada, y todo lo anterior. Otro secreto, por si no lo saben, es que cuando un pene circuncidado está erecto, tiene el mismo aspecto que cualquier otro.

Mi punto es que soy como Dios me hizo, así como lo son todos los hombres de mi familia, de mi barrio, y de nuestra cultura. Y, por cierto, si van a cualquier parte del mundo fuera de este país, la mayoría de los hombres son como yo: no están circuncidados.

Así que este tema estaba fuera de toda discusión mientras esperábamos la fecha del parto. En la búsqueda del nombre para un niño, seguimos el mismo protocolo que tuvimos con Gia. El nombre tenía que ser una combinación hispana e italiana. Mario es un nombre italiano, pero yo no quería tener un junior, y tampoco lo soy, a pesar de que la gente asume que sí porque mis nombres y apellidos son iguales a los de papá. Como no tengo un segundo nombre, realmente no soy junior, y prefiero no ser llamado así. Ninguno de mis amigos judíos es junior; me dicen que la tradición en su cultura es llamar a los bebés en honor a miembros de la familia que ya han fallecido, o solo con las iniciales de sus seres queridos. Si no íbamos a usar el nombre de Mario, me gustaba mucho el nombre de mi abuelo, Luciano, que también es italiano. Lo consideramos, pero como Mazza era muy cercana a su difunto abuelo, que se llamaba Domenico, un nombre muy italiano, nos llamó la atención. Es el tipo de nombre que ves en los frascos de salsa de espaguetis. Tal vez sonaba un poco demasiado italiano. Así que le dije:

—Cedamos y llamémoslo Dominic.

La familia de Mazza acostumbraba decirle Nico a su abuelo, y eso me gustaba. Siempre me ha gustado el nombre Dominic porque da la casualidad de que todos los Dominics que he conocido son tipos decentes. Además, Dominic Lopez suena bien. ¿Verdad? Incluso sus iniciales es también. "Me quedaré con '*D.L.*' ". Decidimos no darle un segundo nombre. Dominic no recibiría un segundo nombre porque yo tampoco lo tenía. ¡Es la tradición!

Ustedes se estarán preguntando probablemente, si acaso no lo saben ya, si toda esta planificación para un niño era en vano. Bueno, al menos Dominic Lopez, nuestro hijo, llegó a este mundo para gran celebración y fanfarria de sus cariñosos padres y de su hermana de tres años de edad, así como de sus abuelos, tías, tíos, y primos en ambos lados de la familia. Creo sinceramente que los niños son los milagros de nuestras vidas. Nos hacen esforzarnos más para darles un sustento, protegerlos, enseñarles, y amarlos.

Desde el momento en que llegó aquí, Nico nos ha hecho reír. No puedo esperar hasta que esté lo suficientemente grande para que aprenda a luchar. Hay tantas cosas que quiero enseñarle, que tendré que empezar a tomar notas. Por supuesto, quiero enseñarle a trabajar duro y a ser un caballero cuando empiece a mostrar interés en las chicas, y recordarle también que la fe y la familia están ahí para apoyarlo hasta el final. También he pensado en el hecho de que cuando Dominic tenga apenas veinte años, yo tendré sesenta. Pero seré un sesentón renegado que tratará de verse bien y de tener la energía para mantenerse al día con él. Probablemente aún podré darle una paliza si quiere hacer un par de rounds en el ring. Espero poder hacerlo. Sin embargo, cuando él tenga treinta años más o menos, podría hacerme papilla.

Courtney y yo nos ganamos la lotería el uno con el otro y con nuestros dos hijos extraordinarios. Quiero que tengan una vida plena e increíble, todo lo bueno que he tenido yo, y algunas de las experiencias que me perdí.

Ellos ya están bendecidos con dos padres que realmente los aman, los apoyan y les muestran —con verdadera acciones— lo que ambos sentimos por ellos. ¿En qué sentido seré diferente a mi padre? Lo quiero muchísimo, pero una cosa que haré de un modo diferente es expresar mis más sentimientos, sobre todo al decirles a Gia y a Dominic que los amo. Mi padre, a quien amo y sé que me ama, es hombre muy anticuado, recio y macho, y nunca me ha dicho, "Te amo, Mario".

Una vez más, sé que él me ama más que a nadie. No estoy tratando de ser cursi, pero él nunca me ha dicho esas palabras. ¿Esto ha herido mis sentimientos? No, porque lo entiendo, y sé cómo es él y me dice que me ama de otras maneras. Sin embargo, porque creo que a mis hijos les gustará escucharlo tanto como a mí me encantará decirlo, todos los días les diré que los amo. Tres y cuatro veces al día en algunas ocasiones. El amor por tus hijos no tiene medida. No puedes decir "Te amo" lo suficiente a las personas que son importantes para ti.

Quiero que mis hijos sean tan íntegros como sea posible. Courtney y yo les mostraremos tantas cosas como podamos, así como mi madre lo hizo conmigo: las artes, el teatro, la danza, los deportes y los viajes.

Pero lo más importante es que quiero criar individuos buenos y con calidad humana. Personas que sean útiles a la sociedad y no sean parte de la carga que ya existe. Quiero que mis hijos sean respetuosos, buenas personas, que se preocupen por los demás, sean muy trabajadores, educados, que no den nada por sentado, que conozcan el valor del dinero, y sean capaces de depender de sí mismos, y de nadie más. Sé que se trata de una larga lista y que esto exigirá una gran cantidad de energía por parte de Mazza y yo. La buena noticia es que tenemos tantos amigos y parientes que comparten nuestros ideales, que estoy seguro de que vamos a criar a nuestros hijos con el apoyo de "toda una aldea" y que tal como creo, "se necesita una aldea para criar a un niño".

Si me sigue yendo bien, mis hijos seguramente tendrán una seguridad financiera, pero quiero que tengan un sentido de hacer las cosas por sí mismos. Mis hijos tendrán responsabilidades y empleos, ya sea que se inicien en las tareas del hogar, o en empleos que puedo ayudarles a encontrar en mi línea de trabajo. ¡Pero no tendrán nada gratis! Recuerden, sigo siendo el hijo de Richard y Elvia Lopez, y sin duda alguna, la pereza no será estimulada. Cuando Dominic nació, celebramos solo como saben hacerlo nuestras familias mexicanas e italianas: con un montón de excusas para reunirnos.

No hemos hecho *baby showers* tradicionales, sino algo llamado "Beber y ver", que es algo muy diferente; vienes, bebes algo, y ves al bebé. Se trata más de un ambiente festivo. Y en vez de pedir regalos, solicitamos donaciones a una organización benéfica. Tanto Mazza como yo estamos establecidos y hay muchas personas en el mundo que no tienen sus necesidades básicas satisfechas. Nos gusta usar eventos como nuestra boda o el nacimiento de nuestros hijos para auxiliar a las personas que realmente necesitan un poco de ayuda, así como darles la oportunidad a Gia y a Nico de crecer rodeados de todos sus familiares.

Mazza y yo también tratamos de celebrar los pequeños momentos con nuestros hijos. No hay nada mejor que cuando me levanto por la mañana con el sonido de los balbuceos de Dominic, que tiene seis meses, o cuando oigo a Gia correr por los escalones con sus pequeños pies y su voz que dice, "¡Papi! ¡Papi! ¡Despierta!". Ah, y ver esas grandes sonrisas y cómo están tan llenos de vida y energía. Eso me derrite el corazón y me pone de buen humor. Y cuando te abrazan, te miran a los ojos y te dicen: "Te amo, papi", yo daría cualquier cosa.

Es simplemente increíble. Pero no tomo nada de eso por sentado. No puedo imaginar la vida antes de mis hijos. ¿Dónde estaría yo sin la "pandilla" que me espera cuando entro por la puerta grande al final del día y escucho a mi hija decir, "¡Llegó papá!?" Ella corre hacia mí y salta en mis brazos mientras Mazza, cargando a Nico, se da prisa y nos abrazamos en grupo. Entonces, sin importar qué clase de día haya tenido yo, ni el estrés o lo que haya pasado, todo es mucho mejor cuando tengo todos esos brazos a mi alrededor. Eso hace que todo valga la pena. Por eso quiero trabajar duro, permanecer concentrado, y hacer lo correcto para mis hijos y para mi familia. Y es por eso que ruego para ser capaz de ser el mejor marido, el mejor padre, el mejor proveedor, y la mejor persona que pueda ser.

¿Cómo hago para balancear las cosas todos los días? Ser la cara de las noticias del entretenimiento es un papel importante por desempeñar y, como es lógico, el ritmo puede ser bastante agitado. Ustedes ya saben que nunca le he hecho el quite al trabajo o ni a dormir poco cuando es parte de mi trabajo. Pero con mi joven familia en casa, me esfuerzo más que nunca para mantener el equilibrio. Dependiendo de si voy a salir a correr o no, me levanto a las seis, más o menos, y siempre desayuno con mi familia, porque ellos son la parte más importante de mi vida y por lo general no los veo hasta el final del día. Mazza y yo acomodamos a Dominic en la isla de la cocina en una frazada o en su pequeña cuna para que pueda estar con nosotros mientras comemos. Él nos mira como si fuéramos extraterrestres y, a veces podemos hacerlo sonreír. Le damos abrazos y besos rápidos y salgo de la casa a las ocho a.m.

Mi primera parada casi todos los días es en Universal Studios

Hollywood, donde paso un par de horas detrás del micrófono en mi programa de radio sindicado nacionalmente, *ON With Mario Lopez*. Trabajo con dos productores jóvenes e inteligentes. Háganse de cuenta Beavis y Butt-Head, pero más "limpios". Soy el estadista mayor del grupo. Ellos me mantienen joven y vigente con sus comentarios sarcásticos e irreverentes.

El programa es actualmente el número uno en Los Ángeles y en todos los principales mercados en su franja horaria. Estoy orgulloso de que lo estemos haciendo tan bien y es probablemente el trabajo en el que me siento más libre de ser yo. Lo bueno de la radio es que hay una gran intimidad cuando solo están el micrófono y tú. Puedo tener una conversación real con mi país y hablar de lo que soy —Mario, la persona— y ofrecer mi punto de vista sobre las cosas. Hablo de historias reales que están sucediendo entre mi esposa, mis hijos, y el resto de mi familia y yo, y lo que está pasando con mis otros trabajos. También hablamos de las celebridades, de la cultura popular y de los acontecimientos actuales. Lo cubrimos todo. La mejor parte es que tengo la oportunidad de dar mi punto de vista personal, sin filtro.

También tengo toneladas de invitados en el programa, una gran cantidad de coloridos personajes del mundo de los deportes, el entretenimiento y la música. He tenido a Julia Roberts, Arnold Schwarzenegger, Jenny McCarthy, Will Ferrell, Kim Kardashian y a Britney Spears en el estudio. He tenido a Snooki de *Jersey Shore* e incluso a Mike Tyson al aire conmigo. Mike Tyson es genial porque tiene esa voz que cualquiera que escuche reconocerá al instante. A los comediantes valientes les gusta imitar su voz, y no los culpo, porque él es muy único, con su ceceo y acento de Brooklyn. "Oye, Mario. ¿Cómo estás? ¿Todavía subes al ring, le das una golpiza a tus rivales y los noqueas?". Si están pensando en burlarse de su voz, tengan en cuenta que él no ha olvidado cómo pelear.

Cuando las celebridades como Julia Roberts o Arnold Schwarzenegger vienen al programa, trato de crear ese flujo libre y sin filtro que me recuerda a todas las reuniones familiares de mi niñez. El programa es a primera hora de la mañana, pero podemos lograr ese ánimo festivo con temas y anécdotas en lugar de seguir una lista de temas de conversación planeada de antemano. Julia tiene una risa increíble y contagiosa, y puede hablar de temas serios o sin importancia. Es inteligente, divertida, y obviamente talentosa y bella. Podríamos hablar de cómo consiguió su primera oportunidad en el mundo del espectáculo o de lo que hace para mantener el equilibrio entre su trabajo y su vida familiar. Obviamente, ustedes no pueden verlo en la radio, pero cuando bromeo y le tomo el pelo, el rostro de Julia adquiere una expresión traviesa, como si tuviera malas intenciones. Arnold Schwarzenegger también tiene la capacidad de ser muy serio y divertido al mismo tiempo. Su aventura como empresario es una fuente inagotable de fascinación para mí, y también me gusta que pueda burlarse de su acento, e incluso de sí mismo al repetir chistes de *Saturday Night Live*.

Una vez que mi programa despegó, los poderes fácticos quisieron que me expandiera y pidieron una voz femenina para entrar en el redil. Probé muchas voces femeninas, todas ellas maravillosas y veteranas del mundo de la radio, pero ninguna tenía la insolencia adecuada para seguir mis bromas. Bueno, y cuando se trata de insolencia, quién mejor que mi esposa, ¿no?

Casualmente, yo solía invitar de vez en cuando a mi esposa para que me ayudara, sobre todo porque siempre me refería a ella en el programa: "Así que anoche, mi esposa me estaba dando un mal rato por no robarle la frazada. Díganme si estoy equivocado…". Los oyentes hablaban y yo escuchaba. La audiencia femenina realmente respondió cuando Courtney llegó al programa. Además, Courtney, también conocida como Mazza, no sólo es mi esposa. También es increíblemente divertida, lista, y más que dispuesta a hacerme pasar un mal rato. Esto para no mencionar que tiene una voz radial muy calmante.

No había duda. Mazza era la elegida. Aunque yo no estaba seguro de lo que pasaría cuando propusiera la idea: "¿Qué pasa si mi esposa viene un par de días a la semana y grabamos algunos segmentos juntos?". A la gente de Clear Channel le encantó la idea y mis productores la adoraron. Así que ahora es mi copresentadora. Lo admito, aunque quiero mucho a mi esposa y nos divertimos tanto haciendo juntos el programa, por un tiempo luché con la idea. Al principio estaba renuente porque he oído historias terroríficas de parejas que tratan de trabajar juntas. Dick Clark siempre solía decir: "¿Quieres saber cuál es la forma más rápida de obtener un divorcio? Trabaja con tu esposa". Pero no somos una pareja cualquiera; somos nosotros. Nos irá bien.

Y es un programa de radio. Afortunadamente, Universal Studios es como la zona cero para mí. Mientras no tenga reuniones u otros compromisos en otros lugares, la mayoría de mis labores están a un paso o a un corto trayecto en un carrito de golf. Por lo tanto, la mayoría de las veces, inmediatamente después del programa radial, voy directamente hacia donde filmamos *Extra* y a que me peinen y maquillen. Entonces me voy a la "pista", lo que significa que tengo que grabar partes de voz en off que se transmitirán junto con las entrevistas de la serie.

Hacer la voz en off es una habilidad que he dominado luego de varios años de ensayo y error. Debo ser entusiasta, saber las palabras que debo resaltar, y cerciorarme de leer a la velocidad correcta. Las secciones de los guiones tienen unos tiempos determinados. Por ejemplo, por encima de la línea de "Jennifer Lawrence estaba en Las Vegas la semana pasada promocionando su nueva película *American Hustle*" está escrito un tiempo de 2:30. Eso significa que tengo que leerlo en exactamente 2,5 segundos. No en 1,9 o en 2,15, sino en 2,5 segundos exactos. Betty, nuestra ingeniera de sonido de voz suave pero perfeccionista, gritará: "¡No me sirve medio segundo más lento!", o "¡Acelera un segundo, Mario!". Me he acostumbrado a hacer esas correcciones precisas y normalmente puedo hacerlo luego de uno o dos intentos.

La gran tarea después de la voz en off es comenzar a hacer el programa real grabando las diversas cápsulas. "Piensen en ellas como en bandas de goma que mantienen la historia compacta y fácilmente comprensible. Las cápsulas son las introducciones a las entrevistas que emitimos en el programa y, a menudo se graban en diferentes lugares de Universal. Voy corriendo a donde me necesitan para la cápsula o subo a un carrito de golf y llego a tiempo para hablar por micrófono y estar listo para la cámara.

En un día normal, hago de tres a cuatro entrevistas con diferentes personalidades. A menudo, las celebridades me solicitan personalmente. Así que hago la mayor parte de las entrevistas, por lo general alrededor del noventa y cinco por ciento. Eso significa que tengo que hacer las entrevistas *y* las cápsulas que las complementan. Mientras tanto, sigo corriendo de un lado al otro para terminar de actualizar y completar otras segmentos para mi programa radial. Además de las tres, cuatro, y a veces cinco entrevistas para *Extra* durante el día, hago otras dos o tres para mi programa de radio. Literalmente, he realizado ocho o nueve entrevistas en un solo día en el momento en que todo está dicho y hecho.

Algo que me encanta es rodar con una audiencia en vivo en Universal. La mayoría de las personas que vienen a vernos grabar y que permanecen atrás son turistas. Son muy amables y proporcionan una gran energía para todos los que trabajamos en el set. Además, ellos tienen la oportunidad de ver de cerca a algunas de sus estrellas favoritas, y de verse a sí mismos en la televisión.

Una de las cosas que más me gusta de *Extra* es el ambiente familiar que disfrutamos tras bambalinas. Hay cientos de personas que trabajan en *Extra,* y hacen que todo funcione como un reloj.

Bromeamos mutuamente sin piedad y puedo hacer bromas y recibirlas gracias al elenco de personajes con los que tengo la suerte de trabajar cada día. Las bromas incluyen normalmente el peinado de una persona o la forma como están vestidas. Tuddy recibe la peor parte porque él se viste como un gánster de *Goodfellas* y es un artista de maquillaje heterosexual. Tampoco somos ajenos a las travesuras, ya se trate de llamadas telefónicas en broma, o de lo que sea. Pero todo es en broma.

Después de terminar mi trabajo en el set, descanso un poco. Trato de sacar un tiempo para ejercitarme todos los días. Es ahí cuando voy al gimnasio de boxeo. Me retiro el maquillaje, pues no tendría sentido ir maquillado a un gimnasio de boxeo. Luego hago *sparring*. ¿Por qué no mezclar mi entrenamiento con un descanso de las exigencias del día para eliminar el estrés? Esto me hace sentir mejor y aumenta mi energía para el resto de mi agenda de trabajo.

Después de regresar a Universal, hago la entrevista que tenga programada para mi programa en NUVO, *Mario Lopez One on One*, que es algo así como mi versión de *Oprah's Next Chapter*. El programa se centra específicamente en el mundo latino y me ha dado la oportunidad de entrevistar a algunos invitados increíbles, desde George Lopez a Eva Longoria, y Adrian Gonzalez a Carlos Santana. Al igual que el programa de radio, el de NUVO me permite ir más allá del guion y ser yo mismo en una conversación donde hay preguntas divertidas y serias.

Dependiendo del día de la semana o de si estoy o no en el ajetreo propio de la temporada de premios, mi trabajo puede incluir el hecho de seguir con mi labor como presentador o juez de un programa. A veces, esto sucede en el último minuto y tengo que estar listo para seguir adelante. Pero no hay nada que temer, pues todo eso está debidamente manejado por Lisa Blas, mi asistente incansable y refinada, quien todo el tiempo debe mantener todas mis cosas en su cerebro. Ella es increíble y me mantiene enfocado y puntual, proporcionando la dirección, la ubicación y los números de teléfono de todas personas involucradas e importantes, y el estado del tráfico para llegar allá. Lisa también coordina con el resto del Equipo Lopez que no está en Universal, a medida que surgen reuniones y llamadas telefónicas que debo atender.

Cuando no tengo trabajo programado por las noches, antes de terminar mis labores trato de aprovechar el tiempo para ponerme al día con otros proyectos que me permitan esforzarme aún más como presentador y empresario. Estoy muy honrado de decir que el flujo y el equilibrio de mi carrera es exactamente como quiero que sea. Hay carreras que triunfan y fracasan dependiendo de cómo las asumas. Y por eso me alegro de tener a Mark Schulman, quien ha sido mi mánager durante más de diez años. Hay muchas personas que realmente no necesitan un mánager, pero él ha hecho un gran trabajo en ayudarme a facilitarme la logística con todos mis proyectos. Él maneja todas mis decisiones empresariales. Probablemente hablo más con él que con cualquier otra persona; unas tres o cuatro veces al día.

Uno de los nuevos proyectos en los que estoy entusiasmado es en un dibujo animado, *The Chica Show*, para todos los niños, incluyendo a Gia y Nico. También acabo de firmar un contrato con Telepictures. Otros proyectos de televisión se están gestando con mi productora Viamar. "Via" es la última parte del nombre de mi madre, y "Mar" es la primera parte del mío. Elvia, Mario; Viamar, que también significa "por el mar". Parece lógico que mamá tenga el inicio en el nombre de la empresa. Después de todo, ella tenía planes para mí desde el principio.

Cuando me preguntan acerca de equilibrar el trabajo con la familia, la respuesta es fácil: simplemente lo hago. Trabajo en el equilibrio como una prioridad. Aunque cada minuto del día cuenta, nunca me olvido de que mi papel como marido y padre está primero que todos los demás. Es por eso que saco tiempo para desayunar con Mazza y los niños antes de salir por la mañana, y, de ser posible, para terminar mis asuntos y estar en camino a casa alrededor de las siete de la noche, por lo general a tiempo para cenar con mi familia, y, lo mejor de todo, para estar con los niños y con Mazza.

No sé por qué soy tan afortunado, pero nunca he sido más feliz en términos personales o profesionales de lo que soy en este momento. Amo a mi familia, estoy bendecido con una gran mujer en mi vida; es una mujer increíble y una madre fantástica. Mis padres todavía me acompañan, al igual que dos de mis abuelos. Qué alegría que hayan visto a Gia y Dominic llegar al mundo y crecer.

Es cierto, me encanta lo que hago para ganarme la vida. Pero soy más feliz cuando estoy con la gente que más quiero, con mis familiares y amigos, bebiendo, siendo festivo, con mucha comida, y estando en la comodidad de nuestro hogar. Sencillo. Sí, tengo mucho que agradecer, incluida la compañía que ustedes me han dado como aficionados en los últimos años a medida que hemos crecido juntos y que he recordado el viaje a este lugar en el tiempo, lo que me lleva al punto de partida y a los pensamientos finales que siguen a continuación.

## ¡OTRA!
# ENTRE NOSOTROS

En el transcurso de la redacción de este libro, he salido a caminar o a correr en el Griffith Park en algunas ocasiones. Cada vez que pasaba por el letrero de "Usted está aquí" me di cuenta de que no me estaba preparando para cumplir cuarenta años, sino que no tardaría en cumplir cuarenta y uno, justo en el momento en que Dominic llegaba a su primer año de vida. Por mucho que el hecho de pensar en el pasado me ha ayudado a darle sentido a la manera en que llegué aquí, también he estado pensando mucho en el futuro.

Nunca sabes lo que te deparará el futuro y, francamente, sin importar lo que yo piense, el futuro seguirá su propio camino. Creo que el futuro es más como un río que serpentea y a veces es rápido, a veces profundo, a veces superficial, y en ocasiones desemboca en un enorme lago antes de continuar. Creo que cumplir cuarenta años fue algo así como mi "gran lago". Descansaré un momento aquí, disfrutaré de la vista, y luego me aventuraré en el siguiente capítulo de mi vida. Nunca antes pensé que estaría aquí, —eso es seguro—, así que voy a dejar que la próxima etapa del viaje sea una aventura y me sorprenda.

Aún así, a esta edad, viviendo en nuestros tiempos complicados, empezamos a hacernos preguntas más profundas sobre la vida: ¿Por qué estoy en este planeta? ¿Cuál es mi propósito?

Todo el mundo pasa por un momento de su vida en el que trata de averiguar no solo el sentido de la vida, sino también su signifi-cado dentro de la vida. Y ahora estoy en esa etapa. Llegué a ese punto y he recurrido más a la espiritualidad que a la ciencia ficción en busca de respuestas. Para bien o para mal, la espiritualidad me da consuelo; me da fuerzas, y he tratado de construir sobre esa fa-ceta espiritual a medida que me he ido haciendo mayor. Al final del día, sé que estoy aquí por una cantidad de tiempo limitada y trato de ser la mejor persona posible haciendo bien las cosas y esperando lo mejor para mi familia y para mí. Prefiero vivir mi vida como si existiera un Dios; si me muero y descubro que no existe, no hay problema.

He tenido ocasión de contemplar la muerte en los últimos años. He perdido amigos y parientes demasiado jóvenes, y quiero creer que su pérdida me ha hecho valorar más la vida. ¿Tengo miedo de morir y sé qué es la muerte? Sí y no.

Procuro enfocar mis pensamientos y energía en la vida, a la que siempre le he prestado toda mi atención.

¿Por qué preocuparme? Después de todo, tengo la intención de vivir hasta que tenga ciento veinte años, así que supongo que puedo pensar en la muerte cuando tenga ochenta o noventa años. Quiero cuidar de mí mismo y vivir tanto tiempo como sea posible. Tengo toda la intención de aceptar los avances de la medicina y todas sus cosas maravillosas si eso me mantiene vivo y saludable.

La edad es realmente solo un número. Mi consejo para mí y para ustedes también: eviten pensar que tienen que actuar según su edad. Sean maduros y responsables, pero no duden en actuar como si tuvieran sesenta años cuando tengan veinte, como si tuvie-ran doce cuando tengan cuarenta, y así sucesivamente.

Si he aprendido algo luego de sacar un tiempo para mirar hacia atrás y volver sobre mis pasos del pasado y regresar al presente y al letrero "Usted está aquí", me doy cuenta de que es vital tener un sentido del propósito. Lo que me motiva cada día es algo superior a mí y a los míos. Se trata de empoderar a los demás en general y en sacudir a la comunidad empresarial latina a que haga más por los demás. En el mundo del espectáculo, la comunidad afro-americana ha mostrado que esto puede ser posible: ser proactivos y apoyarnos mutuamente en nuestro trabajo y crear empleos para los demás. En el pasado, la comunidad latina en Hollywood no ha sido tan coherente ni ha buscado el tipo de unidad necesaria para obtener una mejor representación en los diversos ámbitos del entretenimiento.

A veces veo que cuando los latinos tienen un poco de éxito, se alejan de sus amigos latinos. No sé cuál sea la causa de este alejamiento, si es machismo, orgullo o ansia, pero esto se puede percibir como una actitud de, "¿Sabes qué? Ya tengo lo mío; buena suerte en conseguir lo tuyo". Haríamos bien en seguir el ejemplo de otros grupos étnicos que se apoyan el uno al uno, como la comunidad judía o la afroamericana. Necesitamos unirnos y ayudarle a nuestra gente a conseguir empleo.

Creo que esto está cambiando poco a poco, pero teniendo en cuenta nuestra gran población, nuestra red profesional debería ser mucho más amplia. Necesitamos una versión latina de LinkedIn. Quiero ayudar a que seamos más cercanos, y estoy muy orgulloso de decir que le he ayudado a conseguir empleo a muchos primos y amigos. Y ellos me han hecho sentir orgulloso. Ellos se están destacando en puestos de trabajo a nivel de entrada como asistentes de producción o en su ascenso en el mundo laboral, y ayudando a otros latino-americanos.

Otra de mis pasiones es animar a todos los miembros de todas las comunidades a leer más. Un libro puede ser un boleto electrónico. Encontrarán magia, imaginación, y podrán cambiar totalmente su forma de ver el mundo leyendo a un autor maravilloso. Existe una canción de la banda Tears for Fears que habla de todo lo que puedes leer en los libros… "en los recovecos y los rincones, hay libros por leer". La educación es poder. Cuanto más leas, más sabrás; cuando más puedas expresarte con elocuencia, mejor te irá en este mundo.

La lectura me ha abierto muchas puertas en la vida. Y ahora puedo decir, con este libro, que la escritura ha sido una catarsis real que me ha permitido recordar ciertas lecciones que había olvidado; reflexiones y puntos de vista que espero que de alguna manera los hayan conmovido, o inspirado incluso. Tengo un par de ideas más que me gustaría compartir con ustedes aquí al final. En la parte superior de la lista está el hecho de no dar por sentado las relaciones o la familia. Como ya lo han visto, soy claro en decirle a la gente que los amo con palabras, sin guardarlas para el momento adecuado, porque si no lo haces, puede que nunca tengas la oportunidad. Si hay cosas que necesites o debas hacer, hazlas ahora, en este mismo instante, porque este instante es seguro. La vida sigue avanzando y siempre se presentan cosas. Los planes cambian. Manténganse enfocados y traten de encontrar lo que sea que los apasione y comprométanse con eso tan pronto como sea posible; crean en ustedes mismos, sin importar cuántas personas les digan que no, y sean fieles a eso. Porque esa es la única manera que ustedes podrán tener una posibilidad de éxito, y en última instancia, de ser felices.

He aprendido que hay una gran cantidad de personas en nuestras vidas que son importantes en diferentes momentos y por diferentes razones, pero hay muy pocas que realmente sean importantes en el panorama general, y que están con nosotros en todo lo bueno y lo malo. He descubierto que es importante ir más despacio y hacer un balance de las personas que he tenido a lo largo del camino, y hacerme dos preguntas importantes: 1) Tienen mis mejores intereses en sus corazones? 2) ¿Mi amistad les ofrece algo que sea valioso?

He aprendido que debo tratar de demostrarles a esas personas que se han esforzado en ayudarme, que sé la diferencia entre alguien que está "fingiendo" y alguien que quiere estar a la altura de la confianza que le he dado.

En lo que se refiere a la ética laboral, estoy a favor de trabajar duro para alcanzar, e incluso superar, los objetivos. Pero he descubierto que debemos trabajar para vivir y no solo vivir para trabajar. Esto puede ser importante y satisfactorio, pero no lo es todo y, al final es el propósito y razón de la vida. No es eso lo que importa. Nadie estará su lecho de muerte deseando haber trabajado más y más.

Esta es una lección importante: no se trata de la cantidad, sino de la calidad. El dinero y las posesiones materiales nunca me hará tan feliz como ver algo tan simple como la sonrisa de Gia, abrazar a mi hijo Dominic, oír a Mazza reír, o ver a mis amigos en casa.

Traten de no forzar el amor, el matrimonio, o de sucumbir a las presiones porque sus amigos lo están haciendo y ustedes piensan que es hora de tener una familia. Tengan paciencia. Lo único en lo que deben concentrarse y seguir trabajando es en ustedes y en su crecimiento personal. La familia, el amor; todo eso vendrá cuando *ustedes* sean lo mejor que puedan ser. Trabajen en ustedes mismos y hagan lo correcto; creo que Dios proveerá el resto para ustedes y llenará los espacios en blanco.

Por la noche, no importa lo cansado que esté, no importa la resaca que tenga, no importa qué, siempre trato arrodillarme y dar gracias. Cada noche, cuando regreso a casa, lo primero que hago es pedir perdón por cualquier ofensa. Pido para no cometer de nuevo los mismos errores. Ruego para tener fuerzas y superar los problemas.

Me esfuerzo para tener la sabiduría de tomar las decisiones correctas de modo que a mi familia y a mí nos pasen las cosas correctas. Agradezco y aprecio todas las bendiciones maravillosas: mi salud, mi familia, todo lo que tengo. Le digo a Dios lo agradecido que estoy. Le pido que cuide a mi esposa y mis hijos y que me ayude a ser el pariente, el padre y el proveedor que intento ser. De tener y dar siempre amor, sobre todo a las personas que amo. Le pido que cuide a mi mamá y mi papá, a mi hermana y su familia. Trato de aplicar los cuatro compromisos: 1) ser impecable con mi palabra, 2) no tomarme las cosas personalmente, 3) no suponer nada, y 4) tratar siempre de hacer lo mejor posible. Termino mis oraciones con un Ave María y un Padrenuestro, y me voy a la cama. Cuando me despierto, simplemente digo una breve oración para que me ayude a través de mi día y luego emprendo mi camino.

Como pueden ver, estos últimos cuarenta años han sido un viaje increíble. Gracias por sentarse y tener la amabilidad de escucharme mientras he recorrido por los pasillos de mi pasado. Ustedes me han permitido saborear algunos recuerdos maravillosos y derramar un par de lágrimas por los que no están aquí para continuar con nosotros. Gracias por ser invitados a este espectáculo llamado mi vida. Mantengamos estas historias solo entre nosotros. Besos y abrazos, Mario.

# AGRADECIMIENTOS

Decir *gracias* es a menudo más importante que decir por favor. El nivel de gratitud que tengo por todos los que me han ayudado en mi camino desde la infancia hasta los cuarenta años es enorme. No obstante, ¿hay algo peor que un discurso de los premios Oscar que dura demasiado tiempo, mencionando a personas que ninguno de nosotros conoce? Pensando en ustedes, trataré de ser breve. Tengan la seguridad de que están en mi mente y que les doy las gracias de todo corazón, aunque no estén incluidos a continuación. ¡Gracias a todos!

Ray García, director editorial: ¡Me encanta trabajar contigo! Este es nuestro cuarto libro juntos y cada uno ha sido un gran placer! Espero poder continuar muchos años más de trabajo y amistad.

Jennifer Schuster, editora senior: mi paciente confidente que, a través de su infinita sabiduría, mantuvo en curso *Entre nosotros*.

Steve Santagati, escritor: por tu escritura, habilidades para entrevistar, amistad, comprensión y paciencia durante este proceso, que han demostrado ser un bien inestimable.

Mark Schulman, mi mánager desde hace mucho tiempo: por

organizar la suma de las partes a fin de que, una vez más, conformen un todo.

Mim Eichler Rivas: ¡el "doctor del libro" que se aseguró de que nuestro "cuerpo de trabajo", funcionara de una manera saludable!

¡Y gracias a todo el mundo tras bambalinas en el sector de la publicación por toda su experiencia y ayuda!

A Lisa Gregorisch-Dempsey, también conocida como "Carmela": productora ejecutiva senior de Extra. Sin tu guía, creencia, paciencia, sabiduría y apoyo, yo no estaría donde estoy ahora. Gracias por "mantenerme en el juego", y por los triunfos. Siempre serás mi Belichick, y siempre seré tu Brady.

¡Gracias a TODOS en el equipo de *Extra*! Agradezco a todos y a cada uno de ustedes por todo lo que hicieron para que mi trabajo fuera todo un éxito y nuestro programa el mejor!

¡Gracias a Clear Channel y a mi equipo de *On With Mario.*

A Lisa Blas: la mejor asistente del mundo; sin ella, los detalles ultimados y los puntos sobre las íes no existirían.

A todos mis primos, familiares, y amigos: ¡Ustedes son geniales! Me encanta tenerlos a todos ustedes en mi vida, y su lealtad y apoyo son inigualables. Mi casa siempre será su casa. Gracias a todos desde el fondo de mi corazón.

A mi hermana, Marisa: no podría haber pedido una hermana mejor o más cariñosa. Gracias por ser la mejor amiga que un hermano podría tener.

A mi padre: ¡Me ayudaste en mi transición de niño a hombre y te agradezco todo lo que sacrificaste para llevarme aquí! ¡Gracias, papá!

A mi madre: ¡Eres mi roca! Te amo más de lo que soy capaz de expresar con palabras. Has hecho tanto por mí que no sabría por dónde empezar. Todo lo que diré es esto: si todas las personas tuvieran una madre como tú, el mundo sería un lugar mucho mejor. Te amo.

# Agradecimientos

A Courtney, mi mujer increíblemente bella y talentosa: tú y nuestros hijos increíbles son mi mundo. Tu amor, afecto y apoyo es lo que da sentido a mi vida. Sin ustedes, todo mi éxito no sería tan dulce. Aunque no tengo ganas de envejecer, tengo ganas de estar a tu lado a lo largo de todo el camino.